평신도를 위한
소요리문답

이성희 지음

한국장로교출판사

들어가는 말

　　연동교회를 섬긴 지 25년째, 교회 창립 120주년을 맞이하였다. 그동안 하나님의 은혜로 주의 몸 된 교회를 섬기며 가르치는 일에 많은 힘을 쏟았다. 오랜 시간이 지난 지금 "이것 하나만은 참 잘했다."라고 자평하는 것이 하나 있다. 그것은 오랫동안 장로님들과 함께 말씀을 공부한 것이다. 토요일 아침이면 새벽기도를 마치고 '장로성경공부'를 꾸준히 하였다. 리더십을 공부하기도 하였고, 영성생활을 공부하기도 하였고, 성경 로마서를 공부하기도 하였다. '장로성경공부' 덕분에 장로님들과 영적 교감을 가지게 되었고, 충분한 대화와 묵상을 통하여 인격적 소통을 가지게 되어 편안한 관계 속에서 목회를 하게 되었다고 본다.

　　20여 년을 장로님들과 함께 공부하였는데 집사님들에게 "우리도 함께 공부할 수 있도록 해 주세요."라는 요청을 받게 되었다. 장로님들과 함께 공부하면서 또 다른 성경공부 시간을 할애한다는 것은 제한된 시간 속에서 지혜가 필요한 일이었다. 마침내 장로님들에게 양해를 얻어 토요일 새벽기도회 후에 '평신도 아카데미'라는 말씀공부를 열게 되었다. 평신도들과 함께 공부할 주제 선정을 위해 고심하다 얻은 것이 '소요리문답'이다.

　　"웨스트민스터 신앙고백"은 1643년 7월 1일 영국 웨스트민스터 대회당에서 채택한 신앙고백서이다. 표준문서는 '신앙고백' 33장과 '대요리문답' 196문과 '소요리문답' 107문으로 구성되어 교회 정치와 예배의 모범으로 집대성한 것이다. 영국교회의 신앙고백의 표준문서였던 "웨스트민스터 신앙고백"은 청교도들에 의해 미국에 전수되어 미국장로교회의 신앙고백의 기초가 되었으며, 미국장로교회의 선교로 한국장로교회의 신앙고백으로 자리 잡게 되었다.

그중 「소요리문답」은 17세기부터 21세기인 지금까지 세계 모든 장로교회의 표준적 교리로 삼아 온 중요한 교리서이다. 「소요리문답」은 성경을 체계적으로 요약하여 '칼뱅주의 교리의 완숙한 표현'이라고 불리며, '개혁주의 신학의 집약'이라는 평가를 받고 있다. 특히 문답 형식으로 되어 있는 「소요리문답」은 간결하면서도 성경이 말하고 있는 개혁주의의 교리에 대한 명쾌한 답을 주고 있어 350년 동안 개신교회의 교리서로 자리매김을 하고 있다.

최근 한국교회는 복음의 본질에 대한 대내외적인 저항을 받고 있으며, 교회 역사에서 신앙의 선조들이 목숨을 바쳐 지켰던 복음의 핵심이 훼손되고 있다. 우리에게 복음을 전해 준 미국장로교회(PCUSA)는 동성결혼과 동성결혼 주례 허용을 총회에서 가결하는 한편 '차별금지법'이란 명분 아래 "예수 그리스도를 믿어야 구원을 받는다."라는 기독교의 기본 진리가 타종교에 대한 차별이라고 하여 금지하려는 법이 국회에 상정될 것이라고도 한다. 이런 때에 한국교회는 기독교의 기본진리를 확실하게 가르쳐야 할 필요성을 그 어느 때보다도 절박하게 느끼고 있다.

특히 2014년 교황의 한국 방문으로 많은 개신교인들의 가톨릭교회에 대한 관심이 증대되고 수년 내에 100만 명의 개신교인이 가톨릭교회로 개종할 것이라는 예측도 있다. 실제로 많은 개신교인들이 가톨릭교회에 대한 새로운 시각과 관심을 가지게 되었다. 차제에 한국 개신교회는 종교개혁의 당위성을 분명히 알아야 하며, 가톨릭교회가 가지고 있는 비성경적 허구들을 명확하게 가르쳐야 할 것이다. 그 가운데 교황은 잘못이 없다는 '교황무오설', 성모가 구원의 중개자라는 '성모 구원설', 마리아는 죄 없이 태어났다는 '마리아 무염시태설', 성모 마리아가 승천하였다는 '마리아 몽소승천설' 등은 성경 어디에도 없는 인간의 교리임을 가르쳐야 한다.

개신교회는 성경공부를 열심히 하는 것에 비해 교리공부는 비교적 그렇지 않으므로 교리를 잘 알지 못하는 약점을 가지고 있다. 반면에 가톨릭교회는 비교적 교리공부에 열중하므로 교리는 잘 알지만 성경은 그렇지 않은 것 같다. 이런 현실적 환경에서 평신도들에게 개혁주의의 신학과 교리를 가르칠 목적으로 「소요리문답」을 '평신도 아카데미'의 교재로 삼은 것이다.

'평신도 아카데미'에서 「소요리문답」을 가르치면서 가급적 신학생들에게 강의하듯 하는 신학적 내용은 최소화하고 조목조목을 성경을 읽어 가면서 성경으로 해석하려고 애썼다. 그래서 「평신도를 위한 소요리문답」은 신학적·교리적 해설이 아닌 성경적 해설임을 밝혀 둔다.

여러 해 동안 딱딱해지기 쉬운 교리서 공부를 열심히 따라와 준 연동교회의 평신도들에게 감사를 드리며 이 작은 책이 한국교회 평신도 지침에 보탬이 되기를 기대한다.

또한 항상 곁에서 에너지를 공급해 준 아내와 딸과 아들, 나의 엔돌핀 공장인 네 손자들 그리고 이 책이 빛을 보기까지 수고하고 멋진 작품으로 탄생시켜 주신 한국장로교출판사 채형욱 사장님과 모든 직원들에게도 감사를 드린다.

2014년 12월
연못골 가나의 집에서
이성희 목사

차 례

들어가는 말 / 2

1부 _ 10

제1강 사람의 제일 되는 목적 _ 12
제2강 하나님을 영화롭게 하는 법칙 _ 15
제3강 성경이 주로 가르치는 것 _ 18
제4강 하나님의 성품 _ 24
제5강 유일하신 하나님 _ 27
제6강 하나님의 신격 _ 30
제7강 하나님의 예정 _ 33
제8강 하나님의 예정의 실행 _ 36
제9강 하나님의 창조 _ 39
제10강 사람의 창조 _ 42
제11강 하나님의 섭리 _ 45
제12강 하나님의 인간 섭리 _ 50
제13강 인간 신분의 타락 _ 53
제14강 인간 신분의 타락 _ 56
제15강 타락의 원인인 죄 _ 59
제16강 아담과 함께 타락한 인간 _ 62
제17강 인간의 타락한 상태 _ 65
제18강 타락한 상태의 죄성 _ 68
제19강 타락한 상태의 비참함 _ 71
제20강 죄와 비참의 상태에서 건지심 _ 74
제21강 선택하신 이의 구속자 _ 80
제22강 그리스도는 사람이 되신 하나님의 아들 _ 83
제23강 그리스도의 구속자로서의 직무 _ 86
제24강 그리스도의 예언자의 직무 _ 89
제25강 그리스도의 제사장 직무 _ 92

제26강 그리스도의 왕의 직무 _ 95
제27강 그리스도의 낮아지신 내용 _ 98
제28강 그리스도의 높아지심의 내용 _ 101
제29강 구속의 참여자 _ 106
제30강 우리에게 적용된 구속 _ 109
제31강 효과적인 부르심 _ 112
제32강 효과적인 부르심의 혜택 _ 115
제33강 의롭다 하심의 의미 _ 118
제34강 양자로 부르심의 의미 _ 121
제35강 거룩하게 하심의 의미 _ 124
제36강 의롭다 하심과 양자로 삼으심과 거룩하게 하심의 혜택 _ 127
제37강 신자들의 죽음의 혜택 _ 130
제38강 신자들의 부활의 혜택 _ 133

2부 _ 138

제39강 하나님께서 사람에게 요구하시는 의무 _ 140
제40강 처음 계시하신 복종의 법 _ 143
제41강 도덕법의 요약 _ 146
제42강 십계명의 요지 _ 149
제43강 십계명의 머리말 _ 152
제44강 십계명의 머리말의 교훈 _ 155
제45강 첫째 계명 _ 160
제46강 첫째 계명의 요구 _ 163
제47강 첫째 계명에서 금한 것 _ 166
제48강 첫째 계명의 "나 외에"의 의미 _ 169
제49강 둘째 계명 _ 172
제50강 둘째 계명의 요구 _ 175

제51강 둘째 계명에서 금한 것 _ 178
제52강 둘째 계명에 첨부된 이유들 _ 181
제53강 셋째 계명 _ 184
제54강 셋째 계명이 요구하는 것 _ 187
제55강 셋째 계명이 금하는 것 _ 190
제56강 셋째 계명이 첨부된 이유 _ 193
제57강 넷째 계명 _ 196
제58강 넷째 계명의 요구 _ 199
제59강 매 주간의 안식일 _ 202
제60강 안식일을 거룩하게 하는 방법 _ 205
제61강 넷째 계명에서 금하는 것 _ 208
제62강 넷째 계명에 첨부된 이유들 _ 211
제63강 다섯째 계명 _ 216
제64강 다섯째 계명에서 요구하는 것 _ 219
제65강 다섯째 계명에서 금하는 것 _ 222
제66강 다섯째 계명에 첨부된 이유 _ 225
제67강 여섯째 계명 _ 228
제68강 여섯째 계명에서 요구하는 것 _ 231
제69강 여섯째 계명에서 금하는 것 _ 234
제70강 일곱째 계명 _ 237
제71강 일곱째 계명에서 요구하는 것 _ 240
제72강 일곱째 계명에서 금하는 것 _ 243
제73강 여덟째 계명 _ 246
제74강 여덟째 계명에서 요구하는 것 _ 249
제75강 여덟째 계명에서 금하는 것 _ 252
제76강 아홉째 계명 _ 255
제77강 아홉째 계명에서 요구하는 것 _ 258
제78강 아홉째 계명에서 금하는 것 _ 261

제79강 열째 계명 _ 264
제80강 열째 계명이 요구하는 것 _ 267
제81강 열째 계명이 금하는 것 _ 270
제82강 하나님의 계명을 지킴 _ 276
제83강 법을 어기는 일 _ 279
제84강 모든 죄가 마땅히 받을 보응 _ 282
제85강 진노와 저주를 피하게 하시려는 하나님의 요구 _ 285
제86강 예수 그리스도를 믿는 것 _ 288
제87강 생명에 이르는 회개 _ 291
제88강 구속의 혜택을 전달하시는 외형적 방법 _ 296
제89강 말씀이 효력이 된 구원 _ 299
제90강 말씀이 구원에 이르게 하는 효과 _ 302
제91강 성례의 구원의 효과적 방편 _ 305
제92강 성례가 무엇인가 _ 308
제93강 신약성경이 말하는 성례 _ 311
제94강 세례란 무엇인가 _ 314
제95강 세례를 받을 자격 _ 317
제96강 주의 성찬 _ 320
제97강 성찬에 합당한 삶 _ 323
제98강 기도란? _ 328
제99강 기도의 지침이 되는 법칙 _ 331
제100강 주님의 기도의 머리말 _ 334
제101강 주님의 기도의 첫째 간구 _ 337
제102강 주님의 기도의 둘째 간구 _ 340
제103강 주님의 기도의 셋째 간구 _ 343
제104강 주님의 기도의 넷째 간구 _ 346
제105강 주님의 기도의 다섯째 간구 _ 349
제106강 주님의 기도의 여섯째 간구 _ 352
제107강 주님의 기도의 맺는 말 _ 355

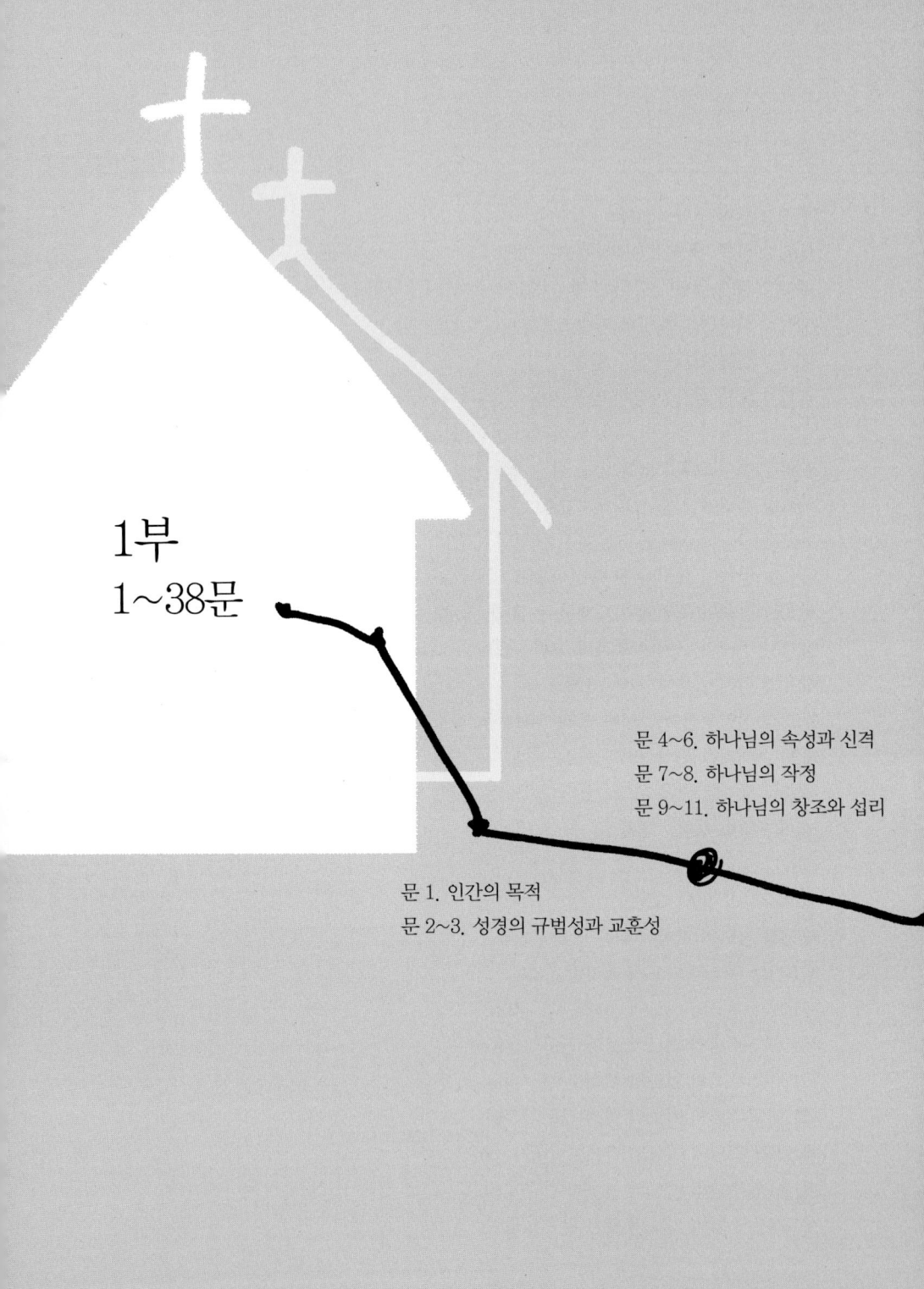

1부
1~38문

문 4~6. 하나님의 속성과 신격
문 7~8. 하나님의 작정
문 9~11. 하나님의 창조와 섭리

문 1. 인간의 목적
문 2~3. 성경의 규범성과 교훈성

문 21~28. 구속자 예수 그리스도
문 29~30. 성령의 구속 적용사역
문 31~38. 구원의 과정

문 12. 행위언약
문 13~19. 인간의 범죄와 타락
문 20. 은혜언약

제1강
사람의 제일 되는 목적

> 문 1. 사람의 제일 되는 목적은 무엇입니까?
> 답 사람의 제일 되는 목적은 하나님을 영화롭게 하고 영원토록 그를 즐거워하는 것입니다.
> – 고전 10 : 31, 롬 11 : 36, 시 73 : 24-26, 요 17 : 22

하나, 인간의 삶의 목적은 하나님의 영광이다.

1. 하나님께 합당한 영광을 돌리는 것이 인간의 의무이다.

   시 29:2 여호와께 그의 이름에 합당한 영광을 돌리며 거룩한 옷을 입고 여호와께 예배할지어다

2. 인간의 삶의 목적은 하나님의 영광이다.

   고전 10:31 그런즉 너희가 먹든지 마시든지 무엇을 하든지 다 하나님의 영광을 위하여 하라

3. 우리가 예수 그리스도를 시인하면 하나님께 영광이 된다.

   빌 2:11 모든 입으로 예수 그리스도를 주라 시인하여 하나님 아버지께 영광을 돌리게 하셨느니라

4. 인간은 모두가 한마음으로 하나님께 영광을 돌려야 한다.

    롬 15:6 한마음과 한 입으로 하나님 곧 우리 주 예수 그리스도의 아버지께 영광을 돌리게 하려 하노라

둘, 본체적 영광과 효과적 영광이 있다.

1. 본체적 영광 곧 본능적으로 영광을 돌리는 보통영광이 있다.

    시 19:1 하늘이 하나님의 영광을 선포하고 궁창이 그의 손으로 하신 일을 나타내는도다

2. 하늘은 영광을 돌리게 창조되었으므로 의지적 영광이 아니다.

    시 97:6 하늘이 그의 의를 선포하니 모든 백성이 그의 영광을 보았도다

3. 효과적 영광 곧 의지로 영광을 돌리는 고등영광이 있다.

    눅 18:43 곧 보게 되어 하나님께 영광을 돌리며 예수를 따르니 백성이 다 이를 보고 하나님을 찬양하니라

4. 그리스도를 영접한 사람은 자신의 의지로 영광을 돌리게 된다.

    눅 23:47 백부장이 그 된 일을 보고 하나님께 영광을 돌려 이르되 이 사람은 정녕 의인이었도다 하고

셋, 하나님의 영광은 영원한 것이다.

1. 하나님의 영광은 영원하며 충만하다.

    시 72:19 그 영화로운 이름을 영원히 찬송할지어다 온 땅에 그의 영광이 충만할지어다 아멘 아멘

2. 하나님의 영광은 아버지께 영원히 있는 것이다.

    마 6:13 우리를 시험에 들게 하지 마시옵고 다만 악에서 구하시옵소서 나라와 권세와 영광이 아버지께 영원히 있사옵나이다 아멘

3. 하나님의 영광은 끊이지 않고 영원하다.

    롬 11:36 이는 만물이 주에게서 나오고 주로 말미암고 주에게로 돌아감이라 그에

게 영광이 세세에 있을지어다 아멘

4. 하나님의 영광이 영원하기를 바라는 것은 그리스도인의 기원이다.

   유 1:25 곧 우리 구주 홀로 하나이신 하나님께 우리 주 예수 그리스도로 말미암아 영광과 위엄과 권력과 권세가 영원 전부터 이제와 영원토록 있을지어다 아멘

넷, 하나님께 영광 돌리는 길이 있다.

1. 우리가 하나 될 때 하나님께 영광이 된다.

   요 17:22 내게 주신 영광을 내가 그들에게 주었사오니 이는 우리가 하나가 된 것 같이 그들도 하나가 되게 하려 함이니이다

2. 우리가 그리스도를 주라 시인하면 하나님께 영광이 된다.

   빌 2:11 모든 입으로 예수 그리스도를 주라 시인하여 하나님 아버지께 영광을 돌리게 하셨느니라

3. 우리의 착한 행실이 하나님께 영광이 된다.

   마 5:16 이같이 너희 빛이 사람 앞에 비치게 하여 그들로 너희 착한 행실을 보고 하늘에 계신 너희 아버지께 영광을 돌리게 하라

4. 하나님의 약속에 동의하면 하나님께 영광이 된다.

   고후 1:20 하나님의 약속은 얼마든지 그리스도 안에서 예가 되니 그런즉 그로 말미암아 우리가 아멘 하여 하나님께 영광을 돌리게 되느니라

제2강
하나님을 영화롭게 하는 법칙

> 문 2. 우리가 어떻게 하나님을 영화롭게 하며 그를 즐거워할 것인가를 지시하시기 위해 주신 법칙이 무엇입니까?
> 답 신구약성경에 간직된 하나님의 말씀은 우리가 어떻게 하나님을 영화롭게 하며 그를 즐거워할 것인가를 우리에게 지시해 주는 유일한 법칙입니다.
> －딤후 3 : 15－17

하나, 성경에 대한 우리의 자세

1. 성경은 오류가 없는 하나님의 말씀이다.

   마 5:18 진실로 너희에게 이르노니 천지가 없어지기 전에는 율법의 일점일획도 결코 없어지지 아니하고 다 이루리라

2. 성경은 끊임없이 공부해야 우리의 유일한 법칙이 된다.

   행 17:11 베뢰아에 있는 사람들은 데살로니가에 있는 사람들보다 더 너그러워서 간절한 마음으로 말씀을 받고 이것이 그러한가 하여 날마다 성경을 상고하므로

3. 성경은 하나님의 감동으로 된 것이므로 법칙이 될 가치가 있다.

   딤후 3:16 모든 성경은 하나님의 감동으로 된 것으로 교훈과 책망과 바르게 함과 의로 교육하기에 유익하니

4. 성경은 삶을 온전하게 한다.
   딤후 3:17 이는 하나님의 사람으로 온전하게 하며 모든 선한 일을 행할 능력을 갖추게 하려 함이라

둘, 성경의 형성
1. 주전 400년경 모세오경이 정경으로, 주전 4세기경 예언서가 정경으로 확정되었다.
2. 주전 2세기~주후 1세기에 성문서가 확정되었다고 본다.
3. 주후 90년경 얌니아에서 유대랍비들과 학자들이 회의를 열어 구약을 오늘날과 같은 39권과 같은 형태로 결정하였다.
4. 주후 393년 히포 레기우스 회의에서 신약 27권을 정경으로 채택하였다.

셋, 성경의 형식
1. 주후 500년까지는 히브리어의 모음체계가 없었으며, 주후 600~950년 마소라라 일컫는 유대인 학자들이 본문을 정확하게 발음하기 위하여 모음체계와 악센트를 보완하였다.
2. 성경은 원래 장과 절이 없었으나 스티븐스는 신약성경을 장·절로 나누어 1551년 출판하였고, 1555년에는 불가타(340-420년, 제롬에 의해 번역된 성경) 성경 신구약 모두에 장·절을 붙여서 출판했는데, 이는 트리엔트공의회 공식 성경으로 채택된 장·절이 붙여진 최초의 성경이다.
3. 성경은 구약 929장, 신약 260장으로서 모두 1,189장이고 절은 구약 23,214절, 신약 7,959절로 모두 31,173절로 구성되어 있으며, 가장 긴 장·절은 시편 119편과 에스더 8:9이고 가장 짧은 장·절은 시편 117편과 요한복음 11:35이다.

넷. 신약 정경성의 표준

1. 사도성 : 기록자가 예수님이 택하고 부활을 목격한 진실한 사도인가?

    고전 15 : 8 맨 나중에 만삭 되지 못하여 난 자 같은 내게도 보이셨느니라

2. 내용 : 주제의 취급과 영적인 특징이 성경으로서 합당한가?
3. 보편성 : 교회가 전반적으로 받아들이고 있는가?
4. 영감성 : 하나님 감동으로 기록된 것이라는 명백한 증거가 있는가?

    딤후 3 : 16 모든 성경은 하나님의 감동으로 된 것으로 교훈과 책망과 바르게 함과 의로 교육하기에 유익하니

---

tip.

※ 로잔언약(1974년) - "성경은 그것이 긍정하는 모든 것에서 오류가 없다."

※ 성경에서 진리를 발견하는 다섯 가지 방법 - 받아들이고(receive), 읽고(read), 연구하고(research), 기억하고(remember), 반영하는(reflect) 것이다.

제3강
성경이 주로 가르치는 것

> 문 3. 성경이 주로 가르치는 것이 무엇입니까?
> 답 성경은 주로 사람이 하나님께 대하여 어떻게 믿어야 하며, 하나님이 사람에게 요구하는 의무가 무엇인가 하는 것을 가르칩니다.
> -요 20 : 31, 시 119 : 105, 미 6 : 8

하나, 성경은 하나님은 어떤 분인가를 가르친다.

1. 엘로힘

    시 18:1-2 나의 힘이신 여호와여 내가 주를 사랑하나이다 여호와는 나의 반석이시요 나의 요새시요 나를 건지시는 이시요 나의 하나님이시요 내가 그 안에 피할 나의 바위시요 나의 방패시요 나의 구원의 뿔이시요 나의 산성이시로다

2. 여호와(스스로 있는 자)

    출 3:14 하나님이 모세에게 이르시되 나는 스스로 있는 자이니라 또 이르시되 너는 이스라엘 자손에게 이같이 이르기를 스스로 있는 자가 나를 너희에게 보내셨다 하라

3. 엘샤다이(전능한 하나님)

창 17:1 아브람이 구십구 세 때에 여호와께서 아브람에게 나타나서 그에게 이르시되 나는 전능한 하나님이라 너는 내 앞에서 행하여 완전하라

4. 여호와 이레(예비하시는 하나님)

창 22:14 아브라함이 그 땅 이름을 여호와 이레라 하였으므로 오늘날까지 사람들이 이르기를 여호와의 산에서 준비되리라 하더라

5. 여호와 살롬(평강의 하나님)

삿 6:24 기드온이 여호와를 위하여 거기서 제단을 쌓고 그것을 여호와 살롬이라 하였더라 그것이 오늘까지 아비에셀 사람에게 속한 오브라에 있더라

6. 여호와 라파(치료의 하나님)

출 15:26 이르시되 너희가 너희 하나님 나 여호와의 말을 들어 순종하고 내가 보기에 의를 행하며 내 계명에 귀를 기울이며 내 모든 규례를 지키면 내가 애굽 사람에게 내린 모든 질병 중 하나도 너희에게 내리지 아니하리니 나는 너희를 치료하는 여호와임이라

7. 여호와 닛시(깃발이신 하나님)

출 17:15 모세가 제단을 쌓고 그 이름을 여호와 닛시라 하고

둘, 성경은 하나님을 어떻게 믿어야 하는가를 가르친다.

1. 오직 한 분으로 섬겨야 한다.

사 45:21 너희는 알리며 진술하고 또 함께 의논하여 보라 이 일을 옛부터 듣게 한 자가 누구냐 이전부터 그것을 알게 한 자가 누구냐 나 여호와가 아니냐 나 외에 다른 신이 없나니 나는 공의를 행하며 구원을 베푸는 하나님이라 나 외에 다른 이가 없느니라

2. 왕으로 섬겨야 한다.

시 145:1 왕이신 나의 하나님이여 내가 주를 높이고 영원히 주의 이름을 송축하리이다

3. 아버지로 섬겨야 한다.

마 7:11 너희가 악한 자라도 좋은 것으로 자식에게 줄 줄 알거든 하물며 하늘에

계신 너희 아버지께서 구하는 자에게 좋은 것으로 주시지 않겠느냐

4. 주로 섬겨야 한다.

   마 4:10 사탄아 물러가라 기록되었으되 주 너의 하나님께 경배하고 다만 그를 섬기라

5. 마음을 다하여 섬겨야 한다.

   막 12:30 네 마음을 다하고 목숨을 다하고 뜻을 다하고 힘을 다하여 주 너의 하나님을 사랑하라 하신 것이요

셋, 하나님이 사람에게 요구하는 것이 무엇인가?

1. 아들을 믿고 구원받으라.

   요 20:31 오직 이것을 기록함은 너희로 예수께서 하나님의 아들 그리스도이심을 믿게 하려 함이요 또 너희로 믿고 그 이름을 힘입어 생명을 얻게 하려 함이니라

2. 하나님의 말씀을 떠나지 말라.

   요 6:68 영생의 말씀이 주께 있사오니 우리가 누구에게로 가오리이까

3. 하나님의 말씀을 삶의 길잡이로 삼고 살아라.

   시 119:105 주의 말씀은 내 발에 등이요 내 길에 빛이니이다

4. 정의와 사랑으로 살아라.

   미 6:8 사람아 주께서 선한 것이 무엇임을 네게 보이셨나니 여호와께서 네게 구하시는 것은 오직 정의를 행하며 인자를 사랑하며 겸손하게 네 하나님과 함께 행하는 것이 아니냐

읽기자료
"너희는 나를 누구라 하느냐?" : 요리문답의 정의와 그 기원

요리문답(要理問答, catechism)은 기독교의 교리를 신앙의 교육 또는 고백을 위하여 문답식으로 정리하여 간단하고 평이하게 요약한 것을 말한다. 주로 초신자를 위한 기초적이면서도 핵심적인 교리의 요약이라고 할 수 있으며, 다른 말로 교리문답(敎理問答)이라고도 한다.

요리문답은 신조(信條)와 함께 하나님의 계시의 진리를 조직적으로 체계화하여 진술한 교리를 신앙의 내용으로 하여 공적으로 하나님께 고백하고 신자 및 불신자에게 선언하는 언어의 표현이다. 신조가 그 가르침을 고백하고 선언하는 역할을 한다면, 요리문답은 그것을 고백하고 선언함과 함께 교육의 목적까지 가진 신앙고백의 한 형태라고 할 수 있다.

우리는 흔히 요리문답이라고 하면, 고리타분하고 시대에 뒤떨어진 유물 또는 딱딱하고 우리의 삶과 전혀 상관이 없는 신학자들의 탁상공론에서 나온 것으로 생각하기 쉽다. 하지만 역사를 살펴보면 이 요리문답은 앞에서 말한 정의에서처럼 성도들이 신앙생활을 할 때 무엇을 믿어야 하는지, 또한 어떻게 믿으며 어떻게 살아야 하는지 친절하게 가르쳐 주기 위한 신앙교육의 차원을 분명히 가지고 있다.

실제로 요리문답은 이미 구약시대부터 시작된 문답 형태의 신앙교육에서 그 시초를 찾을 수 있다. 이미 초기 이스라엘의 역사와 신앙고백을 담고 있는 출애굽기에서는 자녀가 유월절의 의미를 물으면, 부모가 답변하면서 유월절에 담긴 구원의 의미를 설명하는 문답식 교육의 초보적 형태가 나타난다.

> "이후에 너희의 자녀가 묻기를 이 예식이 무슨 뜻이냐 하거든
> 너희는 이르기를 이는 여호와의 유월절 제사라
> 여호와께서 애굽 사람에게 재앙을 내리실 때에
> 애굽에 있는 이스라엘 자손의 집을 넘으사
> 우리의 집을 구원하셨느니라 하라……"(출 12 : 26 - 27).

교리교육장면 : "Secret School", Nikolaos Gyzis(1885)

이러한 문답식 교육은 그대로 신약시대에도 이어졌다. 신약성경의 가장 유명한 장면도 이러한 문답식 교육의 한 장면이라 볼 수 있다.

> "예수께서 빌립보 가이사랴 지방에 이르러 제자들에게 물어 이르시되
> 사람들이 인자를 누구라 하느냐
> 이르되…… 어떤 이는 예레미야나 선지자 중의 하나라 하나이다
> 이르시되 너희는 나를 누구라 하느냐
> 시몬 베드로가 대답하여 이르되
> 주는 그리스도시요 살아 계신 하나님의 아들이시니이다"(마 16 : 13 – 16).

이렇게 묻고 답하는 과정 속에서 문답자는 입술로 하나님을 찬양하고, 하나님을 증거하면서 믿음을 더욱 굳건히 할 수 있다는 점에서 문답식 교육은 신앙교육의 대표적인 방법으로 자리잡아 갔다.

참고도서
이성웅 저, 「헌법교리론」(서울 : 한국장로교출판사, 2010)
이숙종 역, 루이스 조셉 쉐릴 저, 「기독교교육의 발생」(서울 : 대한기독교서회, 2002)

제4강

하나님의 성품

> 문 4. 하나님은 어떤 분이십니까?
> 답 하나님은 그의 존재, 지혜, 능력, 거룩, 공의, 선하심, 그리고 진리에 있어서 무한하시고 영원불변하시는 영이십니다.
> - 요 4 : 24, 시 139 : 7-13, 렘 23 : 4, 히 4 : 13, 시 139 : 1-4, 히 13 : 8, 시 102 : 27, 말 3 : 6, 왕상 8 : 27, 딤후 2 : 13, 출 34 : 6-7

하나, 하나님은 영으로 존재하신다.

1. 하나님은 사람과 같지 않고 영으로 존재하신다.

   민 23:19 하나님은 사람이 아니시니 거짓말을 하지 않으시고 인생이 아니시니 후회가 없으시도다 어찌 그 말씀하신 바를 행하지 않으시며 하신 말씀을 실행하지 않으시랴

2. 하나님은 영이시므로 영적인 예배를 원하신다.

   요 4:24 하나님은 영이시니 예배하는 자가 영과 진리로 예배할지니라

3. 하나님은 온전한 영이다.

   고후 3:17 주는 영이시니 주의 영이 계신 곳에는 자유가 있느니라

둘, 하나님은 지혜와 권능과 거룩하심의 하나님이시다.

1. 하나님은 지혜와 지식의 하나님이시며 풍성하시다.

    롬 11 : 33 깊도다 하나님의 지혜와 지식의 풍성함이여, 그의 판단은 헤아리지 못할 것이며 그의 길은 찾지 못할 것이로다

2. 하나님은 권능의 하나님이시다.

    벧전 5 : 11 권능이 세세무궁하도록 그에게 있을지어다 아멘

3. 지혜와 권능은 하나님의 것이고, 하나님께로부터 나온다.

    욥 12 : 13 지혜와 권능이 하나님께 있고 계략과 명철도 그에게 속하였나니

4. 하나님은 거룩하신 분이므로 우리도 거룩해야 한다.

    레 19 : 2 너는 이스라엘 자손의 온 회중에게 말하여 이르라 너희는 거룩하라 이는 나 여호와 너희 하나님이 거룩함이니라

셋, 하나님은 공의와 선하심과 진실하심의 하나님이시다.

1. 하나님은 공의로우시며 공의란 바른 것이다.

    신 32 : 4 그는 반석이시니 그가 하신 일이 완전하고 그의 모든 길이 정의롭고 진실하고 거짓이 없으신 하나님이시니 공의로우시고 바르시도다

2. 공의의 하나님은 공의를 세우시고 공의를 행하신다.

    시 99 : 4 능력 있는 왕은 정의를 사랑하느니라 주께서 공의를 견고하게 세우시고 주께서 야곱에게 정의와 공의를 행하시나이다

3. 하나님은 유일하게 선하시며, 완전하게 선하신 분이다.

    막 10 : 18 예수께서 이르시되 네가 어찌하여 나를 선하다 일컫느냐 하나님 한 분 외에는 선한 이가 없느니라

4. 하나님은 진실하시며 그 진실하심은 영원하다.

    시 117 : 2 우리에게 향하신 여호와의 인자하심이 크시고 여호와의 진실하심이 영원함이로다 할렐루야

넷, 하나님은 영원하시고 불변하시는 하나님이다.

1. 하나님은 영원하시기에 힘이 있고 승리하신다.

    신 33:27 영원하신 하나님이 네 처소가 되시니 그의 영원하신 팔이 네 아래에 있도다 그가 네 앞에서 대적을 쫓으시며 멸하라 하시도다

2. 하나님의 영원성은 창조성과 함께 하나님만의 속성이다.

    시 90:2 산이 생기기 전, 땅과 세계도 주께서 조성하시기 전 곧 영원부터 영원까지 주는 하나님이시니이다

3. 하나님은 불변하시므로 우리가 소멸되지 않고 영원히 살게 될 것이다.

    말 3:6 나 여호와는 변하지 아니하나니 그러므로 야곱의 자손들아 너희가 소멸되지 아니하느니라

4. 하나님의 영원성은 처음부터 마지막까지 불변하시는 성품이다.

    계 1:8 주 하나님이 이르시되 나는 알파와 오메가라 이제도 있고 전에도 있었고 장차 올 자요 전능한 자라 하시더라

제5강

유일하신 하나님

> 문 5. 하나님은 한 분 외에 더 많은 신들이 있습니까?
> 답 하나님은 오직 한 분이시며 살아 계신 참하나님이십니다.
> — 고전 8 : 4, 신 4 : 35, 39, 6 : 4, 렘 10 : 10

하나, 세상에 하나님은 오직 한 분뿐이다.

1. 창조하신 하나님은 홀로 하나님이시다.

   창 1:1 태초에 하나님이 천지를 창조하시니라

2. 하나님은 오직 한 분뿐인 유일한 하나님이시다.

   신 6:4 이스라엘아 들으라 우리 하나님 여호와는 오직 유일한 여호와이시니

3. 스스로 있는 하나님은 유일하신 하나님일 수밖에 없으며 다른 모든 것은 피조물이다.

   출 3:14 하나님이 모세에게 이르시되 나는 스스로 있는 자이니라 또 이르시되 너는 이스라엘 자손에게 이같이 이르기를 스스로 있는 자가 나를 너희에게 보내셨다 하라

4. 하나님은 모든 것을 살게 하신 유일한 창조자이시다.
   마 22:32 하나님은 죽은 자의 하나님이 아니요 살아 있는 자의 하나님이시니라 하시니

둘, 하나님은 참되신 신이다.
1. 하나님은 참되신 신이기에 온 땅을 다스릴 힘이 있다.
   렘 10:10 오직 여호와는 참하나님이시요 살아 계신 하나님이시요 영원한 왕이시라 그 진노하심에 땅이 진동하며 그 분노하심을 이방이 능히 당하지 못하느니라
2. 하나님은 참 신이시기에 예배를 받으시려고 성전을 건축하게 하신다.
   스 1:3 이스라엘의 하나님은 참 신이시라 너희 중에 그의 백성 된 자는 다 유다 예루살렘으로 올라가서 이스라엘의 하나님 여호와의 성전을 건축하라 그는 예루살렘에 계신 하나님이시라
3. 참하나님은 영생을 주시며, 믿음으로 영생을 얻는다.
   요 17:3 영생은 곧 유일하신 참하나님과 그가 보내신 자 예수 그리스도를 아는 것이니이다
4. 하나님은 참되시기에 섬길 수 있으며, 참하나님만 섬겨야 한다.
   살전 1:9 그들이 우리에 대하여 스스로 말하기를 우리가 어떻게 너희 가운데에 들어갔는지와 너희가 어떻게 우상을 버리고 하나님께로 돌아와서 살아 계시고 참되신 하나님을 섬기는지와

셋, 하나님 외의 모든 신은 참신이 아니며 사람이 만든 신이다.
1. 하나님 외의 신은 사람의 손으로 만든 신이다.
   왕하 19:18 또 그들의 신들을 불에 던졌사오니 이는 그들이 신이 아니요 사람의 손으로 만든 것 곧 나무와 돌 뿐이므로 멸하였나이다
2. 하나님 외의 모든 신은 참신이 아니며 헛것이다.
   대상 16:26 만국의 모든 신은 헛것이나 여호와께서는 하늘을 지으셨도다

3. 우상은 사람이 은과 금으로 만든 신상이며 섬김의 대상이 아니다.

　시 115:4 그들의 우상들은 은과 금이요 사람이 손으로 만든 것이라

4. 하나님을 알지 못하는 사람들은 하나님이 아닌 신을 만들고 섬기기를 좋아한다.

　행 17:23 내가 두루 다니며 너희가 위하는 것들을 보다가 알지 못하는 신에게라고 새긴 단도 보았으니 그런즉 너희가 알지 못하고 위하는 그것을 내가 너희에게 알게 하리라

넷, 우리 하나님은 살아 계신 하나님이다.

1. 살아 계시는 하나님은 찬송을 받으실 하나님이시다.

　시 18:46 여호와는 살아 계시니 나의 반석을 찬송하며 내 구원의 하나님을 높일지로다

2. 그리스도는 살아 계신 하나님의 아들이라고 고백하는 것이 우리의 신앙고백이다.

　마 16:16 시몬 베드로가 대답하여 이르되 주는 그리스도시요 살아 계신 하나님의 아들이시니이다

3. 하나님의 나라에서 영원히 살아 계신 하나님께 영광을 돌릴 것이다.

　계 4:9 그 생물들이 보좌에 앉으사 세세토록 살아 계시는 이에게 영광과 존귀와 감사를 돌릴 때에

제6강
하나님의 신격

> 문 6. 하나님의 신격에는 몇 위가 계십니까?
> 답 하나님에게는 성부, 성자, 성령의 삼위가 있는데 이 셋이 한 하나님이며 본질이 같고, 능력과 영광이 동등합니다.
> -마 3 : 16-17, 28 : 19, 빌 2 : 6

하나, 삼위일체 교리가 있다.

1. '삼위일체'라는 말은 교부 테르툴리아누스가 처음 사용한 용어이다.
2. 삼위일체 교리가 결정적으로 성립된 것은 니케아 회의(AD 325년)와 콘스탄티노플 회의(AD 381년)에서였다.
3. 구약에서 하나님(엘로힘)이란 단어가 복수인 것, 하나님께서 자신을 복수로 지칭하신 것(사 6 : 8 "누가 우리를 위하여 갈꼬")은 삼위일체를 뜻한다.
4. 삼위 하나님은 예수님이 세상에 계실 때에 회동하셨다.

   마 3:16-17 예수께서 세례를 받으시고 곧 물에서 올라오실새 하늘이 열리고 하나님의 성령이 비둘기같이 내려 자기 위에 임하심을 보시더니 하늘로부터 소리가 있어 말씀하시되 이는 내 사랑하는 아들이요 내 기뻐하는 자라 하시니라

5. 주님은 대 명령에서 아버지와 아들과 성령의 이름으로 세례를 주라고 하셨다.

   마 28:19 그러므로 너희는 가서 모든 민족을 제자로 삼아 아버지와 아들과 성령의 이름으로 세례를 베풀고

6. 바울은 축도에서 삼위의 이름으로 축복을 선언하였다.

   고후 13:13 주 예수 그리스도의 은혜와 하나님의 사랑과 성령의 교통하심이 너희 무리와 함께 있을지어다

둘, 삼위는 동일한 본체이시다.

1. 말씀인 예수 그리스도는 하나님과 동일하신 본체를 가지셨다.

   요 1:1 태초에 말씀이 계시니라 이 말씀이 하나님과 함께 계셨으니 이 말씀은 곧 하나님이시니라

2. 성자는 성부의 보내심으로 세상에 오셨다.

   요 6:38 내가 하늘에서 내려온 것은 내 뜻을 행하려 함이 아니요 나를 보내신 이의 뜻을 행하려 함이니라

3. 예수 그리스도는 하나님의 본체로 이 땅에 오셨다.

   빌 2:6 그는 근본 하나님의 본체시나 하나님과 동등됨을 취할 것으로 여기지 아니하시고

4. 니케아 회의에서 아리우스는 그리스도의 피조설을 주장했지만 아타나시우스는 그리스도가 하나님과 동질(homoiousious)일 뿐만 아니라 동등(homoosios)하다고 하였다.

5. 콘스탄티노플 회의에서는 성령은 성부에게서 나왔다는 성부유출설을 결정했으나 6세기에 와서 서방교회는 성령이 성부와 성자에게서(filioque) 나왔다고 하였다.

6. 성령은 성부와 성자가 보낸다고 성경은 말한다.

   요 15:26 내가 아버지께로부터 너희에게 보낼 보혜사 곧 아버지께로부터 나오시는 진리의 성령이 오실 때에 그가 나를 증언하실 것이요

셋, 삼위는 본질적으로 동등하시다.

1. 삼위는 권능과 영광이 동등하시다.

   히1:3 이는 하나님의 영광의 광채시요 그 본체의 형상이시라 그의 능력의 말씀으로 만물을 붙드시며 죄를 정결하게 하는 일을 하시고 높은 곳에 계신 지극히 크신 이의 우편에 앉으셨느니라

2. 성령은 성부와 성자의 보내심을 받고 성도에게 오시며, 뚜렷한 인격(요 14:17 "그는 진리의 영이라 세상은 능히 그를 받지 못하나니 이는 그를 보지도 못하고 알지도 못함이라 그러나 너희는 그를 아나니 그는 너희와 함께 거하심이요 또 너희 속에 계시겠음이라")과 신성을 가지고 계신다(고전 2:10 "오직 하나님이 성령으로 이것을 우리에게 보이셨으니 성령은 모든 것 곧 하나님의 깊은 것까지도 통달하시느니라").

3. 일반적으로 구약시대를 성부시대, 그리스도의 지상시대를 성자시대, 성령강림절 이후를 성령시대로 구분하나 엄격한 의미에서는 성삼위의 활동은 어느 시대이든 같이 나타난다.

제7강
하나님의 예정

> 문 7. 하나님의 예정이란 무엇입니까?
> 답 하나님의 예정이란 그가 뜻하시는 바를 따라 정하신 그의 영원한 목적이며, 이 목적에 의하여 하나님은 자기의 영광을 위하여서 장차 일어날 모든 것을 미리 정해 놓으신 것입니다.
> —엡 1 : 4-5, 9, 롬 9 : 22-23

하나, 하나님의 예정의 성경적 근거

1. 예정은 하나님의 기쁘신 뜻대로 정하신 것을 말한다.

   엡 1:5 그 기쁘신 뜻대로 우리를 예정하사 예수 그리스도로 말미암아 자기의 아들들이 되게 하셨으니

2. 하나님이 하나님의 사람을 부르시고 의롭게 하신 것은 미리 정하셨기 때문이다.

   롬 8:29-30 하나님이 미리 아신 자들을 또한 그 아들의 형상을 본받게 하기 위하여 미리 정하셨으니 이는 그로 많은 형제 중에서 맏아들이 되게 하려 하심이니라 또 미리 정하신 그들을 또한 부르시고 부르신 그들을 또한 의롭다 하시고 의롭다 하신 그들을 또한 영화롭게 하셨느니라

둘, 하나님의 예정의 전제

1. 하나님이 하나님이시라면 그는 절대 주권자라야 한다는 전제에서 출발한다.
2. 예정의 전제는 하나님의 절대적 전지성(omniscience), 전능성(omnipotence)이다.
3. 예정이란 하나님의 전지성과 전능성에 근거를 두는 귀납법적 체계이다.

셋, 예정론의 신학적 체계

1. 예정론을 성립한 사람은 아우구스티누스로서 자신의 신앙의 경험에 비추어 인간의 전적 무능을 강력히 주장하고 하나님의 예정을 체계화하였다.
2. 아우구스티누스는 그의 예정의 내용을 구체화하여 하나님은 어떤 이는 구원으로, 어떤 이는 멸망으로 정하셨다는 이중 예정론을 발전시켰다.
3. 현대에 와서는 칼뱅적인 예정론은 경원시되고 있으나 보수적인 정통주의에서는 여전히 강력하게 예정론을 추종하고 있다.
4. 예정론의 극단을 '수프라랍사리안'(supralapsarian)이라고 하며, 예정의 시기를 타락 전으로 보아 하나님은 창세전에 구원받을 자와 멸망할 자를 예정하셨고 한다.
5. 예정론의 다른 극단을 '인프라랍사리안'(infralapsarian)이라고 하며, 예정의 시기를 타락 이후로 보며 하나님은 타락을 허용하셨으나 거기에 책임이 있는 것은 아니며, 인류의 타락 후에 어떤 이에게는 구원을 예정하시고, 어떤 이는 타락으로 이미 정죄된 상태에 그대로 버려두셨다고 본다.
6. 두 예정론을 수정한 것을 '수브랍사리안'(sublapsarian)이라고 하며, 하나님이 타락을 허용하신 것을 인정하지만 구원은 모든 사람에게 응용되어 그 중 믿는 자가 선택을 받는다고 한다.
7. 예정론과 전적으로 대립되는 파를 '알미니안'(Arminian)이라고 하며, 인간의 자유의지는 하나님의 예정에 앞서며 하나님의 예정은 인간의 신앙과 복

종에 입각해 있다고 한다.

넷, 하나님의 예정은 하나님의 영광이다.
1. 하나님은 하나님의 영광을 위하여 예정하신다.

요 17:1 예수께서 이 말씀을 하시고 눈을 들어 하늘을 우러러 이르시되 아버지여 때가 이르렀사오니 아들을 영화롭게 하사 아들로 아버지를 영화롭게 하게 하옵소서

제8강
하나님의 예정의 실행

> 문 8. 하나님이 그 예정을 어떻게 실행하십니까?
> 답 하나님께서 그 예정을 실행하시는 것은 창조와 섭리의 일로 하십니다.
> — 계 4 : 11, 사 40 : 26, 롬 11 : 36, 히 11 : 3

하나, 예정론과 자유의지

1. 자연인은 자신이 원하는 선택을 할 수 있는 자유선택권을 가진다고 한다.
2. 자연인의 의지는 죄의 지배를 받는다는 '노예의지론'이 있다(루터).
3. 하나님이 구원의 길을 마련하시지만 사람이 그것을 취하느냐의 여부는 인간에게 달려 있으며 구원은 하나님과 인간의 합작이라고 하는 '합력설'(synergism)이 있다(에라스무스).
4. 하나님이 구원의 길을 마련하실 뿐만 아니라 사람이 그것을 취하는 것도 하나님이 해 주셔야 가능하다며, 구원은 하나님께만 달려 있다고 하는 '단독설'(monergism)이 있다(루터).

5. 예정론은 인간의 선택권에 대한 이론이 아니라 인간의 영혼의 상태에 대한 이론이다.

둘, 예정론과 운명론
1. 운명론은 과거의 어떤 시점에서 미래의 일을 이미 결정지었다는 이론이다.
2. 예정론은 시간을 초월한 하나님의 영역에서 결정된 것이므로 비관적 운명과는 다르다.

셋, 예정론과 예지예정론
1. 예정론은 하나님께서 아무 조건 없이 선택하셨다고 주장한다.
2. 예지예정론은 창세전에 하나님께서 누가 그리스도를 믿을 것인가를 미리 아셨으므로 바로 그 사람을 구원하시기로 작정하셨다고 주장한다(존 웨슬리).

넷, 하나님의 창조는 예정의 실행이다.
1. 하나님은 마구잡이로 창조하신 것이 아니라 예정과 뜻에 따라 하셨다.
   계 4:11 우리 주 하나님이여 영광과 존귀와 권능을 받으시는 것이 합당하오니 주께서 만물을 지으신지라 만물이 주의 뜻대로 있었고 또 지으심을 받았나이다 하더라
2. 하나님의 창조는 예정이므로 완벽하다.
   사 40:26 너희는 눈을 높이 들어 누가 이 모든 것을 창조하였나 보라 주께서는 수효대로 만상을 이끌어 내시고 그들의 모든 이름을 부르시나니 그의 권세가 크고 그의 능력이 강하므로 하나도 빠짐이 없느니라
3. 세계가 하나님의 말씀으로 창조된 것을 믿음으로 안다.
   히 11:3 믿음으로 모든 세계가 하나님의 말씀으로 지어진 줄을 우리가 아나니 보이는 것은 나타난 것으로 말미암아 된 것이 아니니라

다섯. 하나님의 섭리는 예정의 실행이다.
1. 섭리란 세상과 우주 만물을 다스리는 하나님의 뜻을 의미하며, 창조주인 하나님이 피조물을 구원하기 위한 계획을 정하고, 만물이 그분의 계획에 의해 질서 있게 운행되며 지배되는 것을 의미한다.

엡 1:11 모든 일을 그의 뜻의 결정대로 일하시는 이의 계획을 따라 우리가 예정을 입어 그 안에서 기업이 되었으니

2. 계몽주의 이후에는 기계론적인 입장에서 섭리를 부정하고, 역사주의는 인류의 무한한 진보 입장에서 하나님의 섭리를 부정하였다. 그러나 이를 인정하는 것이 하나님께 영광이 된다.

롬 11:36 이는 만물이 주에게서 나오고 주로 말미암고 주에게로 돌아감이라 그에게 영광이 세세에 있을지어다 아멘

제9강
하나님의 창조

> 문 9. 창조하시는 일이란 무엇입니까?
> 답 창조하시는 일이란 하나님이 그의 능력의 말씀에 의하여 엿새 동안에 아무것도 없는 중에서 만물을 지으신 것인데 매우 좋게 지으신 것입니다.
> -히 1 : 3, 시 33 : 9, 창 1 : 21

하나. 창조란 무엇인가?

1. 창조성은 하나님만의 속성이다.

   창 1 : 1 태초에 하나님이 천지를 창조하시니라

2. 창조는 삼위의 하나이신 그리스도께서 하신 일이다.

   골 1 : 16 만물이 그에게서 창조되되 하늘과 땅에서 보이는 것들과 보이지 않는 것들과 혹은 왕권들이나 주권들이나 통치자들이나 권세들이나 만물이 다 그로 말미암고 그를 위하여 창조되었고

3. 창조는 삼위의 하나이신 성령님께서 하신 일이다.

   창 1 : 2 땅이 혼돈하고 공허하며 흑암이 깊음 위에 있고 하나님의 영은 수면 위에 운행하시니라

4. 창조는 하나님의 영광 때문이다.
   사 43:7 내 이름으로 불려지는 모든 자 곧 내가 내 영광을 위하여 창조한 자를 오게 하라 그를 내가 지었고 그를 내가 만들었느니라

둘, 하나님이 창조하신 날의 의미가 있다.
1. 하나님은 엿새 동안 창조하시고 일곱째 날에 안식하셨다.
   창 2:2 하나님이 그가 하시던 일을 일곱째 날에 마치시니 그가 하시던 모든 일을 그치고 일곱째 날에 안식하시니라
2. 매일 지으신 것들이 다르며 창조에는 질서가 있다. 첫째 날(빛)과 넷째 날(광명체 : 큰 광명체-낮, 작은 광명체-밤), 둘째 날(궁창과 물)과 다섯째 날(궁창의 새와 물의 생물들), 셋째 날(채소와 나무)과 여섯째 날(땅의 짐승과 사람)이 다르다.

셋, 창조는 능력의 말씀으로 하셨다.
1. 말씀으로 창조하신 일, '이르시되'(비요메르)는 인격적 관계이다.
   창 1:3 하나님이 이르시되 빛이 있으라 하시니 빛이 있었고
2. 하나님의 말씀은 창조하실 만큼 능력이 있다.
   히 1:3 이는 하나님의 영광의 광채시요 그 본체의 형상이시라 그의 능력의 말씀으로 만물을 붙드시며 죄를 정결하게 하는 일을 하시고 높은 곳에 계신 지극히 크신 이의 우편에 앉으셨느니라
3. 하나님의 말씀대로 세계가 이루어졌다.
   시 33:9 그가 말씀하시매 이루어졌으며 명령하시매 견고히 섰도다
4. 하나님의 창조는 질서와 종류대로 이루어졌다.
   창 1:21 하나님이 큰 바다 짐승들과 물에서 번성하여 움직이는 모든 생물을 그 종류대로, 날개 있는 모든 새를 그 종류대로 창조하시니 하나님이 보시기에 좋았더라

5. 하나님은 지금도 일하시고 하나님과 피조물의 대화는 계속된다.

   요 5:17 예수께서 그들에게 이르시되 내 아버지께서 이제까지 일하시니 나도 일한다 하시매

넷. 하나님은 하나님의 나라를 매우 좋게 창조하셨다.

1. 하나님의 창조는 완벽하다.

   창 1:31 하나님이 지으신 그 모든 것을 보시니 보시기에 심히 좋았더라 저녁이 되고 아침이 되니 이는 여섯째 날이니라

2. 하나님의 창조 세계는 하나님이 다스리시는 하나님 나라의 모형이다.

   시 146:10 시온아 여호와는 영원히 다스리시고 네 하나님은 대대로 통치하시리로다 할렐루야

3. 하나님의 창조를 통하여 하나님을 알 수 있다.

   롬 1:20 창세로부터 그의 보이지 아니하는 것들 곧 그의 영원하신 능력과 신성이 그가 만드신 만물에 분명히 보여 알려졌나니 그러므로 그들이 핑계하지 못할지니라

제10강
사람의 창조

> 문 10. 하나님이 사람을 어떻게 창조하셨습니까?
> 답 하나님께서 자기의 형상대로 남자와 여자를 창조하셨고 지식과 거룩함이 있게 하사 피조물들을 다스리게 하셨습니다.
> -창 1:27-28, 9:2

하나, 하나님은 먼저 남자를 창조하셨다.

1. 하나님이 남자와 여자를 친히 지으셨다.

   창 1:27 하나님이 자기 형상 곧 하나님의 형상대로 사람을 창조하시되 남자와 여자를 창조하시고

2. 하나님이 사람을 흙으로 지으시고 생기를 불어넣으셔서 생령이 되게 하셨다.

   창 2:7 여호와 하나님이 땅의 흙으로 사람을 지으시고 생기를 그 코에 불어넣으시니 사람이 생령이 되니라

둘, 하나님은 다음에 여자를 창조하셨다.

1. 하나님은 여자를 남자의 갈빗대로 만드셨다.

창 2:21-22 여호와 하나님이 아담을 깊이 잠들게 하시니 잠들매 그가 그 갈빗대 하나를 취하고 살로 대신 채우시고 여호와 하나님이 아담에게서 취하신 그 갈빗대로 여자를 만드시고 그를 아담에게로 이끌어 오시니

2. 여자('이솨')는 남자('이쉬')에서 파생된 말이다.

창 2:23 아담이 이르되 이는 내 뼈 중의 뼈요 살 중의 살이라 이것을 남자에게서 취하였은즉 여자라 부르리라 하니라

셋, 여자를 흙으로 만들지 않으시고 아담의 갈빗대로 만드신 이유가 있다.

1. 아담과 하와는 서로 분리될 수 없는 완전한 합일체이다.
2. 여자는 남자에게서 소중히 여김을 받아야 하며, 인격적인 면에 있어서 동등체이다.
3. 부부는 서로의 부족함을 사랑과 신뢰로 보충하면서 하나님께 감사와 영광을 돌려야 한다.

넷, 하나님은 사람에게 하나님의 형상(image)을 주셨다.

1. 하나님은 사람에게 하나님의 형상을 주셨다.

골 3:10 새사람을 입었으니 이는 자기를 창조하신 이의 형상을 따라 지식에까지 새롭게 하심을 입은 자니라

2. 바울은 그리스도를 하나님의 형상이라 한다.

고후 4:4 그중에 이 세상의 신이 믿지 아니하는 자들의 마음을 혼미하게 하여 그리스도의 영광의 복음의 광채가 비치지 못하게 함이니 그리스도는 하나님의 형상이니라

다섯, 남자와 여자의 창조는 평등하다.

1. 남자와 여자는 창조에서 우열이 없이 평등하다.

창 1:27 하나님이 자기 형상 곧 하나님의 형상대로 사람을 창조하시되 남자와 여

자를 창조하시고

2. 창조의 시간의 차이는 성의 우열을 말하는 것이 아니다.

갈 3:28 너희는 유대인이나 헬라인이나 종이나 자유인이나 남자나 여자나 다 그리스도 예수 안에서 하나이니라

여섯, 돕는 배필('에제르 네게드')은 종속이 아니라 관계개념이다.

1. 돕는 배필은 종속이 아니라 관계개념이다.

창 2:18 여호와 하나님이 이르시되 사람이 혼자 사는 것이 좋지 아니하니 내가 그를 위하여 돕는 배필을 지으리라 하시니라

2. '돕는'이 종속개념이라면 하나님이 이스라엘에게 종속된다.

대하 32:8 우리와 함께하시는 이는 우리의 하나님 여호와시라 반드시 우리를 도우시고 우리를 대신하여 싸우시리라

일곱, 하나님은 '문화명령'(cultural mandate)을 주셨다.

1. 문화명령은 가정에 주신 복이다.

창 1:28 하나님이 그들에게 복을 주시며 하나님이 그들에게 이르시되 생육하고 번성하여 땅에 충만하라, 땅을 정복하라, 바다의 물고기와 하늘의 새와 땅에 움직이는 모든 생물을 다스리라 하시니라

2. 정복하고 다스리는 것은 지배하는 것이 아니라 공존하는 것을 의미한다.

제11강
하나님의 섭리

> 문 11. 하나님의 섭리하시는 일이란 무엇입니까?
> 답 하나님의 섭리하시는 일이란 그의 모든 피조물과 그들의 활동을 지극히 거룩하고 지혜롭고 능력 있게 보존하고 다스리는 것입니다.
> ㅡ 시 145 : 9, 17, 103 : 19, 104 : 24, 계 11 : 17-18, 히 1 : 3

하나, 섭리(攝理)란 무엇인가?

1. 하나님이 창조하신 세상과 우주 만물을 다스리는 하나님의 뜻을 의미한다.

2. 하나님이 창조하신 다음에 온 우주의 운행에 대하여 가만히 계시는 것이 아니다.

    계 4:8 네 생물은 각각 여섯 날개를 가졌고 그 안과 주위에는 눈들이 가득하더라 그들이 밤낮 쉬지 않고 이르기를 거룩하다 거룩하다 거룩하다 주 하나님 곧 전능하신 이여 전에도 계셨고 이제도 계시고 장차 오실 이시라 하고

3. 우주의 운행은 하나님의 자유로운 의지에 의한 것이다.

    시 103:19 여호와께서 그의 보좌를 하늘에 세우시고 그의 왕권으로 만유를 다스리시도다

4. 창조주이신 하나님이 피조물을 구제하기 위한 영원한 계획을 정하시고, 만물은 모두 하나님의 계획에 의해 질서 있게 지배된다.
   잠8:15-16 나로 말미암아 왕들이 치리하며 방백들이 공의를 세우며 나로 말미암아 재상과 존귀한 자 곧 모든 의로운 재판관들이 다스리느니라
5. 섭리에는 하나님의 예견과 미리 설정된 배려라는 두 가지 요소가 포함되어 있다.
6. 인간에게는 다른 피조물과 마찬가지로 하나님의 구제 계획에 참여하여 하나님의 영광을 나타낼 자유가 허용되어 있다.
7. 칼뱅은 섭리의 요소를 보존과 통치로 나누어 설명하였고, 「기독교강요」 제16장 첫 문장에서 "더욱이 하나님의 창조 사역을 단숨에 완성하신 일시적인 창조주로 삼는다는 것은 차디찬 그리고 무미건조한 사상이다."라고 하였다.

둘, 섭리에 대한 반대 사상도 있다.
1. 고대 종교나 자연주의 신관에서는 우주의 운행을 맹목적인 운명에 기인한 것이라 여긴다.
2. 계몽주의 이후에는 신앙의 내용을 오로지 이성적인 진리에 한정시킨 합리주의 신학의 종교관인 이신론(理神論, deism)이 기계론적인 입장에서 섭리를 부정하였다.
3. 역사주의는 인류의 무한한 진보 입장에서 이를 부정했다.

셋, 섭리는 하나님의 현재적 사역이며 지금도 다스리신다.
1. 과거의 창조에 하나님이 직접 개입하신 것같이 현재도 모든 피조물을 유지하고 지배하셔서 모든 것이 우연하게 나타나는 것이 아니라 하나님에 의해 나타나는 것이다.
2. 칼 바르트는 "섭리란 이 세계에 있어서 하나님의 현재의 의미"라고 말했다.

3. 요셉의 전 삶이 하나님의 섭리에 의한 것이다.

    창 45:5 당신들이 나를 이곳에 팔았다고 해서 근심하지 마소서 한탄하지 마소서 하나님이 생명을 구원하시려고 나를 당신들보다 먼저 보내셨나이다

4. 나오미의 모압 피난과 남편과 아들을 잃고 며느리 룻과 함께 베들레헴에 돌아온 것, 룻이 보아스를 만나 예수님의 조상이 된 것도 하나님의 섭리이다.

    마 1:5 살몬은 라합에게서 보아스를 낳고 보아스는 룻에게서 오벳을 낳고 오벳은 이새를 낳고

5. 하나님은 영원히 보존하시고 다스리신다.

    시 146:10 시온아 여호와는 영원히 다스리시고 네 하나님은 대대로 통치하시리로다 할렐루야

읽기자료
"당신은…… 믿습니까?" : 요리문답의 뿌리, 초기 기독교 공동체의 세례문답

문답식 교육의 전통은 초기 기독교 공동체로 고스란히 내려왔다. 초기 기독교 공동체에서 가장 중요시했던 교육은 바로 예비신자 교육이었다. 복음을 받아들이고 신자가 되기를 원하는 이들을 위하여 교부문헌들을 사용한 교육이 활발하게 이루어졌다. 이렇게 교육받은 예비신자들은 세례 전에 공동체 앞에서 자신이 경험하고 배운 영적 체험의 의미를 자신의 말로 고백하는 과정을 거쳐 정식으로 신자로 인정받았다.

그런데 당시 교회는 커다란 위기를 맞이하고 있었다. 바깥으로는 로마 제국의 박해가 계속되었고, 안으로는 각종 이단들의 미혹으로 시련을 겪고 있었다. 이에 맞서 교회는 공동체의 일원으로 인정하는 예식인 세례를 엄격하게 실시하였다. 그리고 세례를 받기까지 최고 2~3년에 이르는 장기간의 예비신자 교육을 통해 이단의 가르침을 분별하고, 바른 신앙을 심어 주는 교육을 받게 했다. 이를 위해 성경의 내용을 체계화하고 간소화해서 누구든지 이단들의 속임수를 분별할 수 있도록 하는 문답식 교육이 실시되었다.

> 당신은 예수님이 하나님의 아들이시고
> 동정녀 마리아에게서 성령으로 나시고
> 본디오 빌라도 아래에서 십자가에 달리시고,
> 그리고 죽으시고(묻히시고),
> 제 삼 일에 죽은 자로부터 살아나셔서 일어나시고,
> 그리고 하늘에 오르시고,
> 그리고 아버지의 오른편에 앉으시고,
> 산자와 죽은 자를 심판하러 오실 것을 믿습니까?
> 당신은 성령과 거룩한 교회(몸의 부활)를 믿습니까?
> ― 로마의 감독 히폴리투스가 정리한 문답형식(주후 215년)

초대교회 세례장면 : "St. Ansanus Baptizing", Giovanni di Paolo(1440)

바로 이러한 문답의 내용은 교회의 공식적인 고백문으로 재정리되어 성도들이 기억해야 할 신앙의 기준이 되었다. 바로 이것이 신앙고백 또는 신조(信條)라 불리는 문서였다. 340년 마르켈리누스 신조, 404년 루피누스 신조 등에서부터 다음과 같은 의문형의 문답이 고백문으로 정리되기 시작하였다. 이윽고 700년경에 사도들의 신앙전통에 따른 고백문이 정리되었다. 이것이 바로 오늘날 우리가 예배 때마다 고백하는 "사도신경"이다.

그러나 아이러니하게도 신앙고백이 확립되는 과정 속에서 신앙고백문의 모체가 되었던 세례문답에 대한 교육은 점점 사라지기 시작했다. 로마제국의 기독교 공인(313년) 및 기독교 국교화(393년) 이후 영적인 동기보다는 세속적인 이유로 입교하는 사람들이 많아지고, 국교화 이후 시대 흐름에 따라 성인 회심자가 거의 사라져 유아세례자가 대부분을 차지하게 되면서 초창기의 철저했던 세례문답 교육의 모습은 사라져 갔다. 이렇게 세례문답으로 대표되던 초창기 요리문답의 전통은 역사의 뒤안길로 숨는 듯했다.

참고도서
차종순 저, 「교리사」(서울:한국장로교출판사, 1993)
이숙종 역, 루이스 조셉 쉐릴 저, 「기독교 교육의 발생」(서울:대한기독교서회, 2002)

제12강
하나님의 인간 섭리

> 문 12. 사람이 창조함을 받아 타고난 신분을 그대로 가지고 있을 때 하나님은 그에게 어떤 특수한 섭리를 행하셨습니까?
> 답 하나님이 사람을 창조하셨을 때 완전한 순종을 조건으로 그와 더불어 생명의 언약을 세우시며, 선악과를 먹지 말도록 금하셨고, 먹으면 죽음의 고통이 있을 것이라고 하셨습니다.
> -창 2 : 16-17, 롬 5 : 12-14, 10 : 5, 눅 10 : 25-28

하나, 하나님의 인간 섭리는 창조 때에 계획되었다.

1. 하나님의 인간 구속의 섭리는 창조 때에 이미 계획되었다.

   창 2:16-17 여호와 하나님이 그 사람에게 명하여 이르시되 동산 각종 나무의 열매는 네가 임의로 먹되 선악을 알게 하는 나무의 열매는 먹지 말라 네가 먹는 날에는 반드시 죽으리라 하시니라

2. 하나님의 계명은 인간 구속을 위한 하나님의 방편이다.

   신 5:10 나를 사랑하고 내 계명을 지키는 자에게는 천 대까지 은혜를 베푸느니라

3. 율법을 행하게 하신 것은 살리려는 하나님의 창조의 뜻이다.

   눅 10:28 예수께서 이르시되 네 대답이 옳도다 이를 행하라 그러면 살리라 하시니

둘, 하나님의 섭리는 순종으로 성취된다.

1. 한 사람의 불순종으로 하나님의 섭리가 어긋나게 되었다.

   롬 5:12 그러므로 한 사람으로 말미암아 죄가 세상에 들어오고 죄로 말미암아 사망이 들어왔나니 이와 같이 모든 사람이 죄를 지었으므로 사망이 모든 사람에게 이르렀느니라

2. 한 사람의 순종으로 하나님의 섭리가 성취되었다.

   롬 10:5 모세가 기록하되 율법으로 말미암는 의를 행하는 사람은 그 의로 살리라

3. 그리스도와 함께 순종하는 자에게 하나님의 섭리는 온전하게 된다.

   히 5:8-9 그가 아들이시면서도 받으신 고난으로 순종함을 배워서 온전하게 되셨은즉 자기에게 순종하는 모든 자에게 영원한 구원의 근원이 되시고

셋, 하나님의 섭리는 언약을 통하여 전달되었다.

1. 옛 언약(구약)은 낡고 없어지는 것이다.

   히 8:13 새 언약이라 말씀하셨으매 첫 것은 낡아지게 하신 것이니 낡아지고 쇠하는 것은 없어져 가는 것이니라

2. 새 언약(신약)은 그리스도를 통한 것이며 영원하다.

   히 9:15 이로 말미암아 그는 새 언약의 중보자시니 이는 첫 언약 때에 범한 죄에서 속량하려고 죽으사 부르심을 입은 자로 하여금 영원한 기업의 약속을 얻게 하려 하심이라

넷, 하나님의 언약은 인간에 대한 사랑의 표현이다.

1. 구속의 언약 – 태초에 인간 창조 이전에 천상에서 삼위 간에 인간 구원을 약속하셨다.
2. 행위의 언약 – 인간 창조 이후 에덴동산에서 하나님은 인간의 영원한 살 길을 약속하셨다.
3. 은혜의 언약 – 인간이 범죄한 후 하나님은 은혜로 인간을 구속하실 것을 약

속하셨다.
4. 언약을 세우신 것은 인간을 멸망시키지 않으시려는 하나님의 뜻이다.
   창9:11 내가 너희와 언약을 세우리니 다시는 모든 생물을 홍수로 멸하지 아니할 것이라 땅을 멸할 홍수가 다시 있지 아니하리라

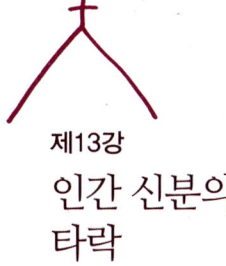

제13강
인간 신분의 타락

> 문 13. 우리의 처음 시조가 창조 때 타고난 신분을 계속 유지했습니까?
> 답 우리들의 처음 시조는 자기들 자신의 의지의 자유를 가졌으며 하나님께 죄를 범함으로써 그들의 창조 때 타고난 신분에서 타락했습니다.
> – 창 3 : 6 – 8, 3 : 22 – 23, 고후 11 : 3

하나, 자유의지(free will)란 무엇인가?

1. 자유의지는 자신의 행동과 결정을 스스로 조절, 통제할 수 있는 능력이다.
2. 인간은 자유의지를 전적으로 가진다, 부분적으로 가진다, 전혀 가지고 있지 않다는 이론은 해결되지 않는 신학적 과제이다.
3. 서양철학은 자유의지론을 양립가능론(compatibilism)과 양립불가론(incompatibilism)으로 나눈다.
4. 양립가능론이란 자유의지와 결정론이 동시에 성립될 수 있다는 이론이며, 양립불가론은 자유의지와 결정론 중에 어느 한 가지만 성립된다는 이론이다. 양립불가론은 다시 결정론(determinism)과 비결정론(indeterminism)

으로 나뉜다. 양립불가론적 결정론자는 애초에 이 세계의 모든 것이 결정되었고, 인간에게 자유선택의 여지는 없다고 주장한다.
5. 자유의지는 하나님과의 약속보다 자신의 입과 눈에 의해 선택한 것이다.
   창 3:6 여자가 그 나무를 본즉 먹음직도 하고 보암직도 하고 지혜롭게 할 만큼 탐스럽기도 한 나무인지라 여자가 그 열매를 따먹고 자기와 함께 있는 남편에게도 주매 그도 먹은지라
6. 건축가의 계획과 설계는 각양 일꾼들의 의지를 통해 마침내 완성된 건축물이 된다.

둘. 원죄와 자유의지

1. '원죄'(peccatum originale)는 아담과 하와가 하나님과의 약속을 어겨 그 죄가 그들의 자손에게까지 상속된 죄의 유산을 의미하며, 가톨릭교회는 인간 가운데는 성모 마리아만이 원죄가 없다고 한다.
   롬 5:12 그러므로 한 사람으로 말미암아 죄가 세상에 들어오고 죄로 말미암아 사망이 들어왔나니 이와 같이 모든 사람이 죄를 지었으므로 사망이 모든 사람에게 이르렀느니라
2. 자유의지의 그릇된 사용으로 인간은 죄를 짓지 않았지만 죄를 가지고 태어난다.
   롬 5:14 그러나 아담으로부터 모세까지 아담의 범죄와 같은 죄를 짓지 아니한 자들까지도 사망이 왕 노릇 하였나니 아담은 오실 자의 모형이라
3. 자유의지는 하나님의 피조물 가운데 인간에게만 주신 선물이지만 선물을 잘못 사용함으로 모든 인간에게 원죄의 짐을 지게 하였다.
   창 3:22-23 여호와 하나님이 이르시되 보라 이 사람이 선악을 아는 일에 우리 중 하나같이 되었으니 그가 그의 손을 들어 생명나무 열매도 따먹고 영생할까 하노라 하시고
4. 인간이 죄를 지었음에도 불구하고 하나님의 창조 계획은 완벽하고 한 치의

오차도 없는 것이다.

고후 11:3 뱀이 그 간계로 하와를 미혹한 것같이 너희 마음이 그리스도를 향하는 진실함과 깨끗함에서 떠나 부패할까 두려워하노라

셋, 자유의지와 죄

1. 자유의지란 자유에 대한 주관적 경험, 죄의식, 인격적 행위에 대한 책임이라는 보편적 가정 등을 바탕으로 삼고 있으며 이 가정은 법, 보상, 처벌 등의 개념의 기초이다.
2. 인간이 자유의지로 죄를 지었으며 하나님은 죄를 지은 인간을 자신의 의지에 버려두셨다.

롬 1:28 또한 그들이 마음에 하나님 두기를 싫어하매 하나님께서 그들을 그 상실한 마음대로 내버려 두사 합당하지 못한 일을 하게 하셨으니

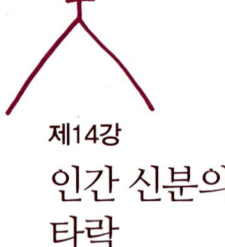

제14강
인간 신분의 타락

> 문 14. 죄가 무엇입니까?
> 답 죄는 하나님의 법을 순종함에 부족한 것이나 그것을 범하는 것입니다.
> - 요 16 : 9, 롬 14 : 23, 약 4 : 17, 요일 3 : 4, 5 : 17

하나, 죄의 정의
1. 원죄설 : 인간이 잘못된 본성을 가지고 있는 그 자체가 죄이다.
2. 선택설 : 인간이 자유의지로 선택한 것이 죄이며 죄는 선택이다.

둘, 죄는 하나님과의 분리이다.
1. '죄'는 헬라어 '하마르티아'(hamartia)로 표적에서 '빗나가다'라는 뜻이다.
   롬 7 : 19 내가 원하는 바 선은 행하지 아니하고 도리어 원하지 아니하는 바 악을 행하는도다
2. 죄란 하나님의 계명에 대해 불순종하는 행동이다.
   롬 5 : 19 한 사람이 순종하지 아니함으로 많은 사람이 죄인 된 것같이 한 사람이

순종하심으로 많은 사람이 의인이 되리라

3. 죄란 분리한다는 의미로 범죄한 인간은 하나님과 이미 분리되어 있었다.
> 창 3:8 그들이 그 날 바람이 불 때 동산에 거니시는 여호와 하나님의 소리를 듣고 아담과 그의 아내가 여호와 하나님의 낯을 피하여 동산 나무 사이에 숨은지라

4. 죄의 결과는 책임을 전가하는 것이다.
> 창 3:12 아담이 이르되 하나님이 주셔서 나와 함께 있게 하신 여자 그가 그 나무 열매를 내게 주므로 내가 먹었나이다

셋. 죄는 하나님의 법을 불순종하는 것이다.

1. 죄는 영혼이 죽는 것이다(아담은 육체는 죽지 않고 930세를 살았다).
> 창 2:17 선악을 알게 하는 나무의 열매는 먹지 말라 네가 먹는 날에는 반드시 죽으리라 하시니라

2. 죄는 후손에게 전수되어 하나님께 계속 불순종하게 한다.
> 롬 7:20 만일 내가 원하지 아니하는 그것을 하면 이를 행하는 자는 내가 아니요 내 속에 거하는 죄니라

넷. 죄는 그리스도를 믿지 아니하는 것이다.

1. 하나님을 알지 못하고, 그리스도를 믿지 않는 그 자체가 이미 죄이다.
> 요 16:9 죄에 대하여라 함은 그들이 나를 믿지 아니함이요

2. 믿음으로 하지 않으면 모든 일이 하나님의 질서(의)대로 될 수 없다.
> 롬 14:23 의심하고 먹는 자는 정죄되었나니 이는 믿음을 따라 하지 아니하였기 때문이라 믿음을 따라 하지 아니하는 것은 다 죄니라

다섯. 죄는 믿음의 행위가 없는 것이다.

1. 하나님과 분리된 자는 하나님의 뜻을 알지 못한다.
> 사 53:6 우리는 다 양 같아서 그릇 행하여 각기 제 길로 갔거늘 여호와께서는 우

리 모두의 죄악을 그에게 담당시키셨도다

2. 믿음으로 하지 않는 모든 것은 심판을 받는다.

살후 2:12 진리를 믿지 않고 불의를 좋아하는 모든 자들로 하여금 심판을 받게 하려 하심이라

3. 죄는 선과 악을 알고도 행하지 않는 것이다.

약 4:17 그러므로 사람이 선을 행할 줄 알고도 행하지 아니하면 죄니라

여섯, 죄는 하나님의 의, 질서를 따르지 않는 것이다.

1. 죄는 불의인데 하나님의 질서대로 살지 않는 것이다.

요일 3:4 죄를 짓는 자마다 불법을 행하나니 죄는 불법이라

2. 질서를 파괴하면 불의이고, 불의가 곧 죄이다.

요일 5:17 모든 불의가 죄로되 사망에 이르지 아니하는 죄도 있도다

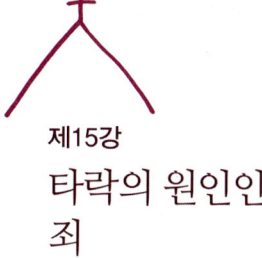

제15강
타락의 원인인 죄

> 문 15. 우리의 처음 시조가 창조함을 받았을 때의 타고난 신분에서 타락한 원인이 되는 죄가 무엇입니까?
> 답 우리의 처음 시조가 그들의 창조함을 받았을 때의 타고난 신분에서 타락한 원인이 되는 죄는 그들이 그 금지된 열매를 먹은 일입니다.
> -창 3 : 6

하나. 인간의 타고난 신분은 어떠한가?

1. 하나님의 형상을 가진 유일한 피조물이다.

   창 1:27 하나님이 자기 형상 곧 하나님의 형상대로 사람을 창조하시되 남자와 여자를 창조하시고

2. 사람은 살아 있는 영이며, 하나님의 영적 피조물이다.

   창 2:7 여호와 하나님이 땅의 흙으로 사람을 지으시고 생기를 그 코에 불어넣으시니 사람이 생령이 되니라

3. 하나님과 대화가 가능한 피조물이다.

   창 3:9 여호와 하나님이 아담을 부르시며 그에게 이르시되 네가 어디 있느냐

4. 하나님께서 보시기에 완벽한 피조물이다.

창 1:31 하나님이 지으신 그 모든 것을 보시니 보시기에 심히 좋았더라 저녁이 되고 아침이 되니 이는 여섯째 날이니라

5. 남자와 여자가 평등한 피조물이다.

창 1:27 하나님이 자기 형상 곧 하나님의 형상대로 사람을 창조하시되 남자와 여자를 창조하시고

6. 다른 피조물을 다스리는 권리를 가진 피조물이다.

창 1:28 하나님이 그들에게 복을 주시며 하나님이 그들에게 이르시되 생육하고 번성하여 땅에 충만하라, 땅을 정복하라, 바다의 물고기와 하늘의 새와 땅에 움직이는 모든 생물을 다스리라 하시니라

둘, 타락이란 무엇인가?

1. 하나님의 형상을 잃은 것이다.
2. 하나님이 주신 신분을 잃어 하나님의 자리에서 쫓겨난 것이다.

창 3:23 여호와 하나님이 에덴 동산에서 그를 내보내어 그의 근원이 된 땅을 갈게 하시니라

3. 자신이 수고하여야 먹게 되고, 결국에는 죽게 되었다.

창 3:19 네가 흙으로 돌아갈 때까지 얼굴에 땀을 흘려야 먹을 것을 먹으리니 네가 그것에서 취함을 입었음이라 너는 흙이니 흙으로 돌아갈 것이니라 하시니라

셋, 타락의 원인은 무엇인가?

1. 하나님의 말씀을 이성보다 감성으로 판단하였다.

창 3:6 여자가 그 나무를 본즉 먹음직도 하고 보암직도 하고 지혜롭게 할 만큼 탐스럽기도 한 나무인지라 여자가 그 열매를 따 먹고 자기와 함께 있는 남편에게도 주매 그도 먹은지라

2. 하나님이 주신 감정을 유혹의 도구로 사용하였다(생명나무도 보기에 아름답고 먹기 좋은 나무였다).

창 2:9 여호와 하나님이 그 땅에서 보기에 아름답고 먹기에 좋은 나무가 나게 하시니 동산 가운데에는 생명 나무와 선악을 알게 하는 나무도 있더라

3. 감정을 절제하지 못하였다.

딤전 4:1 그러나 성령이 밝히 말씀하시기를 후일에 어떤 사람들이 믿음에서 떠나 미혹하는 영과 귀신의 가르침을 따르리라 하셨으니

4. 부부가 하나가 되게 하신 것을 죄를 지은 인간은 악용하였다.

창 3:6 여자가 그 열매를 따 먹고 자기와 함께 있는 남편에게도 주매 그도 먹은지라

넷, 금단의 열매란 무엇인가?

1. 하나님이 먹지 못하게 하신 유일한 나무의 열매이다.

창 2:16-17 여호와 하나님이 그 사람에게 명하여 이르시되 동산 각종 나무의 열매는 네가 임의로 먹되 선악을 알게 하는 나무의 열매는 먹지 말라 네가 먹는 날에는 반드시 죽으리라 하시니라

2. 먹지 말라고 금하신 열매는 먹으면 죽는 열매이다.

창 3:3 동산 중앙에 있는 나무의 열매는 하나님의 말씀에 너희는 먹지도 말고 만지지도 말라 너희가 죽을까 하노라 하셨느니라

제16강
아담과 함께 타락한 인간

> 문 16. 모든 인류가 아담의 처음 범죄 때 함께 타락했습니까?
> 답 아담과 맺어진 언약은 그 자신만을 위한 것이 아니라 그의 후손도 위한 것이기 때문에, 그에게로부터 정상적인 생육법에 의하여 내려온 모든 인류는 그가 처음 범죄할 때 그의 안에서 죄를 지었고 그와 함께 타락하였습니다.
> ─시 51 : 5, 행 17 : 25-26, 롬 5 : 12-20, 고전 15 : 21-22

하나. 아담은 인간의 대표성을 가지고 있다.

1. 아담은 모든 인류의 대표자이다.

   창 2:8 여호와 하나님이 동방의 에덴에 동산을 창설하시고 그 지으신 사람을 거기 두시니라

2. 하나님께서 직접 만드신 사람은 아담과 하와밖에 없다.

   창 5:3 아담은 백삼십 세에 자기의 모양 곧 자기의 형상과 같은 아들을 낳아 이름을 셋이라 하였고

3. '아담'(אדם)이란 이름은 인류, 인간이란 뜻이며, 아담은 땅, 흙이란 '아다마'(אדמה)에서 파생하였다.

4. 하나님과 아담의 언약은 하나님과 모든 인류의 언약이다.

창9:12 하나님이 이르시되 내가 나와 너희와 및 너희와 함께하는 모든 생물 사이에 대대로 영원히 세우는 언약의 증거는 이것이니라

둘, 하나님은 아담 이후의 생육법을 정하셨다.
1. 아담 이후의 모든 인류는 부모를 통하여 태어난다.
   창5:3 아담은 백삼십 세에 자기의 모양 곧 자기의 형상과 같은 아들을 낳아 이름을 셋이라 하였고
2. 모든 인간은 태어나고 죽을 때가 있다.
   전3:2 날 때가 있고 죽을 때가 있으며 심을 때가 있고 심은 것을 뽑을 때가 있으며
3. 인간이 죽는 것은 범죄한 인간에게 정하신 이치이다.
   히9:27 한번 죽는 것은 사람에게 정해진 것이요 그 후에는 심판이 있으리니
4. 인간은 숙명적이며 영원한 세계에서 일시적인 삶을 산다.
   전1:4 한 세대는 가고 한 세대는 오되 땅은 영원히 있도다

셋, 아담의 범죄도 인간에게 유전된다.
1. 아담 안에 모든 인류의 씨가 들어 있었다.
   행17:26 인류의 모든 족속을 한 혈통으로 만드사 온 땅에 살게 하시고 그들의 연대를 정하시며 거주의 경계를 한정하셨으니
2. 모든 인간이 아담 한 사람으로 말미암아 죄를 지었다.
   롬5:12 그러므로 한 사람으로 말미암아 죄가 세상에 들어오고 죄로 말미암아 사망이 들어왔나니 이와 같이 모든 사람이 죄를 지었으므로 사망이 모든 사람에게 이르렀느니라
3. 모든 인간은 어머니 태중에서 이미 타락한 인간이 되었다.
   시51:5 내가 죄악 중에서 출생하였음이여 어머니가 죄 중에서 나를 잉태하였나이다
4. 모든 인간은 아담 안에서 죽은 자가 되는 운명을 가지게 되었다.

고전 15:22 아담 안에서 모든 사람이 죽은 것같이 그리스도 안에서 모든 사람이 삶을 얻으리라

5. 모든 인류 가운데는 아담의 범죄와 같은 죄를 짓지 않은 자가 없다.

롬 5:14 그러나 아담으로부터 모세까지 아담의 범죄와 같은 죄를 짓지 아니한 자들까지도 사망이 왕 노릇 하였나니 아담은 오실 자의 모형이라

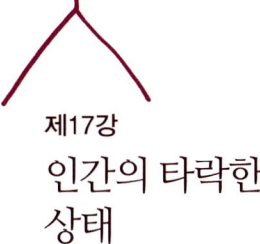

제17강
인간의 타락한 상태

> 문 17. 그 타락은 인류를 어떠한 상태에 빠뜨렸습니까?
> 답   그 타락은 인류를 죄와 비참의 상태에 빠뜨렸습니다.
> - 롬 5 : 5, 갈 3 : 10, 엡 2 : 3

하나, 아담의 타락이 전 인류에게 영향을 미쳤다.

1. 아담의 타락은 인류에게 필연적인 육체적 죽음을 가져왔다.

   욥 34 : 15 모든 육체가 다 함께 죽으며 사람은 흙으로 돌아가리라

2. 아담의 타락은 인류에게 하나님과의 관계 단절을 가져왔다.

   골 1 : 21 전에 악한 행실로 멀리 떠나 마음으로 원수가 되었던 너희를

3. 아담의 타락은 인류에게 지옥의 형벌로 영원한 죽음을 가져왔다.

   계 21 : 8 그러나 두려워하는 자들과 믿지 아니하는 자들과 흉악한 자들과 살인자들과 음행하는 자들과 점술가들과 우상 숭배자들과 거짓말하는 모든 자들은 불과 유황으로 타는 못에 던져지리니 이것이 둘째 사망이라

둘, 아담의 타락은 죄를 지은 상태이다.

1. 아담의 타락으로 모든 사람이 죄를 짓게 되었다.

    롬 5:12 이와 같이 모든 사람이 죄를 지었으므로 사망이 모든 사람에게 이르렀느니라

2. 타락하여 죄를 지은 인간은 자신이 원하는 대로 행동하지 못하며 악에 끌려 다닌다.

    롬 7:19 내가 원하는 바 선은 행하지 아니하고 도리어 원하지 아니하는 바 악을 행하는도다

3. 타락하여 죄를 지은 인간은 법을 지키는 능력을 상실하여 불법을 행하며 살게 된다.

    요일 3:4 죄를 짓는 자마다 불법을 행하나니 죄는 불법이라

4. 인류의 타락은 첫 타락이 마귀에게서 온 것과 같이 마귀에게서 왔다.

    요일 3:8 죄를 짓는 자는 마귀에게 속하나니 마귀는 처음부터 범죄함이라 하나님의 아들이 나타나신 것은 마귀의 일을 멸하려 하심이라

셋, 아담의 타락은 비참한 상태이다.

1. 타락하여 죄를 지은 상태는 하나님께 영광이 되지 못하여 인간의 제일 되는 목적을 상실하게 하였다.

    롬 3:23 모든 사람이 죄를 범하였으매 하나님의 영광에 이르지 못하더니

2. 하나님이 타락한 인간에게 칭찬하지 않으시며 하나님이 받으실 영광을 기대하지 않으신다.

    요 5:41 나는 사람에게서 영광을 취하지 아니하노라

3. 타락한 인간은 자신의 생각대로 행동하며 하나님의 생각에서 멀어진다.

    마 15:8 이 백성이 입술로는 나를 공경하되 마음은 내게서 멀도다

4. 그리스도 재림 시에 하나님의 백성들에게 주실 완성된 영광이 없다.

    골 3:4 우리 생명이신 그리스도께서 나타나실 그때에 너희도 그와 함께 영광 중

에 나타나리라

넷, 아담이 타락에 빠진 상태는 하나님과 원수 되는 것이다.

1. 인간이 타락에 빠진 상태는 복이 떠나고 저주 아래 있는 것이다.

   갈 3:10 무릇 율법 행위에 속한 자들은 저주 아래에 있나니 기록된 바 누구든지 율법 책에 기록된 대로 모든 일을 항상 행하지 아니하는 자는 저주 아래에 있는 자라 하였음이라

2. 타락에 빠진 상태는 칭찬을 받을 하나님의 자녀가 진노의 자녀가 되는 것이다.

   엡 2:3 전에는 우리도 다 그 가운데서 우리 육체의 욕심을 따라 지내며 육체와 마음의 원하는 것을 하여 다른 이들과 같이 본질상 진노의 자녀이었더니

3. 타락한 상태는 하나님과 원수 되는 것이다.

   롬 8:7 육신의 생각은 하나님과 원수가 되나니 이는 하나님의 법에 굴복하지 아니할 뿐 아니라 할 수도 없음이라

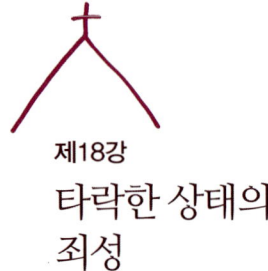

제18강
타락한 상태의 죄성

> 문 18. 사람이 타락하여 빠져 들어간 그 상태의 죄성은 무엇입니까?
> 답 사람이 타락하여 빠져 들어간 그 상태의 죄성은 아담의 첫 죄의 허물, 원래 가졌던 의의 결핍, 그의 본 성품 전체의 부패, 곧 일반적으로 원죄라고 부르는 것과 또 그것으로부터 나오는 모든 실제적 범죄 등입니다.
> -엡 2 : 1, 고전 15 : 22, 마 15 : 19, 약 1 : 14-15

하나, 첫 죄는 허물을 가졌다.

1. 아담이 범하였던 첫 죄의 허물은 모든 사람으로 하여금 죽게 하였다.

    엡 2:1 그는 허물과 죄로 죽었던 너희를 살리셨도다

2. 대제사장이 인간의 허물을 사하기 위해서는 피를 드려야 한다.

    히 9:7 오직 둘째 장막은 대제사장이 홀로 일 년에 한 번 들어가되 자기와 백성의 허물을 위하여 드리는 피 없이는 아니하나니

3. 인간이 허물을 사함 받는 것은 서로 용서할 때이다.

    막 11:25 서서 기도할 때에 아무에게나 혐의가 있거든 용서하라 그리하여야 하늘에 계신 너희 아버지께서도 너희 허물을 사하여 주시리라 하시니라

4. 그리스도를 통하여 구원받은 자는 허물없이 주님의 재림을 맞이한다.

빌 1:10 너희로 지극히 선한 것을 분별하며 또 진실하여 허물 없이 그리스도의 날까지 이르고

둘, 첫 죄는 원래 가졌던 의의 결핍이다.
1. 하나님의 의를 가진 인간이 그 의를 상실했다.
   롬 3:5 그러나 우리 불의가 하나님의 의를 드러나게 하면 무슨 말 하리요 [내가 사람의 말하는 대로 말하노니] 진노를 내리시는 하나님이 불의하시냐
2. 하나님께 속하지 않고 마귀에게 속하면 의가 결핍된 자가 된다.
   요일 3:10 이러므로 하나님의 자녀들과 마귀의 자녀들이 드러나나니 무릇 의를 행하지 아니하는 자나 또는 그 형제를 사랑하지 아니하는 자는 하나님께 속하지 아니하니라
3. 의를 상실하고 의가 결핍된 자는 불의하고 더럽게 살게 된다.
   계 22:11 불의를 행하는 자는 그대로 불의를 행하고 더러운 자는 그대로 더럽고 의로운 자는 그대로 의를 행하고 거룩한 자는 그대로 거룩하게 하라
4. 믿음 외에 결핍된 의를 회복할 길이 없다.
   롬 10:10 사람이 마음으로 믿어 의에 이르고 입으로 시인하여 구원에 이르느니라

셋, 첫 죄는 본 성품 전체의 부패를 가져왔다.
1. 인간의 성품은 완전히 부패하였고 다른 피조물을 부패하게 하였다.
   창 6:12 하나님이 보신즉 땅이 부패하였으니 이는 땅에서 모든 혈육 있는 자의 행위가 부패함이었더라
2. 인간은 부패하여 선을 행하지 못한다.
   시 14:1 어리석은 자는 그의 마음에 이르기를 하나님이 없다 하는도다 그들은 부패하고 그 행실이 가증하니 선을 행하는 자가 없도다
3. 인간의 모든 행위와 삶의 부패는 마음의 부패에서 나온다.
   렘 17:9 만물보다 거짓되고 심히 부패한 것은 마음이라 누가 능히 이를 알리요마는

넷, 원죄로부터 나오는 실제적 범죄가 있다.

1. 죄를 지어 타락하고 부패한 사람은 온갖 실제적 죄를 범하게 된다.

   마 15:19 마음에서 나오는 것은 악한 생각과 살인과 간음과 음란과 도둑질과 거짓 증언과 비방이니

2. 하나님의 의와 마음을 상실한 상태는 그릇된 일만 하게 한다.

   롬 1:28-31 또한 그들이 마음에 하나님 두기를 싫어하매 하나님께서 그들을 그 상실한 마음대로 내버려 두사 합당하지 못한 일을 하게 하셨으니 곧 모든 불의, 추악, 탐욕, 악의가 가득한 자요 시기, 살인, 분쟁, 사기, 악독이 가득한 자요 수군수군하는 자요 비방하는 자요 하나님께서 미워하시는 자요 능욕하는 자요 교만한 자요 자랑하는 자요 악을 도모하는 자요 부모를 거역하는 자요 우매한 자요 배약하는 자요 무정한 자요 무자비한 자라

3. 부패한 인간의 삶은 예나 지금이나 더러움 그 자체이다.

   딤후 3:2-5 사람들이 자기를 사랑하며 돈을 사랑하며 자랑하며 교만하며 비방하며 부모를 거역하며 감사하지 아니하며 거룩하지 아니하며 무정하며 원통함을 풀지 아니하며 모함하며 절제하지 못하며 사나우며 선한 것을 좋아하지 아니하며 배신하며 조급하며 자만하며 쾌락을 사랑하기를 하나님 사랑하는 것보다 더하며 경건의 모양은 있으나 경건의 능력은 부인하니 이같은 자들에게서 네가 돌아서라

제19강
타락한 상태의 비참함

> 문 19. 사람이 타락하여 빠져 들어간 상태의 비참이란 무엇입니까?
> 답 모든 인류는 그들의 타락으로 말미암아 하나님과의 교제를 잃었으며, 그의 진노와 저주 아래 있으며, 따라서 이생을 온갖 비참 속에서 지내며, 죽게 되며, 그리고 지옥의 영원한 고통을 당해야만 하는 것입니다.
> - 창 3 : 8, 엡 2 : 2, 롬 5 : 14, 창 2 : 17, 마 25 : 41

하나, 타락한 상태는 하나님과의 교제를 상실한 것이다.

1. 교제의 상실은 하나님을 피하여 숨게 한다.

   창 3:8 그들이 그 날 바람이 불 때 동산에 거니시는 여호와 하나님의 소리를 듣고 아담과 그의 아내가 여호와 하나님의 낯을 피하여 동산 나무 사이에 숨은지라

2. 교제의 상실은 하나님의 소리를 듣지 않는다.

   렘 17:23 그들은 순종하지 아니하며 귀를 기울이지 아니하며 그 목을 곧게 하여 듣지 아니하며 교훈을 받지 아니하였느니라

3. 교제의 상실은 하나님의 낯을 피한다.

   욘 1:3 그러나 요나가 여호와의 얼굴을 피하려고 일어나 다시스로 도망하려 하여 욥바로 내려갔더니 마침 다시스로 가는 배를 만난지라 여호와의 얼굴을 피하여

그들과 함께 다시스로 가려고 배삯을 주고 배에 올랐더라
4. 교제의 상실은 순종의 대상에게 불순종하게 한다.
   엡 2:2 그때에 너희는 그 가운데서 행하여 이 세상 풍조를 따르고 공중의 권세 잡은 자를 따랐으니 곧 지금 불순종의 아들들 가운데서 역사하는 영이라

둘, 타락한 상태는 하나님의 진노와 저주이다.
1. 하나님의 진노는 인간의 죄, 즉 불의 때문이다.
   롬 1:18 하나님의 진노가 불의로 진리를 막는 사람들의 모든 경건하지 않음과 불의에 대하여 하늘로부터 나타나나니
2. 하나님의 진노는 엄하시고 의로우시므로 변함이 없으시다.
   계 14:10 그도 하나님의 진노의 포도주를 마시리니 그 진노의 잔에 섞인 것이 없이 부은 포도주라
3. 순종은 복이며 불순종은 저주인데 죄는 저주를 선택하는 것이다.
   신 28:15 네가 만일 네 하나님 여호와의 말씀을 순종하지 아니하여 내가 오늘 네게 명령하는 그의 모든 명령과 규례를 지켜 행하지 아니하면 이 모든 저주가 네게 임하며 네게 이를 것이니

셋, 타락한 상태는 비참한 인생이다.
1. 죄에서 벗어나지 못하고 사는 삶은 비참하다.
   고전 15:19 만일 그리스도 안에서 우리가 바라는 것이 다만 이 세상의 삶뿐이면 모든 사람 가운데 우리가 더욱 불쌍한 자이리라
2. 죄를 지은 사람의 삶은 비참함이 심하다.
   렘 22:23 레바논에 살면서 백향목에 깃들이는 자여 여인이 해산하는 고통 같은 고통이 네게 임할 때에 너의 가련함이 얼마나 심하랴

넷, 타락한 상태는 죽을 수밖에 없는 숙명적 존재가 된 것이다.

1. 인간의 불순종의 결과는 죽는 것이다.

    창 2:17 선악을 알게 하는 나무의 열매는 먹지 말라 네가 먹는 날에는 반드시 죽으리라 하시니라

2. 아담 이후의 모든 사람은 죽음을 면하지 못하고 사망이 왕이 된, 사망의 종이다.

    롬 5:14 그러나 아담으로부터 모세까지 아담의 범죄와 같은 죄를 짓지 아니한 자들까지도 사망이 왕 노릇 하였나니 아담은 오실 자의 모형이라

다섯. 타락한 상태는 지옥의 영원한 고통이다.

1. 타락한 사람의 종말은 지옥이다.

    마 25:41 또 왼편에 있는 자들에게 이르시되 저주를 받은 자들아 나를 떠나 마귀와 그 사자들을 위하여 예비된 영원한 불에 들어가라

2. 지옥은 꺼지지 않는 영원한 불이다.

    막 9:43 만일 네 손이 너를 범죄하게 하거든 찍어버리라 장애인으로 영생에 들어가는 것이 두 손을 가지고 지옥 곧 꺼지지 않는 불에 들어가는 것보다 나으니라

3. 지옥은 목마름이 있는 고통의 자리이다.

    눅 16:24 아버지 아브라함이여 나를 긍휼히 여기사 나사로를 보내어 그 손가락 끝에 물을 찍어 내 혀를 서늘하게 하소서 내가 이 불꽃 가운데서 괴로워 하나이다

4. 지옥은 영원한 사망의 저주를 받는 곳이다.

    계 20:14 사망과 음부도 불못에 던져지니 이것은 둘째 사망 곧 불못이라

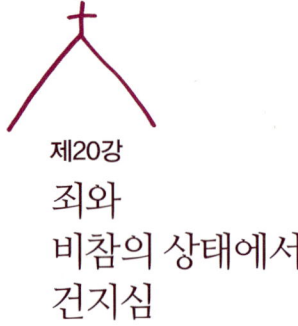

제20강
죄와 비참의 상태에서 건지심

> **문** 20. 하나님이 모든 인류가 죄와 비참한 상태에서 멸망하도록 버려 두셨습니까?
> **답** 하나님께서 오직 그 선하신 뜻대로 영원 전부터 어떤 이들을 영생에로 택하셔서 은혜의 계약으로 들어가게 하셨습니다. 그것은 그들을 한 구속자에 의하여 죄와 비참의 상태에서 건져 내어 구원의 상태로 이끌어 들이려는 것입니다.
> -엡 1 : 4-7, 딤전 1 : 14-15, 딛 3 : 4-7, 롬 3 : 20-22

하나, 하나님의 선하신 뜻이 있다.

1. 구원하실 선하신 계획은 이미 창세전에 세우셨다.

    엡 1:4-5 곧 창세전에 그리스도 안에서 우리를 택하사 우리로 사랑 안에서 그 앞에 거룩하고 흠이 없게 하시려고 그 기쁘신 뜻대로 우리를 예정하사 예수 그리스도로 말미암아 자기의 아들들이 되게 하셨으니

2. 구원하실 하나님의 뜻은 언제나 의롭다.

    요 5:30 내가 아무것도 스스로 할 수 없노라 듣는 대로 심판하노니 나는 나의 뜻대로 하려 하지 않고 나를 보내신 이의 뜻대로 하려 하므로 내 심판은 의로우니라

3. 인간에 대한 하나님의 뜻은 온전하다.

    롬 12:2 너희는 이 세대를 본받지 말고 오직 마음을 새롭게 함으로 변화를 받아

하나님의 선하시고 기뻐하시고 온전하신 뜻이 무엇인지 분별하도록 하라

둘, 우리를 건지신 것은 영생을 향한 선택이다.
1. 영생은 나의 선택이 아니라 하나님의 선택이며 은혜의 선물이다.
   롬 6:23 죄의 삯은 사망이요 하나님의 은사는 그리스도 예수 우리 주 안에 있는 영생이니라
2. 영생은 하나님의 독생자를 믿음으로 얻는다.
   요 3:16 하나님이 세상을 이처럼 사랑하사 독생자를 주셨으니 이는 그를 믿는 자마다 멸망하지 않고 영생을 얻게 하려 하심이라
3. 영생은 믿음으로만 얻는다.
   요 5:24 내가 진실로 진실로 너희에게 이르노니 내 말을 듣고 또 나 보내신 이를 믿는 자는 영생을 얻었고 심판에 이르지 아니하나니 사망에서 생명으로 옮겼느니라

셋, 우리를 건지신 것은 은혜의 계약 때문이다.
1. 우리는 하나님의 은혜로 영생을 얻은 상속자가 되었다.
   딛 3:7 우리로 그의 은혜를 힘입어 의롭다 하심을 얻어 영생의 소망을 따라 상속자가 되게 하려 하심이라
2. 하나님의 언약은 약속의 성취이다.
   레 26:42 내가 야곱과 맺은 내 언약과 이삭과 맺은 내 언약을 기억하며 아브라함과 맺은 내 언약을 기억하고 그 땅을 기억하리라
3. 영혼을 살리는 언약은 확실한 은혜이다.
   사 55:3 너희는 귀를 기울이고 내게로 나아와 들으라 그리하면 너희의 영혼이 살리라 내가 너희를 위하여 영원한 언약을 맺으리니 곧 다윗에게 허락한 확실한 은혜이니라
4. 예수님이 언약을 보증하셨다.
   히 7:22 이와 같이 예수는 더 좋은 언약의 보증이 되셨느니라

넷, 하나님은 한 구속자를 통해 구원하신다.

1. 예수님은 유일한 구주이다.

   딤전 1:15 미쁘다 모든 사람이 받을 만한 이 말이여 그리스도 예수께서 죄인을 구원하시려고 세상에 임하셨다 하였도다 죄인 중에 내가 괴수니라

2. 예수님 외에 구원 얻을 다른 길이 없다.

   요 14:6 예수께서 이르시되 내가 곧 길이요 진리요 생명이니 나로 말미암지 않고는 아버지께로 올 자가 없느니라

3. 율법이 아니라 율법과 선지자가 증거한 자가 구원하셨다.

   롬 3:22 곧 예수 그리스도를 믿음으로 말미암아 모든 믿는 자에게 미치는 하나님의 의니 차별이 없느니라

다섯, 그리스도는 우리를 죄와 비참의 상태에서 건져 내셨다.

1. 비참한 상태에서 건지시는 것은 하나님의 본능이다.

   시 40:2 나를 기가 막힐 웅덩이와 수렁에서 끌어올리시고 내 발을 반석 위에 두사 내 걸음을 견고하게 하셨도다

2. 예수님께서 자기 몸을 주심으로 건지셨다.

   갈 1:4 그리스도께서 하나님 곧 우리 아버지의 뜻을 따라 이 악한 세대에서 우리를 건지시려고 우리 죄를 대속하기 위하여 자기 몸을 주셨으니

3. 비참한 상태에서 끊임없이 건지신다.

   고후 1:10 그가 이같이 큰 사망에서 우리를 건지셨고 또 건지실 것이며 이후에도 건지시기를 그에게 바라노라

Q&A

읽기자료
"한마디 한마디 배우게 하라!" : 루터의 요리문답(1529년)

1517년 10월 31일 비텐베르크 교회 문 앞에 한 신학교수가 대자보를 붙이고 있었다. 그는 최근 그 지역에서 이루어지던 면죄부 남용의 문제에 대한 신학적 토론을 바라는 뜻에서 대자보를 붙이고 있었다. 대자보를 박던 망치 소리는 곧 전 유럽에 울리게 되었다. 뜻하지 않게 종교개혁의 기수가 된 이 교수의 이름은 바로 루터였다.
자신의 치부를 드러낸 로마 교황과 나라의 혼란을 원하지 않았던 신성로마제국의 황제는 그를 파문하며 사실상의 사형선고를 내렸다. 하지만, 작센의 선제후 프리드리히의 도움으로 루터는 보호를 받으며 더욱 적극적인 개혁운동에 나섰다. 때마침 루터를 제거하기 위해 함께 협력하던 교황청과 신성로마제국 사이에 권력다툼이 일어났고, 이슬람 국가인 오스만 제국이 헝가리를 공격하는 긴장상황이 벌어지면서, 종교개혁에 대한 탄압이 잠시 소강상태를 보이게 되었다. 이것을 기회 삼아 독일 각지에서는 루터의 주장에 동의하던 몇몇 제후들의 지지하에 교황청에서 독립된 개신교 신앙을 가진 교회들이 설립되기 시작했다.
이런 상황에서 루터는 1527~8년까지 작센 지방의 교회들을 방문하였다. 그는 시찰 과정에서 성도들의 영적 무지를 발견하고 충격을 받았다. 사람들은 더 이상 미신에 젖은 가톨릭 신자로 살지 않았지만, 그렇다고 해서 복음의 자유에 따라 도덕적 책임을 다하며 살아가는 것도 아니었기 때문이었다. 루터는 교회 시찰을 마친 후 교인들의 교육을 위해 1529년 독일어로 된 두 개의 요리문답서를 작성했다. 바야흐로 요리문답 교육의 재발견이 이루어진 것이다. 그는 「대요리문답」과 「소요리문답」을 저술하였다. 그는 자신 특유의 격정적인 어조로 요리문답을 통한 신앙교육의 필요성을 강조하며 세례 준비교육, 청소년 신앙교육용으로 사용하도록 권장하였다.

"학생들과 사람들로 하여금 작은 교리서(「소요리문답」을 말함.)에 선택해서 실어 놓은 양식문을 글자 하나 틀리지 않고 외우게 하는 것이 필요하다. 한마디 한마디씩 배우려 하지 않는 사람에게는 그들이 그리스도를 부인하고 있으며 그리스도인이 아니라고 말해 주라. 주님의 만찬에 그런 사람을 받아들이지 말라. 그런 사람의 자녀를 세례받게 해서는 안 된다. 그런 사람들은 교회의 공식 책

루터 초상화 : "Martin Luther", Lucas Cranach(1528)

임자이자 사탄인 교황에게나 보내라. …… 아이들이 이 원문을 잘 알게 되면 뜻을 가르쳐서 무슨 뜻인지를 알게 해 주어야 한다. 아무리 시간이 걸려도 좋다. 한꺼번에 설명해야 되는 것이 아니고 하나씩 하나씩 설명하면 되기 때문이다. 그러므로 훌륭한 교리서를 선택해서 더욱 발전된 광범위한 설명을 해 주도록 하라."

이 요리문답은 십계명, 사도신경, 주의 기도, 세례, 죄의 고백, 성찬, 아침기도와 저녁기도, 식사기도, 가정덕목의 9가지로 구성되어 있으며, 성도들의 실제적인 신앙생활에 도움이 되도록 구성되어 있었다.

참고도서
오인탁 외 공저, 「기독교교육사」(서울 : 기독한교, 2008)
이성웅 저, 「헌법교리론」(서울 : 한국장로교출판사, 2010)
이형기 저, 「세계교회사(Ⅱ)」(서울 : 한국장로교출판사, 1994)
박일민 편역, 필립 샤프 저, 「신조학」(서울 : 기독교문서선교회, 2000)
고용수 외 공저, 「기독교교육개론(하)」(서울 : 한국장로교출판사, 1999)

제21강
선택하신 이의 구속자

> **문** 21. 하나님께서 선택하신 이의 구속자가 누구이십니까?
> **답** 하나님이 택하신 이의 유일한 구속자는 주 예수 그리스도이십니다. 그는 하나님의 영원한 아들로서 사람이 되셨으며, 그러므로 그는 과거와 미래에 계속하여 하나님이시요, 사람이시며, 두 가지의 특유한 성품을 지니면서도 한 인격이십니다.
> -요 1 : 1, 14, 딤전 2 : 5, 롬 9 : 5, 골 2 : 9

하나, 예수님은 유일한 구속자이다.

1. 예수님은 단 한 분인 중보자이시다.

   딤전 2:5 하나님은 한 분이시요 또 하나님과 사람 사이에 중보자도 한 분이시니 곧 사람이신 그리스도 예수라

2. 예수님은 우리가 하나님께로 가는 유일한 길이다.

   요 14:6 예수께서 이르시되 내가 곧 길이요 진리요 생명이니 나로 말미암지 않고는 아버지께로 올 자가 없느니라

3. 예수님 외에 구속자를 우리에게 주신 적이 없다.

   행 4:12 다른 이로써는 구원을 받을 수 없나니 천하 사람 중에 구원을 받을 만한 다른 이름을 우리에게 주신 일이 없음이라 하였더라

둘, 예수님은 하나님의 아들로서 사람이 되셨다.

1. 예수님은 하나님의 아들로서 육신이 되어 이 땅에 오신 분이다.

    요 1:1 태초에 말씀이 계시니라 이 말씀이 하나님과 함께 계셨으니 이 말씀은 곧 하나님이시니라

2. 하나님은 하나님이 정하신 때에 그 아들을 육신으로 이 땅에 보내셨다.

    갈 4:4 때가 차매 하나님이 그 아들을 보내사 여자에게서 나게 하시고

3. 예수님이 사람이 되신 것은 하나님이 땅까지 자신을 낮추신 것이다.

    빌 2:8 사람의 모양으로 나타나사 자기를 낮추시고 죽기까지 복종하셨으니 곧 십자가에 죽으심이라

4. 하나님이 사람이 되신 것도 하나님의 영광을 위한 일이다.

    요 1:14 말씀이 육신이 되어 우리 가운데 거하시매 우리가 그의 영광을 보니 아버지의 독생자의 영광이요 은혜와 진리가 충만하더라

셋, 예수님은 영원히 현재적인 구주이다.

1. 예수님은 영원히 동일하신 주님이시다.

    히 13:8 예수 그리스도는 어제나 오늘이나 영원토록 동일하시니라

2. 예수님은 아브라함 이전에 이미 계신 하나님이시다.

    요 8:58 예수께서 이르시되 진실로 진실로 너희에게 이르노니 아브라함이 나기 전부터 내가 있느니라 하시니

3. 영원한 예수님은 처음부터 마지막까지 계시는 하나님이시다.

    계 22:13 나는 알파와 오메가요 처음과 마지막이요 시작과 마침이라

넷, 예수님은 하나님이며 동시에 사람이다.

1. 하나님과 예수님은 하나이다.

    요 10:30 나와 아버지는 하나이니라

2. 예수님을 보는 것이 하나님을 보는 것이나 마찬가지인 것은 예수님이 하나

님이시기 때문이다.

요 12:45 나를 보는 자는 나를 보내신 이를 보는 것이니라

3. 예수님이 하나님과 하나인 것은 하나님 안에 계시기 때문이다.

요 14:11 내가 아버지 안에 거하고 아버지께서 내 안에 계심을 믿으라

다섯, 예수님의 두 가지 성품은 동일하며 한 인격이다.

1. 예수님은 인성과 신성을 가지고 계시다.

골 2:9 그 안에는 신성의 모든 충만이 육체로 거하시고

2. 예수님의 인성은 신성처럼 완벽하다.

히 4:15 우리에게 있는 대제사장은 우리의 연약함을 동정하지 못하실 이가 아니요 모든 일에 우리와 똑같이 시험을 받으신 이로되 죄는 없으시니라

3. 예수님의 신성도 사람에 의해 증명된다.

마 27:54 백부장과 및 함께 예수를 지키던 자들이 지진과 그 일어난 일들을 보고 심히 두려워하여 이르되 이는 진실로 하나님의 아들이었도다 하더라

제22강
그리스도는 사람이 되신 하나님의 아들

> 문 22. 그리스도가 하나님의 아들이신데 어떻게 사람이 되셨습니까?
> 답 하나님의 아들이신 그리스도는 참 육신과 영혼을 취하심으로써 사람이 되셨습니다. 그는 성령의 능력에 의하여 동정녀 마리아의 몸에 잉태되어 그에게서 나셨으나 죄는 없으십니다.
> -마 26 : 38, 눅 1 : 27-31, 히 2 : 14, 4 : 15, 7 : 26, 요 1 : 14

하나, 그리스도는 하나님의 아들이시다.

1. 그리스도가 하나님의 아들이심을 복음서가 증거한다.

   막 1:1 하나님의 아들 예수 그리스도의 복음의 시작이라

2. 그리스도가 하나님의 아들이심을 하나님이 증거한다.

   마 3:17 하늘로부터 소리가 있어 말씀하시되 이는 내 사랑하는 아들이요 내 기뻐하는 자라 하시니라

3. 귀신이 그리스도가 하나님의 아들이심을 안다.

   막 5:7 큰 소리로 부르짖어 이르되 지극히 높으신 하나님의 아들 예수여 나와 당신이 무슨 상관이 있나이까

4. 그리스도를 못 박던 사람들이 증거한다.

막 15:39 예수를 향하여 섰던 백부장이 그렇게 숨지심을 보고 이르되 이 사람은 진실로 하나님의 아들이었도다 하더라

둘, 그리스도는 참 육신을 가지셨다.

1. 그리스도는 하나님이시지만 육신이 되셨다.

    요 1:14 말씀이 육신이 되어 우리 가운데 거하시매 우리가 그의 영광을 보니 아버지의 독생자의 영광이요 은혜와 진리가 충만하더라

2. 그리스도는 육신의 혈통으로 나셨다.

    롬 1:3 그의 아들에 관하여 말하면 육신으로는 다윗의 혈통에서 나셨고

3. 그리스도는 인간이 겪는 육체적 고난을 다 경험하셨다. 주리시고(마 4:2), 피곤해 하시고(요 4:6), 눈물을 흘리시고(요 11:35), 슬퍼하시고(막 14:33), 고민하셨다(마 26:37).

4. 그리스도가 우리를 구원하시기 위해 지신 십자가도 육신적 고통이었다.

    마 26:38 이에 말씀하시되 내 마음이 매우 고민하여 죽게 되었으니 너희는 여기 머물러 나와 함께 깨어 있으라 하시고

셋, 그리스도는 사람이 되신 하나님이다.

1. 그리스도는 참 사람이시다.

    딤전 2:5 하나님은 한 분이시요 또 하나님과 사람 사이에 중보자도 한 분이시니 곧 사람이신 그리스도 예수라

2. 그리스도는 하나님의 형상과 더불어 사람의 모양으로 이 땅에 오셨다.

    빌 2:8 사람의 모양으로 나타나사 자기를 낮추시고 죽기까지 복종하셨으니 곧 십자가에 죽으심이라

3. 그리스도는 자신을 인자라 증거하셨다.

    마 12:8 인자는 안식일의 주인이니라 하시니라

4. 그리스도는 죽기 위하여 사람이 되셨다.

히 2:14 자녀들은 혈과 육에 속하였으매 그도 또한 같은 모양으로 혈과 육을 함께 지니심은 죽음을 통하여 죽음의 세력을 잡은 자 곧 마귀를 멸하시며

넷, 그리스도는 성령으로 마리아의 몸에 잉태되어 나셨다.
1. 그리스도는 성령으로 잉태되었다.

   마 1:20 주의 사자가 현몽하여 이르되 다윗의 자손 요셉아 네 아내 마리아 데려오기를 무서워하지 말라 그에게 잉태된 자는 성령으로 된 것이라

2. 그리스도의 잉태는 인간적인 수태의 방법을 초월하신 사건이다.

   눅 1:34 마리아가 천사에게 말하되 나는 남자를 알지 못하니 어찌 이 일이 있으리이까

3. 성령으로 그리스도가 잉태될 것을 마리아에게 미리 알리셨다.

   눅 1:31 보라 네가 잉태하여 아들을 낳으리니 그 이름을 예수라 하라

다섯, 그리스도는 인간이 되셨지만 죄는 없으시다.
1. 모든 사람은 죄를 가지고 태어난다.

   롬 5:12 그러므로 한 사람으로 말미암아 죄가 세상에 들어오고 죄로 말미암아 사망이 들어왔나니 이와 같이 모든 사람이 죄를 지었으므로 사망이 모든 사람에게 이르렀느니라

2. 그리스도는 완전한 하나님이시다.

   히 7:26 이러한 대제사장은 우리에게 합당하니 거룩하고 악이 없고 더러움이 없고 죄인에게서 떠나 계시고 하늘보다 높이 되신 이라

3. 그리스도는 완전한 하나님으로 죄가 없다.

   히 4:15 우리에게 있는 대제사장은 우리의 연약함을 동정하지 못하실 이가 아니요 모든 일에 우리와 똑같이 시험을 받으신 이로되 죄는 없으시니라

제23강
그리스도의 구속자로서의 직무

> **문** 23. 그리스도가 우리의 구속자로서 하시는 직무가 무엇입니까?
> **답** 우리의 구속자이신 그리스도는 그의 낮아지시고 높아지신 두 상태에 있어서 예언자와 제사장과 왕의 직무를 수행하십니다.
> —행 3 : 22, 눅 4 : 18, 21, 히 4 : 14-15, 5 : 5, 요 18 : 36-37, 빌 2 : 6-8, 10, 계 19 : 16

하나, 그리스도는 구속하시려고 낮아지셨다.

1. 그리스도는 주의 백성을 구원하시려고 이 땅에 오셨다.

   합 3:13 주께서 주의 백성을 구원하시려고, 기름 부음 받은 자를 구원하시려고 나오사 악인의 집의 머리를 치시며 그 기초를 바닥까지 드러내셨나이다

2. 그리스도는 기름 부은 자로 이 땅에 오셔서 눌린 자를 자유하게 하셨다.

   눅 4:18 주의 성령이 내게 임하셨으니 이는 가난한 자에게 복음을 전하게 하시려고 내게 기름을 부으시고 나를 보내사 포로 된 자에게 자유를, 눈먼 자에게 다시 보게 함을 전파하며 눌린 자를 자유롭게 하고

3. 그리스도의 십자가의 구속은 죽음으로 자기를 낮추셔서 복종하심으로 이루셨다.

빌 2:8 사람의 모양으로 나타나사 자기를 낮추시고 죽기까지 복종하셨으니 곧 십자가에 죽으심이라

둘, 그리스도는 구속하시려고 높아지셨다.

1. 그리스도는 높이 계셔서 우리를 구속하시는 분이다.

   행 9:3 사울이 길을 가다가 다메섹에 가까이 이르더니 홀연히 하늘로부터 빛이 그를 둘러 비추는지라

2. 그리스도가 높은 분임이 입으로 증거되었다.

   마 21:9 앞에서 가고 뒤에서 따르는 무리가 소리 높여 이르되 호산나 다윗의 자손이여 찬송하리로다 주의 이름으로 오시는 이여 가장 높은 곳에서 호산나 하더라

3. 그리스도가 높은 분임을 귀신들도 알고 있었다.

   막 5:7 큰 소리로 부르짖어 이르되 지극히 높으신 하나님의 아들 예수여 나와 당신이 무슨 상관이 있나이까

셋, 그리스도는 예언자의 직무를 행하신다.

1. 그리스도는 선지자로 이 세상에 오셨다.

   마 21:11 무리가 이르되 갈릴리 나사렛에서 나온 선지자 예수라 하니라

2. 당시 사람들은 그리스도를 예언자로 알고 있었다.

   마 16:14 이르되 더러는 세례 요한, 더러는 엘리야, 어떤 이는 예레미야나 선지자 중의 하나라 하나이다

3. 그리스도가 예언자의 직무를 가지신 것을 예수님을 잡아 와 지키던 자들도 인정하였다.

   눅 22:64 그의 눈을 가리고 물어 이르되 선지자 노릇 하라 너를 친 자가 누구냐 하고

넷, 그리스도는 제사장의 직무를 행하신다.

1. 그리스도는 제사장이 되셨다.

    히 5:5 또한 이와 같이 그리스도께서 대제사장 되심도 스스로 영광을 취하심이 아니요 오직 말씀하신 이가 그에게 이르시되 너는 내 아들이니 내가 오늘 너를 낳았다 하셨고

2. 그리스도는 제사장의 직무를 가지고 이 땅에 오셨다.

    히 7:20 또 예수께서 제사장이 되신 것은 맹세 없이 된 것이 아니니

다섯, 그리스도는 왕의 직무를 행하신다.

1. 왕이신 그리스도에게 모든 자들이 무릎을 꿇는다.

    빌 2:10 하늘에 있는 자들과 땅에 있는 자들과 땅 아래에 있는 자들로 모든 무릎을 예수의 이름에 꿇게 하시고

2. 그리스도는 왕이신 것을 스스로 인정하셨다.

    요 18:37 빌라도가 이르되 그러면 네가 왕이 아니냐 예수께서 대답하시되 네 말과 같이 내가 왕이니라

3. 그리스도는 모든 왕 중의 왕이시다.

    계 19:16 그 옷과 그 다리에 이름을 쓴 것이 있으니 만왕의 왕이요 만주의 주라 하였더라

제24강
그리스도의 예언자의 직무

> 문 24. 그리스도가 예언자의 직무를 어떻게 수행하십니까?
> 답 그리스도가 예언자의 직무를 수행하심은 그의 말씀과 성령에 의하여 우리의 구원을 위한 하나님의 뜻을 우리에게 계시함으로써 하십니다.
> ―사 54 : 13, 요 6 : 63, 15 : 15, 눅 4 : 18-21

하나, 예언자의 직무는 말씀을 통하여 행하신다.

1. 예언자로서의 그리스도의 사역은 이미 말씀을 통하여 예언되었다.

   눅 4:17-19 선지자 이사야의 글을 드리거늘 책을 펴서 이렇게 기록된 데를 찾으시니 주의 성령이 내게 임하셨으니 이는 가난한 자에게 복음을 전하게 하시려고 내게 기름을 부으시고 나를 보내사 포로 된 자에게 자유를, 눈 먼 자에게 다시 보게 함을 전파하며 눌린 자를 자유롭게 하고 주의 은혜의 해를 전파하게 하려 하심이라 하였더라

2. 예언자의 직무는 말씀으로 반드시 이루신다.

   사 9:7 그 정사와 평강의 더함이 무궁하며 또 다윗의 왕좌와 그의 나라에 군림하여 그 나라를 굳게 세우고 지금 이후로 영원히 정의와 공의로 그것을 보존하실 것

이라 만군의 여호와의 열심이 이를 이루시리라

3. 그리스도의 사역은 말씀의 사역이었다.

눅 4:20-21 책을 덮어 그 맡은 자에게 주시고 앉으시니 회당에 있는 자들이 다 주목하여 보더라 이에 예수께서 그들에게 말씀하시되 이 글이 오늘 너희 귀에 응하였느니라 하시니

둘, 예언자의 직무는 성령에 의하여 행하신다.

1. 그리스도의 사역은 성령과 함께 시작되었다.

막 1:10 곧 물에서 올라오실새 하늘이 갈라짐과 성령이 비둘기같이 자기에게 내려오심을 보시더니

2. 그리스도의 사역은 성령에 의해 감동된 사역이었다.

눅 10:21 그때에 예수께서 성령으로 기뻐하시며 이르시되 천지의 주재이신 아버지여 이것을 지혜롭고 슬기 있는 자들에게는 숨기시고 어린아이들에게는 나타내심을 감사하나이다 옳소이다 이렇게 된 것이 아버지의 뜻이니이다

3. 그리스도의 사역은 영을 전하는 사역이었다.

요 6:63 살리는 것은 영이니 육은 무익하니라 내가 너희에게 이른 말은 영이요 생명이라

셋, 예언자의 직무는 우리의 구원을 위한 것이다.

1. 그리스도가 구원자로 오실 것이 이미 예언되었다.

마 1:21 아들을 낳으리니 이름을 예수라 하라 이는 그가 자기 백성을 그들의 죄에서 구원할 자이심이라 하니라

2. 인간의 죄악과 그리스도의 구원은 예언자를 통하여 예언되었다.

사 53:6 우리는 다 양 같아서 그릇 행하여 각기 제 길로 갔거늘 여호와께서는 우리 모두의 죄악을 그에게 담당시키셨도다

3. 그리스도는 죄인의 구원자로 오셨기에 자신은 구원할 수 없다.

막 15:31 그와 같이 대제사장들도 서기관들과 함께 희롱하며 서로 말하되 그가 남은 구원하였으되 자기는 구원할 수 없도다

넷, 예언자의 직무는 하나님의 뜻을 전하는 것이다.
1. 그리스도가 예언자로 오신 것은 하나님의 뜻을 완성하기 위함이다.
   마 5:17 내가 율법이나 선지자를 폐하러 온 줄로 생각하지 말라 폐하러 온 것이 아니요 완전하게 하려 함이라
2. 그리스도는 아버지의 뜻대로 한 영혼에게까지 충실하게 전하셨다.
   마 18:14 이와 같이 이 작은 자 중의 하나라도 잃는 것은 하늘에 계신 너희 아버지의 뜻이 아니니라
3. 그리스도는 하나님의 뜻을 전하는 데 충실하셨다.
   눅 10:21 그때에 예수께서 성령으로 기뻐하시며 이르시되 천지의 주재이신 아버지여 이것을 지혜롭고 슬기 있는 자들에게는 숨기시고 어린아이들에게는 나타내심을 감사하나이다 옳소이다 이렇게 된 것이 아버지의 뜻이니이다

다섯, 예언자의 직무는 그 뜻을 우리에게 계시하는 것이다.
1. 예언자는 하나님의 뜻을 그의 자녀들에게 전하는 일을 하였다.
   사 54:13 네 모든 자녀는 여호와의 교훈을 받을 것이니 네 자녀에게는 큰 평안이 있을 것이며
2. 그리스도는 하나님의 뜻을 계시하셨다.
   요 15:15 이제부터는 너희를 종이라 하지 아니하리니 종은 주인이 하는 것을 알지 못함이라 너희를 친구라 하였노니 내가 내 아버지께 들은 것을 다 너희에게 알게 하였음이라
3. 예언자인 그리스도는 하나님의 모든 자녀에게 하나님의 뜻을 전달하신다.
   막 13:37 깨어 있으라 내가 너희에게 하는 이 말은 모든 사람에게 하는 말이니라 하시니라

제25강
그리스도의 제사장 직무

> 문 25. 그리스도가 제사장의 직무를 어떻게 수행하십니까?
> 답 그리스도가 제사장의 직무를 수행하심은 하나님의 공의를 만족시키시고, 우리를 하나님과 화해시키시기 위하여 단번에 자신을 희생의 제물로 바치신 일과 우리를 위하여 계속 중재하심으로써 하십니다.
> ─히 9 : 26 − 28, 7 : 25, 27, 10 : 10, 7 : 26 − 27, 10 : 14, 9 : 14, 엡 2 : 16, 롬 3 : 26, 8 : 34, 10 : 4, 요일 2 : 1, 히 9 : 25, 2 : 17

하나, 그리스도의 제사장 직무는 하나님의 공의를 만족시킨다.

1. 하나님의 공의는 죄를 심판하시고 죄의 삯을 치르게 하신다.

   시 9:8 공의로 세계를 심판하심이여 정직으로 만민에게 판결을 내리시리로다

2. 하나님의 공의는 죄의 삯으로 피를 요구하신다.

   레 17:11 육체의 생명은 피에 있음이라 내가 이 피를 너희에게 주어 제단에 뿌려 너희의 생명을 위하여 속죄하게 하였나니 생명이 피에 있으므로 피가 죄를 속하느니라

3. 그리스도는 대제사장이 되어 피를 드리심으로 하나님의 공의를 만족시키셨다.

   히9:7 오직 둘째 장막은 대제사장이 홀로 일 년에 한 번 들어가되 자기와 백성의

허물을 위하여 드리는 피 없이는 아니하나니

둘. 제사장의 직무는 우리를 하나님과 화해시키기 위한 것이다.
1. 그리스도께서는 화목제물이 되기 위하여 오셨다.
    막 10:45 인자가 온 것은 섬김을 받으려 함이 아니라 도리어 섬기려 하고 자기 목숨을 많은 사람의 대속물로 주려 함이니라
2. 그리스도는 자신을 하나님께 화목제물로 드리신 대제사장이시다.
    엡 2:16 또 십자가로 이 둘을 한 몸으로 하나님과 화목하게 하려 하심이라 원수 된 것을 십자가로 소멸하시고
3. 그리스도께서 화목제물이 되심으로 죄가 사해지고 하나님과 화해하게 되었다.
    롬 5:10 곧 우리가 원수 되었을 때에 그의 아들의 죽으심으로 말미암아 하나님과 화목하게 되었은즉
4. 하나님과 화해하게 하심으로 하나님께 나아갈 길을 여셨다.
    엡 2:14 그는 우리의 화평이신지라 둘로 하나를 만드사 원수 된 것 곧 중간에 막힌 담을 자기 육체로 허시고

셋. 그리스도께서는 제사장 직무를 단번에 이루셨다.
1. 그리스도께서는 단번에 하나의 희생제물로 드려지셨다.
    히 9:12 염소와 송아지의 피로 하지 아니하고 오직 자기의 피로 영원한 속죄를 이루사 단번에 성소에 들어가셨느니라
2. 그리스도께서는 단번에 영원한 제사를 드리셨다.
    히 10:12 오직 그리스도는 죄를 위하여 한 영원한 제사를 드리시고 하나님 우편에 앉으사

넷. 그리스도는 제사장 직무를 위해 자신을 희생제물로 바치셨다.
1. 그리스도는 흠 없는 희생제물이시다.

히 4:15 모든 일에 우리와 똑같이 시험을 받으신 이로되 죄는 없으시니라

2. 그리스도는 인류를 위하여 자신의 목숨을 드리셨다.

요 10:15 나는 양을 위하여 목숨을 버리노라

3. 예수 그리스도의 희생은 영원하고 온전하시다.

히 10:14 그가 거룩하게 된 자들을 한 번의 제사로 영원히 온전하게 하셨느니라

다섯. 그리스도는 우리를 위하여 계속 중재하심으로 제사장의 직무를 수행하신다.

1. 그리스도는 우리의 대언자이시다.

요일 2:1 만일 누가 죄를 범하여도 아버지 앞에서 우리에게 대언자가 있으니 곧 의로우신 예수 그리스도시라

2. 그리스도의 이름으로 무엇이든지 구하면 들으신다.

요 14:14 내 이름으로 무엇이든지 내게 구하면 내가 행하리라

3. 그리스도는 우리를 위하여 간구하신다.

롬 8:34 누가 정죄하리요 죽으실 뿐 아니라 다시 살아나신 이는 그리스도 예수시니 그는 하나님 우편에 계신 자요 우리를 위하여 간구하시는 자시니라

제26강
그리스도의 왕의 직무

> **문** 26. 그리스도가 왕의 직무를 어떻게 수행하십니까?
> **답** 그리스도가 왕의 직무를 수행하심은 그가 우리를 자기에게 복종케 하는 일과 우리를 다스리시고 지켜 주시는 일과 그와 우리의 모든 원수들을 제재하고 정복하심으로써 하십니다.
> -마 28 : 20, 18 : 17-18, 사 63 : 9, 고전 15 : 55-57

하나. 우리를 왕이신 그리스도에게 복종케 하신다.

1. 그리스도는 왕으로 이 땅에 오셨다.

   마 2:2 유대인의 왕으로 나신 이가 어디 계시냐 우리가 동방에서 그의 별을 보고 그에게 경배하러 왔노라 하니

2. 그리스도는 왕이신 것을 스스로 인정하셨다.

   눅 23:3 빌라도가 예수께 물어 이르되 네가 유대인의 왕이냐 대답하여 이르시되 네 말이 옳도다

3. 만물은 지으신 이에게 복종하게 지어졌다.

   히 2:8 만물을 그 발아래에 복종하게 하셨느니라 하였으니 만물로 그에게 복종하게 하셨은즉 복종하지 않은 것이 하나도 없어야 하겠으나 지금 우리가 만물이 아

직 그에게 복종하고 있는 것을 보지 못하고

4. 모든 피조물이 그리스도에게 복종하게 하셨다.

> 빌 2:10 하늘에 있는 자들과 땅에 있는 자들과 땅 아래에 있는 자들로 모든 무릎을 예수의 이름에 꿇게 하시고

둘, 우리를 다스리신다.

1. 다스리는 것은 하나님의 본질적 일이며 사랑의 발로이다.

> 시 47:8 하나님이 뭇 백성을 다스리시며 하나님이 그의 거룩한 보좌에 앉으셨도다

2. 하나님의 다스리심은 하늘과 땅의 주인이시기에 가능하다.

> 마 18:18 진실로 너희에게 이르노니 무엇이든지 너희가 땅에서 매면 하늘에서도 매일 것이요 무엇이든지 땅에서 풀면 하늘에서도 풀리리라

3. 하나님의 다스리심을 받는 것은 하나님을 송축하는 것이다.

> 시 103:22 여호와의 지으심을 받고 그가 다스리시는 모든 곳에 있는 너희여 여호와를 송축하라 내 영혼아 여호와를 송축하라

셋, 우리를 지켜 주신다.

1. 왕이신 하나님은 종이요 백성인 우리를 지켜 주시는 분이다.

> 시 121:5 여호와는 너를 지키시는 이시라 여호와께서 네 오른쪽에서 네 그늘이 되시나니

2. 하나님은 우리를 지키시되 빈틈없이 지키신다.

> 시 17:8 나를 눈동자같이 지키시고 주의 날개 그늘 아래에 감추사

3. 하나님은 우리와 세상 끝 날까지 함께하시며 우리를 지키신다.

> 마 28:20 내가 너희에게 분부한 모든 것을 가르쳐 지키게 하라 볼지어다 내가 세상 끝 날까지 너희와 항상 함께 있으리라 하시니라

4. 하나님은 하나님의 소유인 백성을 빛에 거하게 지키신다.

> 벧전 2:9 그러나 너희는 택하신 족속이요 왕 같은 제사장들이요 거룩한 나라요 그

의 소유가 된 백성이니 이는 너희를 어두운 데서 불러내어 그의 기이한 빛에 들어가게 하신 이의 아름다운 덕을 선포하게 하려 하심이라

넷, 우리의 원수들을 정복하신다.
1. 하나님께서 우리의 원수를 정복하신다.

   슥 9:4 주께서 그를 정복하시며 그의 권세를 바다에 쳐 넣으시리니 그가 불에 삼켜질지라

2. 하나님은 원수를 정복하여 구원하신다.

   사 63:9 그들의 모든 환난에 동참하사 자기 앞의 사자로 하여금 그들을 구원하시며 그의 사랑과 그의 자비로 그들을 구원하시고 옛적 모든 날에 그들을 드시며 안으셨으나

3. 하나님은 원수를 정복하실 때까지 왕 노릇 하신다.

   고전 15:25 그가 모든 원수를 그 발아래에 둘 때까지 반드시 왕 노릇 하시리니

4. 원수는 우리가 갚을 것이 아니라 하나님이 친히 갚으신다.

   롬 12:19 내 사랑하는 자들아 너희가 친히 원수를 갚지 말고 하나님의 진노하심에 맡기라 기록되었으되 원수 갚는 것이 내게 있으니 내가 갚으리라고 주께서 말씀하시니라

제27강
그리스도의 낮아지신 내용

> 문 27. 그리스도의 낮아지신 내용은 무엇입니까?
> 답 그리스도의 낮아지신 것은 그가 비천한 상태에 태어나시고 율법 아래 있으며, 이 세상의 비참과 하나님의 진노와 십자가의 저주의 죽음을 당하신 것과 매장되어 얼마 동안 죽음의 권세 아래 남아 있었던 것입니다.
> —눅 1 : 31, 고후 8 : 9, 빌 2 : 6 - 9, 마 27 : 46

하나, 그리스도는 비천한 상태에서 태어나셨다.

1. 그리스도는 다윗의 자손으로 태어나셨다.

   마 1:1 아브라함과 다윗의 자손 예수 그리스도의 계보라

2. 그리스도는 천한 마구간에서 태어나셨다.

   눅 2:12 너희가 가서 강보에 싸여 구유에 뉘어 있는 아기를 보리니 이것이 너희에게 표적이니라 하더니

3. 그리스도는 종으로 오셨다.

   빌 2:7 오히려 자기를 비워 종의 형체를 가지사 사람들과 같이 되셨고

4. 그리스도는 사람으로 오셨다.

   눅 1:31 보라 네가 잉태하여 아들을 낳으리니 그 이름을 예수라 하라

둘, 그리스도도 율법 아래 있었다.

1. 그리스도는 모세의 법 아래서 태어나셨다.

   눅 2:22 모세의 법대로 정결예식의 날이 차매 아기를 데리고 예루살렘에 올라가니

2. 그리스도는 율법에 따라 성전에 올라가셨다.

   눅 2:42 예수께서 열두 살 되었을 때에 그들이 이 절기의 관례를 따라 올라갔다가

3. 그리스도는 율법에 따라 가르치셨다.

   눅 10:26 예수께서 이르시되 율법에 무엇이라 기록되었으며 네가 어떻게 읽느냐

4. 그리스도는 율법을 폐하지 않고 완성하러 오셨다.

   마 5:17 내가 율법이나 선지자를 폐하러 온 줄로 생각하지 말라 폐하러 온 것이 아니요 완전하게 하려 함이라

셋, 그리스도는 하나님의 진노와 십자가의 진노를 받으셨다.

1. 그리스도는 우리가 받을 진노를 대신 받으셨다.

   롬 5:9 그러면 이제 우리가 그의 피로 말미암아 의롭다 하심을 받았으니 더욱 그로 말미암아 진노하심에서 구원을 받을 것이니

2. 그리스도는 하나님의 진노를 돌이킬 수 없으셨다.

   막 14:36 이르시되 아빠 아버지여 아버지께는 모든 것이 가능하오니 이 잔을 내게서 옮기시옵소서 그러나 나의 원대로 마시옵고 아버지의 원대로 하옵소서 하시고

3. 십자가에 못 박히는 것은 저주받은 것이다.

   갈 3:13 그리스도께서 우리를 위하여 저주를 받은 바 되사 율법의 저주에서 우리를 속량하셨으니 기록된 바 나무에 달린 자마다 저주 아래에 있는 자라 하였음이라

4. 그리스도는 십자가에서 아버지께 버림을 받으셨다.

   마 27:46 제구시쯤에 예수께서 크게 소리 질러 이르시되 엘리 엘리 라마 사박다니 하시니 이는 곧 나의 하나님, 나의 하나님, 어찌하여 나를 버리셨나이까 하는 뜻이라

넷, 그리스도는 죽음의 권세 아래 계셨다.

1. 그리스도는 죽음을 예고하셨고 죽음을 위하여 이 땅에 오셨다.

   마 16:21 이때로부터 예수 그리스도께서 자기가 예루살렘에 올라가 장로들과 대제사장들과 서기관들에게 많은 고난을 받고 죽임을 당하고 제삼일에 살아나야 할 것을 제자들에게 비로소 나타내시니

2. 그리스도는 사람이 경험해야 할 죽음을 경험하셨다.

   마 27:50 예수께서 다시 크게 소리 지르시고 영혼이 떠나시니라

3. 그리스도의 죽음은 당시 사람들에게 증명되었다.

   요 19:33 예수께 이르러서는 이미 죽으신 것을 보고 다리를 꺾지 아니하고

제28강
그리스도의
높아지심의 내용

> 문 28. 그리스도의 높아지심의 내용은 무엇입니까?
> 답 그리스도의 높아지심은 사흘 만에 죽은 자들 가운데서 다시 살아나신 것과 하늘에 오르신 것과 하나님 아버지의 우편에 앉으신 것과 마지막 날에 세상을 심판하러 오시는 것입니다.
> –고전 15 : 4, 요 20 : 19-23, 막 16 : 19, 눅 24 : 51, 행 1 : 9, 엡 1 : 19-20, 롬 8 : 34, 행 1 : 11, 17 : 31, 딤후 4 : 1

하나. 그리스도는 높으신 분이다.

1. 그리스도는 원래 하나님과 동등하게 높으신 분이다.

    빌 2:6 그는 근본 하나님의 본체시나 하나님과 동등됨을 취할 것으로 여기지 아니하시고

2. 그리스도가 높으신 분인 것을 귀신들도 인정하였다.

    막 5:7 큰 소리로 부르짖어 이르되 지극히 높으신 하나님의 아들 예수여 나와 당신이 무슨 상관이 있나이까

3. 그리스도는 높으신 분이므로 높은 곳에 계신다.

    히 1:3 이는 하나님의 영광의 광채시요 그 본체의 형상이시라 그의 능력의 말씀으로 만물을 붙드시며 죄를 정결하게 하는 일을 하시고 높은 곳에 계신 지극히 크

신 이의 우편에 앉으셨느니라

둘, 그리스도는 사흘 만에 죽은 자들 가운데서 다시 살아나셨다.
1. 사흘 동안 죽음 속에 계실 것을 그리스도께서 친히 말씀하셨다.
   마 12:40 요나가 밤낮 사흘 동안 큰 물고기 뱃속에 있었던 것같이 인자도 밤낮 사흘 동안 땅속에 있으리라
2. 그리스도가 사흘 만에 다시 사신 것은 성경의 예언을 이루신 것이다.
   고전 15:4 장사 지낸 바 되셨다가 성경대로 사흘 만에 다시 살아나사
3. 하나님이 그리스도를 사흘 만에 다시 살리셨다.
   행 10:40-41 하나님이 사흘 만에 다시 살리사 나타내시되 모든 백성에게 하신 것이 아니요 오직 미리 택하신 증인 곧 죽은 자 가운데서 부활하신 후 그를 모시고 음식을 먹은 우리에게 하신 것이라
4. 그리스도는 다시 살아나셔서 산 자의 주가 되셨다.
   롬 14:9 이를 위하여 그리스도께서 죽었다가 다시 살아나셨으니 곧 죽은 자와 산 자의 주가 되려 하심이라

셋, 그리스도는 하늘에 오르셔서 아버지 우편에 앉으셨다.
1. 그리스도는 부활하셔서 하늘로 올라가셨다.
   눅 24:51 축복하실 때에 그들을 떠나 [하늘로 올려지시니]
   행 1:9 이 말씀을 마치시고 그들이 보는데 올려져 가시니 구름이 그를 가리어 보이지 않게 하더라
2. 그리스도는 하늘로 올라가서 하나님 우편에 앉아 계신다.
   막 16:19 주 예수께서 말씀을 마치신 후에 하늘로 올려지사 하나님 우편에 앉으시니라
3. 하나님은 그리스도를 다시 살게 하여 오른편에 앉게 하셨다.
   엡 1:20 그의 능력이 그리스도 안에서 역사하사 죽은 자들 가운데서 다시 살리시

고 하늘에서 자기의 오른편에 앉히사

4. 그리스도는 우리를 살리시는 힘이 있는 우편에 계신다.

롬 8:34 누가 정죄하리요 죽으실 뿐 아니라 다시 살아나신 이는 그리스도 예수시니 그는 하나님 우편에 계신 자요 우리를 위하여 간구하시는 자시니라

넷, 그리스도는 마지막 날에 세상을 심판하러 오신다.

1. 그리스도는 다시 오신다.

행 1:11 이르되 갈릴리 사람들아 어찌하여 서서 하늘을 쳐다보느냐 너희 가운데서 하늘로 올려지신 이 예수는 하늘로 가심을 본 그대로 오시리라 하였느니라

2. 그리스도가 다시 오시는 것은 확실한 사실이다.

딤후 4:1 하나님 앞과 살아 있는 자와 죽은 자를 심판하실 그리스도 예수 앞에서 그가 나타나실 것과 그의 나라를 두고 엄히 명하노니

3. 그리스도가 심판하러 오시는 날은 아버지만 아시고 아무도 모른다.

막 13:32 그러나 그날과 그때는 아무도 모르나니 하늘에 있는 천사들도, 아들도 모르고 아버지만 아시느니라

4. 심판은 아버지께서 그리스도께 맡기신 아들의 몫이다.

요 5:22 아버지께서 아무도 심판하지 아니하시고 심판을 다 아들에게 맡기셨으니

읽기자료
"교회를 위한 요리문답" : 칼뱅의 제네바 요리문답(1537, 1542년)

루터에 의해 지펴진 종교개혁의 불씨는 어느덧 프랑스에도 미치게 되었다. 파리의 인문주의자였던 칼뱅도 이러한 종교개혁에 감화를 받고, 개신교 신자가 되었다. 그는 종교개혁자들을 탄압하던 프랑스 왕 프랑수아 1세에게 개신교 신자들을 변호하고자 헌정한 책을 쓰면서 일약 프랑스 종교개혁의 선두주자가 되었다. 이 책이 그 유명한「기독교 강요」(초판)였다. 1536년, 탄압을 피해 외국을 전전하던 칼뱅은 당초 망명지였던 스트라스부르로 가던 길에서 뜻하지 않게 스위스 제네바의 종교개혁자 파렐을 만나게 되었다. 칼뱅은 제네바에 머무르라는 그의 강권을 받았고, 이를 하나님의 뜻으로 겸손히 받아들였다. 제네바에 정착한 칼뱅은 제네바 교회를 모범적인 신앙공동체로 만들 것을 꿈꾸며, 시의회로부터 독립된 교회를 만들 것을 주장하였다. 1537년 만들어진 요리문답은 실은 이러한 종교개혁의 뜻이 반영된 문서였다. 제1차 제네바 요리문답으로 알려진 이 문서는 "하나님께 대한 지식과 사람에 대한 지식", "율법", "신앙", "기도", "성례", "교회와 국가의 질서"의 6가지 대주제로 분류된 구조를 가지고 있었다.

그러나 시의회와의 갈등으로 칼뱅은 1538년 제네바에서 추방되고 말았다. 그 후 본래 망명지였던 스트라스부르로 자의반 타의반 가게 된 칼뱅은 3년 동안 나름대로 행복한 망명생활을 보냈다.

그러던 중, 칼뱅은 정치적 변화 덕분에 다시 제네바로 초청받게 되었다. 1541년 9월 13일 제네바로 돌아온 칼뱅은 곧 새로운 개혁안을 제출하고 시의회의 인정을 받게 되었다. 칼뱅의 두 번째 요리문답, 즉 제2차 제네바 요리문답은 이 시기에 작성된 것이었다. 이 요리문답은 칼뱅이 스트라스부르에서 만난 종교개혁가 마르틴 부처의 영향을 받은 새로운 요리문답으로서 목사가 묻고, 어린이가 대답하는 형식의 373개의 문답식 대화체 요리문답이었다.

제2차 제네바 요리문답은 "신앙", "율법", "주기도문", "성례"의 4가지 대주제로 구성되어 있으며, 전의 것에 비해 훨씬 실용적으로 변화하였다. 서술형의 문장을 문답식으로 나눈 것이며, 전체 구성을 55과로 나누어 1년 52주일과 3개 절기에 맞게 교회에서 교육할 수 있게 만들었다.

칼뱅 초상화 : "John Calvin", Hans Holbein the Younger(1497-1543, 제작 연대미상)

이 요리문답은 제네바 시국에서 전면적으로 사용되었다. 그리고 이 교육을 받은 소년과 소녀들은 교육을 마친 후, 회중 앞에서 성공적으로 내용을 진술할 수 있어야 입교를 허락받을 수 있었다. 그리고 뛰어난 완성도로 제네바뿐 아니라 프랑스 개혁교회에서도 매주일 학습교재로 이용될 만큼 널리 환영을 받았다. 이 요리문답은 인간의 제일 된 목적을 "하나님의 영광"으로 규정하면서 웨스트민스터 요리문답에 큰 영향을 끼쳤다.

"인간의 삶의 제일 된 목적이 무엇입니까?"
"하나님을 아는 것입니다."

"무슨 이유에서 당신은 그렇게 말합니까?"
"하나님은 우리들 가운데서 영광을 받으시기 위하여 우리를 지으시고 세상에서 살게 하셨기 때문입니다. 또 하나님은 우리의 삶의 근원이시기 때문에 우리가 하나님의 영광을 위해 삶을 살아가는 것은 당연한 일입니다."

참고도서
이형기 저, 「세계교회사(Ⅱ)」(서울 : 한국장로교출판사, 1994)
이성웅 저, 「헌법교리론」(서울 : 한국장로교출판사, 2010)

제29강
구속의 참여자

> 문 29. 우리는 어떻게 그리스도가 값 주고 사신 그 구속에 참여자가 됩니까?
> 답 우리가 그리스도께서 값 주고 사신 구속에 참여자가 되는 것은 그의 성령이 효과적으로 우리에게 적용하심으로써입니다.
> -요 1 : 12-13, 16 : 7-8, 딛 3 : 5-6

하나, 그리스도는 우리를 구속하시려고 값을 치르셨다.

1. 그리스도가 오신 목적은 목숨을 대속물로 주시기 위함이다.

   마 20:28 인자가 온 것은 섬김을 받으려 함이 아니라 도리어 섬기려 하고 자기 목숨을 많은 사람의 대속물로 주려 함이니라

2. 대속이란 대신 죄를 담당하는 것이다.

   히 9:28 이와 같이 그리스도도 많은 사람의 죄를 담당하시려고 단번에 드리신 바 되셨고 구원에 이르게 하기 위하여 죄와 상관없이 자기를 바라는 자들에게 두 번째 나타나시리라

3. 그리스도가 우리를 대속하신 것은 하나님의 계획이다.

   요일 4:10 사랑은 여기 있으니 우리가 하나님을 사랑한 것이 아니요 하나님이 우

리를 사랑하사 우리 죄를 속하기 위하여 화목제물로 그 아들을 보내셨음이라

4. 그리스도는 몸을 대속물로 주셨다.

갈 1:4 그리스도께서 하나님 곧 우리 아버지의 뜻을 따라 이 악한 세대에서 우리를 건지시려고 우리 죄를 대속하기 위하여 자기 몸을 주셨으니

둘, 우리는 그리스도의 구속에 참여하는 자가 되었다.

1. 우리는 그리스도의 의로 구속함을 받은 자가 되었다.

사 1:27 시온은 정의로 구속함을 받고 그 돌아온 자들은 공의로 구속함을 받으리라

2. 우리는 그리스도의 구속에 참여하는 권리를 가졌다.

요 1:12-13 영접하는 자 곧 그 이름을 믿는 자들에게는 하나님의 자녀가 되는 권세를 주셨으니 이는 혈통으로나 육정으로나 사람의 뜻으로 나지 아니하고 오직 하나님께로부터 난 자들이니라

3. 그리스도는 모든 사람을 구속에 참여하게 하신다.

눅 13:29 사람들이 동서남북으로부터 와서 하나님의 나라 잔치에 참여하리니

4. 이미 참여한 자가 된 권리를 상실하지 말아야 한다.

히 3:14 우리가 시작할 때에 확신한 것을 끝까지 견고히 잡고 있으면 그리스도와 함께 참여한 자가 되리라

셋, 성령님은 우리를 구속하는 역할을 하였다.

1. 성령님은 구속하여 하나님의 나라에 들어가게 하신다.

요 3:5 예수께서 대답하시되 진실로 진실로 네게 이르노니 사람이 물과 성령으로 나지 아니하면 하나님의 나라에 들어갈 수 없느니라

2. 우리를 살리고 구속받게 하는 것은 영이다.

요 6:63 살리는 것은 영이니 육은 무익하니라 내가 너희에게 이른 말은 영이요 생명이라

3. 그리스도는 가시면서 성령님을 오시게 하셨다.

요 16:7-8 그러나 내가 너희에게 실상을 말하노니 내가 떠나가는 것이 너희에게 유익이라 내가 떠나가지 아니하면 보혜사가 너희에게로 오시지 아니할 것이요 가면 내가 그를 너희에게로 보내리니 그가 와서 죄에 대하여, 의에 대하여, 심판에 대하여 세상을 책망하시리라

넷. 성령님이 효과적으로 우리에게 적용하셨다.
1. 성령님은 계속하여 새롭게 하시며 풍성하게 하신다.

    딛 3:5-6 우리를 구원하시되 우리가 행한 바 의로운 행위로 말미암지 아니하고 오직 그의 긍휼하심을 따라 중생의 씻음과 성령의 새롭게 하심으로 하셨나니 우리 구주 예수 그리스도로 말미암아 우리에게 그 성령을 풍성히 부어 주사

2. 성령님의 역사는 예수님이 가르치신 것을 생각나게 하신다.

    요 14:26 보혜사 곧 아버지께서 내 이름으로 보내실 성령 그가 너희에게 모든 것을 가르치고 내가 너희에게 말한 모든 것을 생각나게 하리라

3. 성령님은 그리스도와 함께 증언하신다.

    히 10:15 또한 성령이 우리에게 증언하시되

4. 성령님은 진리이므로 증언이 참되시다.

    요일 5:6 이는 물과 피로 임하신 이시니 곧 예수 그리스도시라 물로만 아니요 물과 피로 임하셨고 증언하는 이는 성령이시니 성령은 진리니라

제30강
우리에게 적용된 구속

> 문 30. 성령께서 그리스도께서 값 주고 사신 구속을 어떻게 우리에게 적용하십니까?
> 답 성령께서 그리스도께서 값 주고 사신 구속을 우리에게 적용하심은 우리 안에 믿음을 일으키시고 또 우리를 효과적으로 불러 그리스도와 하나가 되게 하심으로써 하십니다.
> -엡 2:8, 2:18-20, 요 6:37-39

하나, 그리스도께서 값 주고 사신 구속은 우리를 위한 것이다.

1. 우리를 위한 그리스도의 구속은 하나님의 원대한 계획 가운데 다윗의 집에서 이루어졌다.

   눅 1:69 우리를 위하여 구원의 뿔을 그 종 다윗의 집에 일으키셨으니

2. 하나님은 우리를 위하여 우리가 상상할 수 없는 큰 일을 행하신다.

   시 126:3 여호와께서 우리를 위하여 큰 일을 행하셨으니 우리는 기쁘도다

3. 그리스도의 구속과 모든 사역은 우리를 위한 것이다.

   요 12:30 예수께서 대답하여 이르시되 이 소리가 난 것은 나를 위한 것이 아니요 너희를 위한 것이니라

4. 그리스도의 구속에 대하여 우리도 갚아야 한다.

요일 3:16 그가 우리를 위하여 목숨을 버리셨으니 우리가 이로써 사랑을 알고 우리도 형제들을 위하여 목숨을 버리는 것이 마땅하니라

둘, 성령은 우리 안에 믿음을 일으키신다.
1. 성령은 우리로 하여금 하나님을 알게 하신다.
   엡 1:17 우리 주 예수 그리스도의 하나님, 영광의 아버지께서 지혜와 계시의 영을 너희에게 주사 하나님을 알게 하시고
2. 성령은 우리를 진리로 인도하신다.
   요 16:13 그러나 진리의 성령이 오시면 그가 너희를 모든 진리 가운데로 인도하시리니 그가 스스로 말하지 않고 오직 들은 것을 말하며 장래 일을 너희에게 알리시리라
3. 우리는 성령의 은혜로 믿음을 가지며 소망을 기다린다.
   갈 5:5 우리가 성령으로 믿음을 따라 의의 소망을 기다리노니
4. 성령은 우리에게 주의 말씀으로 알게 하시고 깨닫게 하신다.
   행 15:18 즉 예로부터 이것을 알게 하시는 주의 말씀이라 함과 같으니라

셋, 성령께서는 우리를 효과적으로 부르신다.
1. 성령께서는 우리를 부르시고 믿음으로 구원받게 하신다.
   엡 2:8 너희는 그 은혜에 의하여 믿음으로 말미암아 구원을 받았으니 이것은 너희에게서 난 것이 아니요 하나님의 선물이라
2. 성령의 효과적 부르심은 하나도 잃지 않고 다 살리시는 것이다.
   요 6:39 나를 보내신 이의 뜻은 내게 주신 자 중에 내가 하나도 잃어버리지 아니하고 마지막 날에 다시 살리는 이것이니라
3. 성령의 부르심은 하나님의 권속으로 부르심이다.
   엡 2:19 그러므로 이제부터 너희는 외인도 아니요 나그네도 아니요 오직 성도들과 동일한 시민이요 하나님의 권속이라

4. 성령의 부르심은 모든 사람에게 동일한 소망 안에서의 부르심이다.

   엡 4:4 몸이 하나요 성령도 한 분이시니 이와 같이 너희가 부르심의 한 소망 안에서 부르심을 받았느니라

넷, 성령께서는 그리스도와 우리가 하나가 되게 하신다.

1. 성령께서는 그리스도와 하나 되게 하시려고 초대하신다.

   요 6:37 아버지께서 내게 주시는 자는 다 내게로 올 것이요 내게 오는 자는 내가 결코 내쫓지 아니하리라

2. 성령의 하나 되게 하심의 궁극적 목표는 하나님과 그리스도와 우리의 하나 됨이다.

   요 14:20 그날에는 내가 아버지 안에, 너희가 내 안에, 내가 너희 안에 있는 것을 너희가 알리라

3. 그리스도와 우리가 하나가 된 것은 우리들 서로가 하나가 되게 하려 하심이다.

   요 17:22 내게 주신 영광을 내가 그들에게 주었사오니 이는 우리가 하나가 된 것 같이 그들도 하나가 되게 하려 함이니이다

4. 그리스도와 하나 됨은 죽음뿐만 아니라 부활에도 하나 됨이다.

   롬 6:5 만일 우리가 그의 죽으심과 같은 모양으로 연합한 자가 되었으면 또한 그의 부활과 같은 모양으로 연합한 자도 되리라

제31강
효과적인 부르심

> 문 31. 효과적인 부르심이란 무엇입니까?
> 답 효과적인 부르심이란 하나님의 영의 사역인 바, 우리의 죄와 비참을 확실히 알게 하시고, 그리스도에 대한 지식으로 우리의 마음을 밝게 하시며, 우리의 뜻을 새롭게 하십니다. 그는 복음 안에서 우리에게 값없이 주신 예수 그리스도를 받아들이도록 우리를 설복하시며 또한 그렇게 할 힘을 주십니다.
> – 요 16 : 8, 엡 1 : 18, 계 3 : 17 – 18, 행 26 : 18, 겔 11 : 19, 빌 2 : 13

하나, 하나님은 부르시는 분이며 부르심은 하나님의 영적 사역이다.

1. 하나님은 하나님의 사람을 불러 하나님의 것으로 삼으신다.

   사 43:1 너는 두려워하지 말라 내가 너를 구속하였고 내가 너를 지명하여 불렀나니 너는 내 것이라

2. 하나님은 부르신 자들을 의롭고 영화롭게 하신다.

   롬 8:30 또 미리 정하신 그들을 또한 부르시고 부르신 그들을 또한 의롭다 하시고 의롭다 하신 그들을 또한 영화롭게 하셨느니라

3. 하나님의 부르심은 신실하시고 완전하게 하신다.

   살전 5:24 너희를 부르시는 이는 미쁘시니 그가 또한 이루시리라

둘, 하나님은 우리를 부르셔서 죄의 비참함을 알게 하신다.

1. 그리스도는 죄를 알게 하시고 죄를 책망하신다.

   요 16:8 그가 와서 죄에 대하여, 의에 대하여, 심판에 대하여 세상을 책망하시리라

2. 우리의 죄는 죽을 수밖에 없게 만드는 비참한 것이다.

   롬 7:13 그런즉 선한 것이 내게 사망이 되었느냐 그럴 수 없느니라 오직 죄가 죄로 드러나기 위하여 선한 그것으로 말미암아 나를 죽게 만들었으니 이는 계명으로 말미암아 죄로 심히 죄 되게 하려 함이라

3. 죄는 죽게 하는 비참한 것이다.

   고전 15:56 사망이 쏘는 것은 죄요 죄의 권능은 율법이라

4. 죄는 사망을 낳는다.

   약 1:15 욕심이 잉태한즉 죄를 낳고 죄가 장성한즉 사망을 낳느니라

셋, 하나님은 우리를 부르셔서 그리스도의 지식으로 마음을 밝게 하신다.

1. 마음을 밝히셔서 구원의 소망을 알게 하신다.

   엡 1:18 너희 마음의 눈을 밝히사 그의 부르심의 소망이 무엇이며 성도 안에서 그 기업의 영광의 풍성함이 무엇이며

2. 마음이 밝아야 자신을 알 수 있다.

   계 3:17 네가 말하기를 나는 부자라 부요하여 부족한 것이 없다 하나 네 곤고한 것과 가련한 것과 가난한 것과 눈먼 것과 벌거벗은 것을 알지 못하는도다

3. 그리스도의 지식은 마음을 밝게 할 만큼 가장 고상하다.

   빌 3:8 또한 모든 것을 해로 여김은 내 주 그리스도 예수를 아는 지식이 가장 고상하기 때문이라

넷, 하나님은 우리를 부르셔서 우리의 뜻을 새롭게 하심으로 그리스도를 받아들이게 하신다.

1. 하나님은 우리를 부르셔서 새 마음과 새 영으로 새롭게 하신다.

겔 11:19 내가 그들에게 한 마음을 주고 그 속에 새 영을 주며 그 몸에서 돌 같은 마음을 제거하고 살처럼 부드러운 마음을 주어

2. 부르심을 받은 새 사람을 새롭게 하신다.

골 3:10 새 사람을 입었으니 이는 자기를 창조하신 이의 형상을 따라 지식에까지 새롭게 하심을 입은 자니라

3. 그리스도를 영접하여 하나님의 자녀가 되게 하신다.

요 1:12 영접하는 자 곧 그 이름을 믿는 자들에게는 하나님의 자녀가 되는 권세를 주셨으니

4. 예수님은 우리를 부르시기 위하여 오셨다.

막 2:17 예수께서 들으시고 그들에게 이르시되 건강한 자에게는 의사가 쓸데없고 병든 자에게라야 쓸 데 있느니라 나는 의인을 부르러 온 것이 아니요 죄인을 부르러 왔노라 하시니라

5. 부르시는 하나님은 우리 안에서 자기의 기쁘신 뜻을 이루신다.

빌 2:13 너희 안에서 행하시는 이는 하나님이시니 자기의 기쁘신 뜻을 위하여 너희에게 소원을 두고 행하게 하시나니

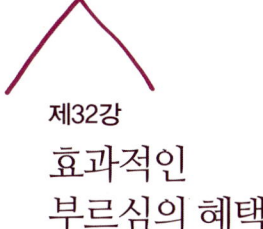

제32강

효과적인 부르심의 혜택

> 문 32. 효과적으로 부르심을 받은 자들이 이 세상에서 누리는 혜택이 무엇입니까?
> 답 효과적으로 부르심을 받은 자들은 이 세상에서 의롭다 하심과 양자로 삼으심과 거룩하게 하심과 그리고 이 세상에서 이것들을 곁따르거나 또는 이것들로부터 나오는 여러 가지 혜택을 누립니다.
> -롬 3 : 24, 8 : 30, 엡 1 : 5, 롬 8 : 14-15, 살전 5 : 23, 고전 1 : 30

하나. 부르심을 받은 자들은 의롭다 하심을 받는다.

1. 사람은 율법이 아니라 믿음으로 의롭게 된다.

   창 15:6 아브람이 여호와를 믿으니 여호와께서 이를 그의 의로 여기시고

2. 의롭게 된 것은 죄에서 벗어나 용서받는 것이다.

   롬 6:7 이는 죽은 자가 죄에서 벗어나 의롭다 하심을 얻었음이라

3. 우리가 의롭게 되는 것은 하나님의 은혜 때문이다.

   롬 3:24 그리스도 예수 안에 있는 속량으로 말미암아 하나님의 은혜로 값없이 의롭다 하심을 얻은 자 되었느니라

4. 의롭게 하신 사람들을 훗날에 영화롭게 하신다.

   롬 8:30 또 미리 정하신 그들을 또한 부르시고 부르신 그들을 또한 의롭다 하시고

의롭다 하신 그들을 또한 영화롭게 하셨느니라

둘, 부르심을 받은 자들은 양자로 삼으신 자들이다.
1. 하나님께서 낳았다는 표현은 인간에 대한 하나님의 사랑의 표시이다.
   시 2:7 내가 여호와의 명령을 전하노라 여호와께서 내게 이르시되 너는 내 아들이라 오늘 내가 너를 낳았도다
2. 하나님은 하나님의 예정 가운데서 우리를 아들딸로 삼으신다.
   엡 1:5 그 기쁘신 뜻대로 우리를 예정하사 예수 그리스도로 말미암아 자기의 아들들이 되게 하셨으니
3. 하나님의 자녀가 되기 위해서는 하나님의 영으로 인도하심을 받아야 한다.
   롬 8:14 무릇 하나님의 영으로 인도함을 받는 사람은 곧 하나님의 아들이라
4. 우리는 양자의 영을 받아 하나님께 아빠 아버지라고 할 수 있다.
   롬 8:15 너희는 다시 무서워하는 종의 영을 받지 아니하고 양자의 영을 받았으므로 우리가 아빠 아버지라고 부르짖느니라

셋, 부르심을 받은 자들은 거룩하게 하신 자들이다.
1. 하나님은 부르신 자를 거룩하게 하신다.
   레 21:8 너는 그를 거룩히 여기라 그는 네 하나님의 음식을 드림이니라 너는 그를 거룩히 여기라 너희를 거룩하게 하는 나 여호와는 거룩함이니라
2. 하나님은 거룩하게 하시려고 하나님의 사람을 부르신다.
   살전 4:7 하나님이 우리를 부르심은 부정하게 하심이 아니요 거룩하게 하심이니
3. 거룩하게 된 자들은 거룩하신 하나님과 하나가 된다.
   히 2:11 거룩하게 하시는 이와 거룩하게 함을 입은 자들이 다 한 근원에서 난지라
4. 하나님은 거룩하게 하신 자들의 육체와 영혼을 마지막 때까지 보전하신다.
   살전 5:23 평강의 하나님이 친히 너희를 온전히 거룩하게 하시고 또 너희의 온 영과 혼과 몸이 우리 주 예수 그리스도께서 강림하실 때에 흠 없게 보전되기를 원하

노라

넷, 부르심을 받은 자들은 이 세상에서의 갖가지 혜택을 누린다.

1. 그리스도 안에 있으면 구원이 주는 혜택을 누린다.

   고전 1:30 너희는 하나님으로부터 나서 그리스도 예수 안에 있고 예수는 하나님으로부터 나와서 우리에게 지혜와 의로움과 거룩함과 구원함이 되셨으니

2. 의를 구하는 자에게는 세상의 필요한 모든 것을 덤으로 주신다.

   마 6:33 그런즉 너희는 먼저 그의 나라와 그의 의를 구하라 그리하면 이 모든 것을 너희에게 더하시리라

3. 부르심을 받은 자에게는 아끼지 않고 주신다.

   롬 8:32 자기 아들을 아끼지 아니하시고 우리 모든 사람을 위하여 내주신 이가 어찌 그 아들과 함께 모든 것을 우리에게 주시지 아니하겠느냐

4. 부르심을 받은 자들에게는 모든 쓸 것을 풍성하게 채우신다.

   빌 4:19 나의 하나님이 그리스도 예수 안에서 영광 가운데 그 풍성한 대로 너희 모든 쓸 것을 채우시리라

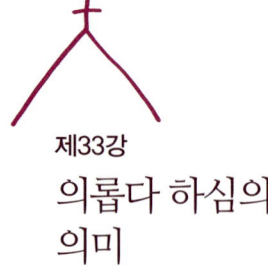

제33강
의롭다 하심의 의미

> 문 33. 의롭다 하심이 무엇입니까?
> 답 의롭다 하심은 하나님이 값없이 주시는 은혜의 행동으로서 하나님께서 우리의 모든 죄를 용서하시고 그가 보시기에 의로운 자로 우리를 받아 주시는 것을 말합니다. 그것은 오직 그리스도의 의를 우리에게 덧입혀 주시기 때문이고 그리고 오직 그것을 믿음으로 받아들임으로 이루어지는 것입니다.
> ─ 롬 3 : 22 - 24, 행 10 : 43, 고후 5 : 19, 롬 3 : 26, 5 : 19 - 21, 5 : 1

하나, 우리의 구원은 값없이 주시는 은혜이다.

1. 하나님의 은혜는 누구에게나 값없는 은혜이다.

    사 55 : 1 오호라 너희 모든 목마른 자들아 물로 나아오라 돈 없는 자도 오라 너희는 와서 사 먹되 돈 없이, 값없이 와서 포도주와 젖을 사라

2. 값없이 죄를 속량하시는 것은 하나님의 은혜이다.

    롬 3 : 24 그리스도 예수 안에 있는 속량으로 말미암아 하나님의 은혜로 값없이 의롭다 하심을 얻은 자 되었느니라

3. 구원은 값없이 주시는 하나님의 선물이다.

    엡 2 : 8 너희는 그 은혜에 의하여 믿음으로 말미암아 구원을 받았으니 이것은 너희에게서 난 것이 아니요 하나님의 선물이라

4. 구원받은 자는 영원히 값없이 먹고 마실 것이다.

계 22:17 성령과 신부가 말씀하시기를 오라 하시는도다 듣는 자도 오라 할 것이요 목마른 자도 올 것이요 또 원하는 자는 값없이 생명수를 받으라 하시더라

둘, 우리는 죄를 용서받고 의로운 자로 여김을 받았다.

1. 죄인을 용서하는 것은 하나님의 본능이다.

느 9:17 주께서는 용서하시는 하나님이시라 은혜로우시며 긍휼히 여기시며 더디 노하시며 인자가 풍부하시므로 그들을 버리지 아니하셨나이다

2. 우리가 하나님께 용서를 구할 수 있는 것은 하나님은 용서하시는 분이기 때문이다.

단 9:9 주 우리 하나님께는 긍휼과 용서하심이 있사오니 이는 우리가 주께 패역하였음이오며

3. 용서하시어 의롭게 하시는 주님은 우리도 용서하기를 원하신다.

눅 17:4 만일 하루에 일곱 번이라도 네게 죄를 짓고 일곱 번 네게 돌아와 내가 회개하노라 하거든 너는 용서하라 하시더라

4. 용서받고 의로운 자가 되게 하는 것은 믿음의 기도이다.

약 5:15 믿음의 기도는 병든 자를 구원하리니 주께서 그를 일으키시리라 혹시 죄를 범하였을지라도 사하심을 받으리라

셋, 우리가 의롭게 된 것은 그리스도의 의를 덧입혀 주셨기 때문이다.

1. 의로우신 그리스도께서는 우리를 의롭게 하신다.

롬 3:26 곧 이때에 자기의 의로우심을 나타내사 자기도 의로우시며 또한 예수 믿는 자를 의롭다 하려 하심이라

2. 죄 사함을 받고 의롭게 되는 것은 그의 이름을 힘입었기 때문이다.

행 10:43 그에 대하여 모든 선지자도 증언하되 그를 믿는 사람들이 다 그의 이름을 힘입어 죄 사함을 받는다 하였느니라

3. 우리가 믿음으로 의롭다 함을 얻은 것은 그리스도로 말미암음이다.

    롬 5:1 그러므로 우리가 믿음으로 의롭다 하심을 받았으니 우리 주 예수 그리스도로 말미암아 하나님과 화평을 누리자

4. 의롭게 된 것은 그리스도 한 사람의 순종으로 이루어졌다.

    롬 5:19 한 사람이 순종하지 아니함으로 많은 사람이 죄인 된 것같이 한 사람이 순종하심으로 많은 사람이 의인이 되리라

넷, 의롭다 하심을 얻는 것은 믿음으로 받아들일 때 이루어진다.

1. 우리는 믿음으로 말미암아 의롭다 하심을 얻으며, 믿지 않으면 의로움도 없다.

    롬 1:17 복음에는 하나님의 의가 나타나서 믿음으로 믿음에 이르게 하나니 기록된 바 오직 의인은 믿음으로 말미암아 살리라 함과 같으니라

2. 의롭게 되는 것은 모든 사람에게 믿음으로 말미암는 것이다.

    롬 3:22 곧 예수 그리스도를 믿음으로 말미암아 모든 믿는 자에게 미치는 하나님의 의니 차별이 없느니라

3. 구원은 자신이 마음으로 수용하고 입으로 시인하는 과정을 통하여 이루어진다.

    롬 10:10 사람이 마음으로 믿어 의에 이르고 입으로 시인하여 구원에 이르느니라

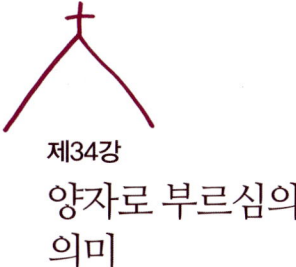

제34강
양자로 부르심의 의미

> **문** 34. 양자로 삼으심이란 무엇입니까?
> **답** 양자로 삼으심이란 하나님이 값없이 주시는 은혜로서 하나님께서 우리를 그의 자녀들의 수효 속에 받아 주시며, 그의 모든 특권을 우리에게 주시는 것입니다.
> -요일 3 : 1, 요 1 : 12, 사 44 : 2, 롬 8 : 17

하나. 하나님은 우리를 값없이 은혜로 양자로 삼으신다.

1. 예수의 이름을 믿는 자들에게는 자녀가 되는 권세를 주신다.

    요 1:12 영접하는 자 곧 그 이름을 믿는 자들에게는 하나님의 자녀가 되는 권세를 주셨으니

2. 양자가 된 것은 하나님의 사랑 때문이다.

    요일 3:1 보라 아버지께서 어떠한 사랑을 우리에게 베푸사 하나님의 자녀라 일컬음을 받게 하셨는가, 우리가 그러하도다 그러므로 세상이 우리를 알지 못함은 그를 알지 못함이라

3. 양자 될 것을 기다리는 자들을 은혜로 양자 삼으신다.

    롬 8:23 그뿐 아니라 또한 우리 곧 성령의 처음 익은 열매를 받은 우리까지도 속

으로 탄식하여 양자 될 것 곧 우리 몸의 속량을 기다리느니라

4. 그리스도의 소유로 사는 그리스도인은 신령한 의미에서 아브라함의 자손이다.

　갈 3:29 너희가 그리스도의 것이면 곧 아브라함의 자손이요 약속대로 유업을 이을 자니라

5. 누구든지 회개하고 그리스도를 믿으면 하나님의 자녀가 된다.

　눅 19:9 예수께서 이르시되 오늘 구원이 이 집에 이르렀으니 이 사람도 아브라함의 자손임이로다

둘, 양자가 된 것은 하나님의 자녀의 수에 속하게 하신 것이다.

1. 주님은 자녀의 수에 속한 모든 자녀를 확실히 알고 계신다.

　요 10:3 문지기는 그를 위하여 문을 열고 양은 그의 음성을 듣나니 그가 자기 양의 이름을 각각 불러 인도하여 내느니라

2. 주님은 자녀의 수에 속한 자가 보이지 않으면 끝까지 찾으신다.

　마 18:12 너희 생각에는 어떠하냐 만일 어떤 사람이 양 백 마리가 있는데 그중의 하나가 길을 잃었으면 그 아흔아홉 마리를 산에 두고 가서 길 잃은 양을 찾지 않겠느냐

3. 하나님은 계획한 수가 차지 않는 것을 좋아하시지 않는다.

　행 1:26 제비 뽑아 맛디아를 얻으니 그가 열한 사도의 수에 들어가니라

4. 하나님은 자녀 중에 하나라도 잃는 것을 원하지 않으신다.

　요 6:39 나를 보내신 이의 뜻은 내게 주신 자 중에 내가 하나도 잃어버리지 아니하고 마지막 날에 다시 살리는 이것이니라

5. 하나님의 자녀로 수에 속하지 않으면 특권도 없다.

　민 26:62 그들은 이스라엘 자손 중 계수에 들지 아니하였으니 이는 이스라엘 자손 중에서 그들에게 준 기업이 없음이었더라

셋. 양자가 되게 하신 것은 모든 특권을 주시기 위함이다.

1. 하나님은 양자가 되게 하신 사람에게 두려워하지 않는 특권을 주신다.

   사 44:2 너를 만들고 너를 모태에서부터 지어 낸 너를 도와줄 여호와가 이같이 말하노라 나의 종 야곱, 내가 택한 여수룬아 두려워하지 말라

2. 양자가 된 사람의 가장 큰 특권은 상속자가 되는 것이다.

   롬 8:17 자녀이면 또한 상속자 곧 하나님의 상속자요 그리스도와 함께한 상속자니 우리가 그와 함께 영광을 받기 위하여 고난도 함께 받아야 할 것이니라

3. 양자가 되게 하신 하나님은 온갖 약속을 주신다.

   롬 9:4 그들은 이스라엘 사람이라 그들에게는 양자 됨과 영광과 언약들과 율법을 세우신 것과 예배와 약속들이 있고

4. 하나님의 자손에게는 영구한 특권을 주신다.

   민 18:11 네게 돌릴 것은 이것이니 곧 이스라엘 자손이 드리는 거제물과 모든 요제물이라 내가 그것을 너와 네 자녀에게 영구한 몫의 음식으로 주었은즉 네 집의 정결한 자마다 먹을 것이니라

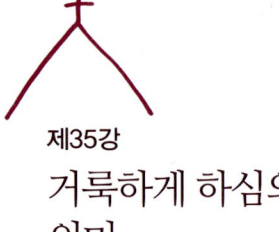

제35강
거룩하게 하심의 의미

> **문** 35. 거룩하게 하심이란 무엇입니까?
> **답** 거룩하게 하심은 하나님이 값없이 주시는 은혜의 사역으로서 우리의 영육 전체가 하나님의 형상을 따라서 새로워지며, 점점 더 죄에 대하여 죽고 의에 대하여 살 수 있게 하시는 것입니다.
> -엡 1 : 4, 6, 4 : 23-24, 고전 15 : 31, 롬 6 : 11

하나, 거룩함의 문자적 의미

1. 하나님은 거룩하신 분이며 우리는 그 거룩함을 닮아야 한다.

   레 19:2 너는 이스라엘 자손의 온 회중에게 말하여 이르라 너희는 거룩하라 이는 나 여호와 너희 하나님이 거룩함이니라

2. 거룩의 의미는 구별된 것으로 거룩한 것에 접촉한 모든 것이 거룩하다.

   출 30:29 그것들을 지극히 거룩한 것으로 구별하라 이것에 접촉하는 것은 모두 거룩하리라

3. 거룩하신 예수님 때문에 우리가 거룩하게 되었다.

   요 17:19 또 그들을 위하여 내가 나를 거룩하게 하오니 이는 그들도 진리로 거룩함을 얻게 하려 함이니이다

4. 거룩하게 된 우리는 모든 행실이 구별되어 거룩해야 한다.

벧전 1:15 오직 너희를 부르신 거룩한 이처럼 너희도 모든 행실에 거룩한 자가 되라

둘, 하나님은 우리를 값없이 거룩하게 하신다.

1. 하나님께서는 우리를 창세전에 값없이 거룩하게 하셨다.

엡 1:4 곧 창세전에 그리스도 안에서 우리를 택하사 우리로 사랑 안에서 그 앞에 거룩하고 흠이 없게 하시려고

2. 복음은 값없이 주시며 거룩하게 하는 것이다.

고전 9:18 그런즉 내 상이 무엇이냐 내가 복음을 전할 때에 값없이 전하고 복음으로 말미암아 내게 있는 권리를 다 쓰지 아니하는 이것이로다

3. 우리는 다 값없이 생명수를 받는다.

계 22:17 성령과 신부가 말씀하시기를 오라 하시는도다 듣는 자도 오라 할 것이요 목마른 자도 올 것이요 또 원하는 자는 값없이 생명수를 받으라 하시더라

셋, 거룩하게 하심은 영육 전체가 새로워지는 것이다.

1. 하나님은 우리를 새롭게 하시는 분이다.

시 51:10 하나님이여 내 속에 정한 마음을 창조하시고 내 안에 정직한 영을 새롭게 하소서

2. 거룩하게 지으심을 받으면 새 사람이 된다.

엡 4:23-24 오직 너희의 심령이 새롭게 되어 하나님을 따라 의와 진리의 거룩함으로 지으심을 받은 새 사람을 입으라

3. 새롭게 되어야 죽지 않고 영원히 하나님의 사람으로 산다.

겔 18:31 너희는 너희가 범한 모든 죄악을 버리고 마음과 영을 새롭게 할지어다 이스라엘 족속아 너희가 어찌하여 죽고자 하느냐

4. 거룩하게 하신 사람은 날로 새로워진다.

고후 4:16 그러므로 우리가 낙심하지 아니하노니 우리의 겉사람은 낡아지나 우리

의 속사람은 날로 새로워지도다

넷. 거룩하게 하심은 하나님의 형상을 따라 새로워지는 것이다.
1. 거룩하게 하심은 원래의 모습인 하나님의 형상을 회복하는 것이다.
   창 1:27 하나님이 자기 형상 곧 하나님의 형상대로 사람을 창조하시되 남자와 여자를 창조하시고
2. 거룩하게 하시는 그리스도는 하나님의 형상이시다.
   골 1:15 그는 보이지 아니하는 하나님의 형상이시요 모든 피조물보다 먼저 나신 이시니

다섯. 거룩하게 되는 것은 죄에 대하여 죽고 의에 대하여 사는 것이다.
1. 죄에 대하여 죽어야 하나님께 대하여 살 수 있다.
   롬 6:11 이와 같이 너희도 너희 자신을 죄에 대하여는 죽은 자요 그리스도 예수 안에서 하나님께 대하여는 살아 있는 자로 여길지어다
2. 그리스도가 죽으심으로 우리는 죄에 대하여 죽고 의에 대하여 살게 되었다.
   벧전 2:24 친히 나무에 달려 그 몸으로 우리 죄를 담당하셨으니 이는 우리로 죄에 대하여 죽고 의에 대하여 살게 하려 하심이라 그가 채찍에 맞음으로 너희는 나음을 얻었나니
3. 죄와 함께 사는 우리는 날마다 죽어야 한다.
   고전 15:31 형제들아 내가 그리스도 예수 우리 주 안에서 가진 바 너희에 대한 나의 자랑을 두고 단언하노니 나는 날마다 죽노라

제36강

의롭다 하심과 양자로 삼으심과 거룩하게 하심의 혜택

> 문 36. 이 세상에 있어서 의롭다 하심과 양자로 삼으심과 거룩하게 하심과 그리고 이 세상에서 이것들을 곁따르거나 그것으로부터 나오는 혜택들은 무엇입니까?
>
> 답 이 세상에 있어서 의롭다 하심과 양자로 삼으심과 거룩하게 하심과 그리고 이 세상에서 이것들을 곁따르거나 그것들로부터 나오는 혜택들은 하나님의 사랑에 대한 확신과 양심의 평온과 성령 안에서의 기쁨과 은혜의 증진과 또 은혜 안에서 끝까지 굳게 견디는 것입니다.
>
> -롬 8 : 36, 39, 마 11 : 29, 갈 5 : 22, 벧후 3 : 18, 약 1 : 12

하나, 하나님의 사랑에 대한 확신을 가진다.

1. 하나님의 끝이 없는 사랑을 알게 하신다.

   렘 31:3 옛적에 여호와께서 나에게 나타나사 내가 영원한 사랑으로 너를 사랑하기에 인자함으로 너를 이끌었다 하였노라

2. 하나님은 사랑 그 자체이므로 하나님의 사역은 모두 사랑에서 이해된다.

   요일 4:8 사랑하지 아니하는 자는 하나님을 알지 못하나니 이는 하나님은 사랑이심이라

3. 하나님의 사랑은 우리와의 상실되지 않는 관계이다.

   롬 8:39 높음이나 깊음이나 다른 어떤 피조물이라도 우리를 우리 주 그리스도 예수 안에 있는 하나님의 사랑에서 끊을 수 없으리라

둘, 양심의 평온을 가진다.
1. 선한 양심과 그 평온은 그리스도에게서 나오며 그에게서 배운다.

   마 11:29 나는 마음이 온유하고 겸손하니 나의 멍에를 메고 내게 배우라 그리하면 너희 마음이 쉼을 얻으리니
2. 양심의 평온을 가진 자는 양심을 따라 담대해질 수 있다.

   행 23:1 바울이 공회를 주목하여 이르되 여러분 형제들아 오늘까지 나는 범사에 양심을 따라 하나님을 섬겼노라 하거늘
3. 양심의 평온을 가진 자의 양심에서 나오는 것이 진정한 사랑이다.

   딤전 1:5 이 교훈의 목적은 청결한 마음과 선한 양심과 거짓이 없는 믿음에서 나오는 사랑이거늘

셋, 성령 안에서의 기쁨을 가진다.
1. 참 기쁨은 예수님께서 우리에게 주시는 선물이다.

   요 15:11 내가 이것을 너희에게 이름은 내 기쁨이 너희 안에 있어 너희 기쁨을 충만하게 하려 함이라
2. 참 기쁨은 성령으로 말미암는 성령의 열매이다.

   갈 5:22-23 오직 성령의 열매는 사랑과 희락과 화평과 오래 참음과 자비와 양선과 충성과 온유와 절제니 이 같은 것을 금지할 법이 없느니라
3. 참 기쁨은 가시적이며 물질적인 것이 아니라 하나님이 주시는 내적 은사이다.

   시 4:7 주께서 내 마음에 두신 기쁨은 그들의 곡식과 새 포도주가 풍성할 때보다 더하니이다
4. 예수님이 주시는 기쁨은 절대로 세상에 **빼앗기지** 않는다.

   요 16:22 지금은 너희가 근심하나 내가 다시 너희를 보리니 너희 마음이 기쁠 것이요 너희 기쁨을 빼앗을 자가 없으리라

넷, 은혜의 증진을 가져온다.

1. 양자로 삼아 의롭게 된 사람은 모든 일에 그리스도에게까지 자라야 한다.

   엡 4:15 오직 사랑 안에서 참된 것을 하여 범사에 그에게까지 자랄지라 그는 머리니 곧 그리스도라

2. 은혜의 증진은 그리스도인의 의무이다.

   벧후 3:18 오직 우리 주 곧 구주 예수 그리스도의 은혜와 그를 아는 지식에서 자라 가라 영광이 이제와 영원한 날까지 그에게 있을지어다

3. 우리는 온전하고 장성한 사람이 되어야 한다.

   엡 4:13 우리가 다 하나님의 아들을 믿는 것과 아는 일에 하나가 되어 온전한 사람을 이루어 그리스도의 장성한 분량이 충만한 데까지 이르리니

다섯, 은혜 안에서 굳게 견딘다.

1. 악인들은 하나님의 심판을 견디지 못한다.

   시 1:5 그러므로 악인들은 심판을 견디지 못하며 죄인들이 의인들의 모임에 들지 못하리로다

2. 은혜 안에서 견디게 하시는 것은 구원을 얻게 하기 위함이다.

   마 10:22 또 너희가 내 이름으로 말미암아 모든 사람에게 미움을 받을 것이나 끝까지 견디는 자는 구원을 얻으리라

3. 시험을 견딘 자는 면류관을 얻는다.

   약 1:12 시험을 참는 자는 복이 있나니 이는 시련을 견디어 낸 자가 주께서 자기를 사랑하는 자들에게 약속하신 생명의 면류관을 얻을 것이기 때문이라

제37강
신자들의 죽음의 혜택

> **문** 37. 신자들이 죽을 때 그리스도로부터 받는 혜택들이 무엇입니까?
> **답** 신자들은 죽을 때 그들의 영혼은 완전히 거룩하여지며 그 즉시로 영광에 들어가고, 그들의 육체는 그리스도와 연합된 그대로 부활 때까지 무덤에서 쉬게 되는 것입니다.
> -요일 3 : 2, 엡 5 : 27, 눅 23 : 43, 살전 4 : 14

하나, 신자는 죽을 때 영혼이 완전히 거룩해진다.

1. 하나님의 자녀는 다시 오실 그리스도와 같이 거룩하게 변화할 것이다.

    요일 3:2 사랑하는 자들아 우리가 지금은 하나님의 자녀라 장래에 어떻게 될지는 아직 나타나지 아니하였으나 그가 나타나시면 우리가 그와 같을 줄을 아는 것은 그의 참모습 그대로 볼 것이기 때문이니

2. 그리스도로 말미암아 우리는 한 번의 제사로 영원히 거룩해진다.

    히 10:14 그가 거룩하게 된 자들을 한 번의 제사로 영원히 온전하게 하셨느니라

3. 그리스도는 우리를 완전히 거룩하게 하시려고 고난을 당하셨다.

    히 13:12 그러므로 예수도 자기 피로써 백성을 거룩하게 하려고 성문 밖에서 고난을 받으셨느니라

4. 부활은 복과 거룩함이다.
   계 20:6 이 첫째 부활에 참여하는 자들은 복이 있고 거룩하도다

둘, 신자는 죽으면 즉시 영광에 들어간다.
1. 주님은 구원받은 교회를 영광스럽게 하신다.
   엡 5:27 자기 앞에 영광스러운 교회로 세우사 티나 주름 잡힌 것이나 이런 것들이 없이 거룩하고 흠이 없게 하려 하심이라
2. 우리를 부르신 것은 영광에 들어가게 하기 위함이다.
   살전 2:12 이는 너희를 부르사 자기 나라와 영광에 이르게 하시는 하나님께 합당히 행하게 하려 함이라
3. 구원받은 자도 고난을 당하지만 영광에 들어갈 수 있게 견고하게 하신다.
   벧전 5:10 모든 은혜의 하나님 곧 그리스도 안에서 너희를 부르사 자기의 영원한 영광에 들어가게 하신 이가 잠깐 고난을 당한 너희를 친히 온전하게 하시며 굳건하게 하시며 강하게 하시며 터를 견고하게 하시리라
4. 주님은 구원받는 자를 즉시 낙원에 들어가게 하신다.
   눅 23:43 예수께서 이르시되 내가 진실로 네게 이르노니 오늘 네가 나와 함께 낙원에 있으리라 하시니라

셋, 신자는 죽을 때 그 육체가 그리스도와 연합된다.
1. 구원받은 자는 죽어서 뿐만 아니라 이 땅에서 이미 그리스도와 연합한 삶을 산다.
   갈 2:20 내가 그리스도와 함께 십자가에 못 박혔나니 그런즉 이제는 내가 사는 것이 아니요 오직 내 안에 그리스도께서 사시는 것이라
2. 신자가 죽으면 그리스도와 함께 장사된다.
   골 2:12 너희가 세례로 그리스도와 함께 장사되고 또 죽은 자들 가운데서 그를 일으키신 하나님의 역사를 믿음으로 말미암아 그 안에서 함께 일으키심을 받았

느니라
3. 신자의 죽음과 부활은 그리스도와 연합한 죽음과 부활이다.

롬 6:5 만일 우리가 그의 죽으심과 같은 모양으로 연합한 자가 되었으면 또한 그의 부활과 같은 모양으로 연합한 자도 되리라

넷, 육체가 부활 때까지 무덤에서 쉬게 된다.
1. 예수님을 믿는 자는 반드시 죽은 후에 부활한다.

요 11:25 예수께서 이르시되 나는 부활이요 생명이니 나를 믿는 자는 죽어도 살겠고

2. 죽었다가 다시 사는 것은 신앙의 핵심이다.

살전 4:14 우리가 예수께서 죽으셨다가 다시 살아나심을 믿을진대 이와 같이 예수 안에서 자는 자들도 하나님이 그와 함께 데리고 오시리라

3. 신자의 죽음은 수고를 그치고 부활 때까지 쉬는 것이다.

계 14:13 또 내가 들으니 하늘에서 음성이 나서 이르되 기록하라 지금 이후로 주 안에서 죽는 자들은 복이 있도다 하시매 성령이 이르시되 그러하다 그들이 수고를 그치고 쉬리니 이는 그들의 행한 일이 따름이라 하시더라

4. 신자의 죽음은 자기의 일을 쉬고 안식에 들어간 것이다.

히 4:10 이미 그의 안식에 들어간 자는 하나님이 자기의 일을 쉬심과 같이 그도 자기의 일을 쉬느니라

제38강
신자들의 부활의 혜택

> 문 38. 신자들이 부활 때에 그리스도로부터 받는 혜택들은 무엇입니까?
> 답 부활 때에 신자들은 영광 중에 일으킴을 받아서 심판날에 신자임을 공적으로 인정을 받고 무죄 선고를 받으며, 영원토록 하나님을 흡족하게 즐기는 완전한 축복을 받게 되는 것입니다.
> -살전 4 : 16, 요 5 : 28, 고전 15 : 42-44, 마 10 : 32, 25 : 33-34, 시 16 : 11, 살전 4 : 17

하나, 영광 중에 일으키심을 받는다.

1. 죽음 후에 부활하는 것은 예수님께서 증언하셨고 성경이 가르친다.

 요 5:28 이를 놀랍게 여기지 말라 무덤 속에 있는 자가 다 그의 음성을 들을 때가 오나니

2. 죽음 후에는 다시 죽지 않고 다시 썩지 않을 것으로 일으키심을 받을 것이다.

 고전 15:42 죽은 자의 부활도 그와 같으니 썩을 것으로 심고 썩지 아니할 것으로 다시 살아나며

3. 주님 재림 때에 영광스럽게 일으키심을 받는다.

 살전 4:16 주께서 호령과 천사장의 소리와 하나님의 나팔 소리로 친히 하늘로부터 강림하시리니 그리스도 안에서 죽은 자들이 먼저 일어나고

4. 바울은 그리스도의 부활에 힘입어 자신의 부활을 확신하고 있다.

   빌 3:11 어떻게 해서든지 죽은 자 가운데서 부활에 이르려 하노니

둘, 심판 날에 신자임을 인정받는다.

1. 그리스도를 인정하면 마지막 날에 하나님께서 인정하신다.

   마 10:32 누구든지 사람 앞에서 나를 시인하면 나도 하늘에 계신 내 아버지 앞에서 그를 시인할 것이요

2. 심판 날에 오른편은 인정받은 자리다.

   마 25:33 양은 그 오른편에 염소는 왼편에 두리라

3. 그리스도를 믿는 자는 다시 살아 영생을 얻게 될 것이다.

   요 6:40 내 아버지의 뜻은 아들을 보고 믿는 자마다 영생을 얻는 이것이니 마지막 날에 내가 이를 다시 살리리라 하시니라

4. 그리스도와 연합한 자는 다시 살게 될 것이다.

   요 6:54 내 살을 먹고 내 피를 마시는 자는 영생을 가졌고 마지막 날에 내가 그를 다시 살리리니

셋, 심판을 통하여 무죄를 선고받는다.

1. 주께 피하는 자는 죄를 짓지 않게 지켜 주신다.

   시 16:1 하나님이여 나를 지켜 주소서 내가 주께 피하나이다

2. 선한 일을 한 신자는 무죄를 선고받아 생명의 부활을 맛본다.

   요 5:29 선한 일을 행한 자는 생명의 부활로, 악한 일을 행한 자는 심판의 부활로 나오리라

3. 믿는 자는 영생을 얻는다.

   요 5:24 내가 진실로 진실로 너희에게 이르노니 내 말을 듣고 또 나 보내신 이를 믿는 자는 영생을 얻었고 심판에 이르지 아니하나니 사망에서 생명으로 옮겼느니라

4. 우리는 정결한 신부로 그리스도께 드려진다.

　고후 11:2 내가 하나님의 열심으로 너희를 위하여 열심을 내노니 내가 너희를 정결한 처녀로 한 남편인 그리스도께 드리려고 중매함이로다

넷, 영원토록 하나님을 즐기는 축복을 받게 된다.

1. 구원받은 자는 하나님의 나라를 상속받게 된다.

　마 25:34 그때에 임금이 그 오른편에 있는 자들에게 이르시되 내 아버지께 복 받을 자들이여 나아와 창세로부터 너희를 위하여 예비된 나라를 상속받으라

2. 믿음으로 구원받은 자는 은혜에 들어가 즐거워한다.

　롬 5:2 또한 그로 말미암아 우리가 믿음으로 서 있는 이 은혜에 들어감을 얻었으며 하나님의 영광을 바라고 즐거워하느니라

3. 주님이 다시 오시면 공중에서 주님을 영접하고 항상 함께 있을 것이다.

　살전 4:17 그 후에 우리 살아남은 자들도 그들과 함께 구름 속으로 끌어올려 공중에서 주를 영접하게 하시리니 그리하여 우리가 항상 주와 함께 있으리라

4. 구원받은 자에게는 즐겁고 기쁜 축복이 기다린다.

　계 19:7 우리가 즐거워하고 크게 기뻐하며 그에게 영광을 돌리세 어린 양의 혼인 기약이 이르렀고 그의 아내가 자신을 준비하였으므로

읽기자료
"나의 유일한 위로는 그리스도입니다" : 하이델베르크 요리문답(1563년)

루터로부터 감화를 받아 개신교 신앙으로 돌아선 제후들 중에 독일 팔츠의 선제후 프리드리히 2세(1482-1556, 재위 1544-1556)가 있었다. 그는 루터의 제자 멜랑히톤의 영향으로 루터의 노선뿐 아니라 츠빙글리나 칼뱅의 가르침에 대해서도 유연한 입장을 가지고 있었다. 이러한 분위기 탓인지 팔츠 선제후국에는 루터파가 아닌 츠빙글리파나 칼뱅의 가르침을 따르는 개혁파들이 몰려들었다. 이로 인해 자유롭지만 혼란스러운 분위기가 팔츠에 흐르고 있었다. 그러한 때에 그의 아들 프리드리히 3세가 즉위하였다. 그는 개인적으로는 칼뱅의 신학에 많은 호감을 가지고 있던 인물이면서도 조화로운 개신교 신앙을 추구하던 인물이었다. 그는 당시에 일어나고 있던 신학적인 혼란을 제거하고 또한 다음세대들의 종교교육에 건전한 기초가 될 수 있는 신앙교육서를 제정하기로 마음먹었다. 그는 하이델베르크 대학의 교수 자카리아스 우르시누스(Zacharias Ursinus)와 궁정설교자 카스파르 올리비아누스(Caspar Olevianus)에게 이 임무를 위임하였다. 이들의 초안이 나온 후, 프리드리히 3세는 이 요리문답서를 수정하여 승인받기 위해 주요 목사들과 교수들의 총회에 이 작업을 위임했다. 그 결과 1563년 초에 「팔츠 선제후의 지역에 있는 교회와 학교에서 가르칠 요리문답, 또는 기독교 교훈집」이라는 제목으로 요리문답서를 발행하게 되었다. 바로 이것이 우리가 「하이델베르크 요리문답」으로 알고 있는 문답서이다. 이 문답서는 팔츠뿐만 아니라 유럽의 개혁교회에 널리 확산되었다.

이 요리문답은 129개의 문답으로 구성되어 있고, 크게 3부로 구분되어 있다. 서론(제1-2문) 이후 제1부(제3-11문)에서는 '인간의 비참한 상태'에 대해서 언급하고 있으며, 제2부(제12-85문)에서는 '인간의 구속(救贖)'에 관하여 언급하고, 제3부(제86-129문)에서는 '인간이 드릴 감사'에 대해 언급하고 있다.

특별히 이 요리문답은 웨스트민스터 요리문답과 또 다른 감동을 주는 다음과 같은 서론으로 신앙을 고백하고 있다.

「하이델베르크 요리문답」 속표지(1563)

"살든지 죽든지 당신의 유일한 위로는 무엇입니까?"
"살든지 죽든지 간에 나의 몸과 영혼은 모두 나 자신에게 속한 것이 아니라, 나의 신실하신 구주 예수 그리스도에게 속한 것입니다. 이 예수 그리스도는 그의 십자가의 피 값으로 나의 모든 죄를 속죄하셨고, 나를 악마의 굴레로부터 해방시키셨습니다. 이분이 나를 잘 지켜 주시기 때문에 하늘에 계신 아버지 하나님의 뜻이 아니고는 머리털 하나라도 상할 수 없습니다. 진실로 모든 것이 나의 구원을 위한 그리스도의 목적에 부합됨이 틀림없습니다. 그래서 이 예수 그리스도는 성령에 의해서 나에게 영생을 보장하셨고, 나로 하여금 이제부터는 전심전력으로 기꺼이 그를 위해서 살도록 준비시키십니다."

— 자카리아스 우르시누스, 「하이델베르크 요리문답」 제1문

참고도서
원광연 역, 자카리아스 우르시누스 저, 「하이델베르크 요리문답해설」(서울 : 크리스챤다이제스트, 2006)
이성웅 저, 「헌법교리론」(서울 : 한국장로교출판사, 2010)

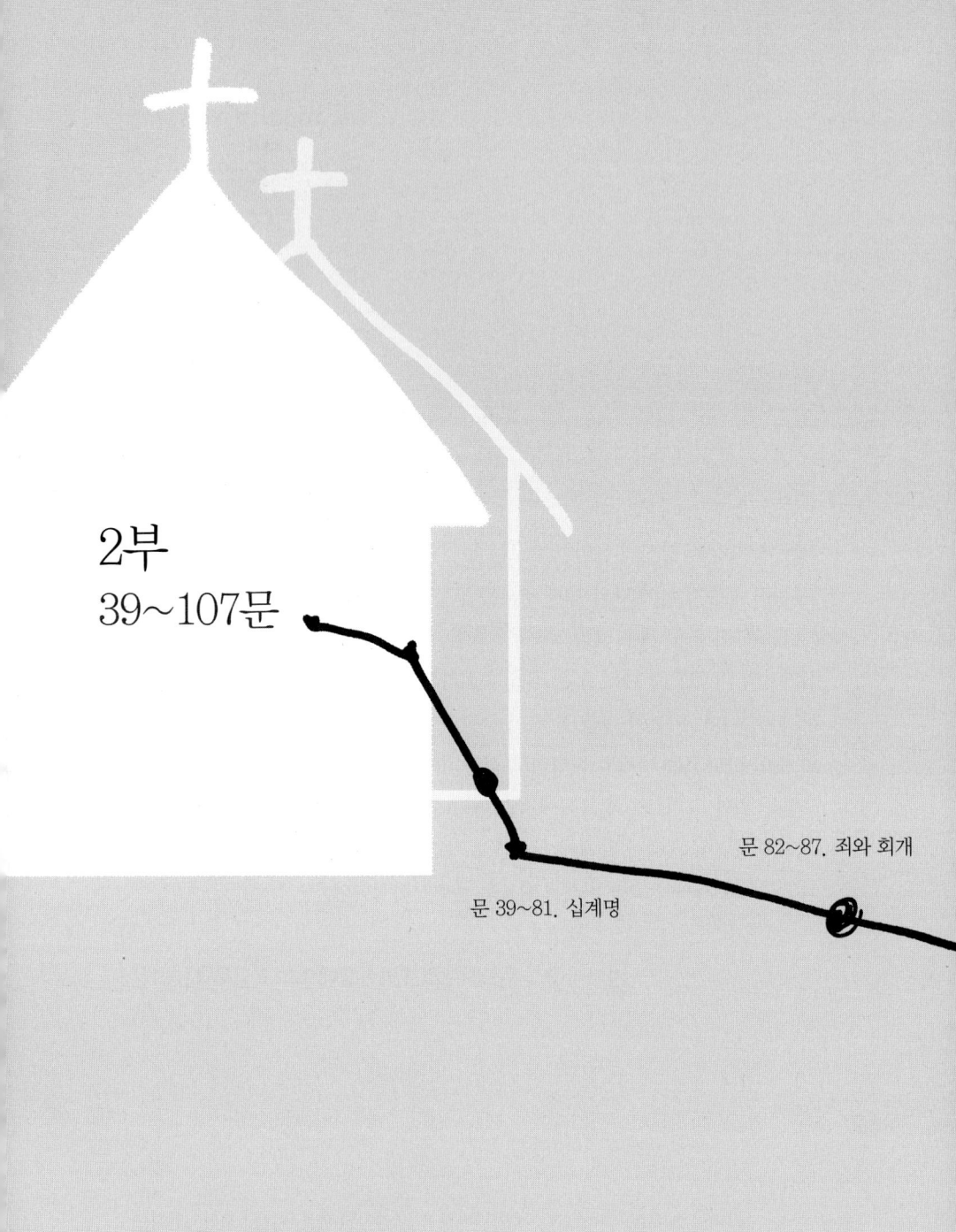

2부
39~107문

문 82~87. 죄와 회개

문 39~81. 십계명

문 98~107. 기도

문 88~90. 말씀
문 91~97. 성례

제39강
하나님께서 사람에게 요구하시는 의무

> **문** 39. 하나님께서 사람에게 요구하시는 의무가 무엇입니까?
> **답** 하나님께서 사람에게 요구하시는 의무는 그의 계시된 뜻에 복종하는 일입니다.
> —신 29 : 26, 마 28 : 20, 미 6 : 8

하나, 하나님의 백성이기에 부르심과 목적에 믿음과 책임으로 순종해야 한다.

1. 하나님이 주신 규례를 지켜 행해야 한다.

   신 4:6 너희는 지켜 행하라 이것이 여러 민족 앞에서 너희의 지혜요 너희의 지식이라 그들이 이 모든 규례를 듣고 이르기를 이 큰 나라 사람은 과연 지혜와 지식이 있는 백성이로다 하리라

2. 우리 하나님 여호와를 사랑해야 한다.

   신 6:4-5 이스라엘아 들으라 우리 하나님 여호와는 오직 유일한 여호와이시니 너는 마음을 다하고 뜻을 다하고 힘을 다하여 네 하나님 여호와를 사랑하라

3. 여호와를 잊어버리지 않아야 한다.

   신 8:11 내가 오늘 네게 명하는 여호와의 명령과 법도와 규례를 지키지 아니하고

네 하나님 여호와를 잊어버리지 않도록 삼갈지어다

4. 구원하신 여호와를 버리고 다른 신을 따라가 섬겨서는 안 된다.

   신 29:26 가서 자기들이 알지도 못하고 여호와께서 그들에게 주시지도 아니한 다른 신들을 따라가서 그들을 섬기고 절한 까닭이라

둘, 예수님이 분부한 모든 것을 가르쳐 지키도록 해야 한다.

1. 복된 상태가 무엇인지를 알아야 한다.

   마 5:3 심령이 가난한 자는 복이 있나니 천국이 그들의 것임이요

2. 먼저 그의 나라와 그의 의를 구해야 한다.

   마 6:33 그런즉 너희는 먼저 그의 나라와 그의 의를 구하라 그리하면 이 모든 것을 너희에게 더하시리라

3. 하늘 아버지의 용서를 받으려면 형제를 용서해야 한다.

   마 18:35 너희가 각각 마음으로부터 형제를 용서하지 아니하면 나의 하늘 아버지께서도 너희에게 이와 같이 하시리라

4. 조롱과 멸시의 십자가를 참고 견디어야 한다.

   마 27:27-31 이에 총독의 군병들이 예수를 데리고 관정 안으로 들어가서 온 군대를 그에게로 모으고 그의 옷을 벗기고 홍포를 입히며 가시관을 엮어 그 머리에 씌우고 갈대를 그 오른손에 들리고 그 앞에서 무릎을 꿇고 희롱하여 이르되 유대인의 왕이여 평안할지어다 하며 그에게 침 뱉고 갈대를 빼앗아 그의 머리를 치더라 희롱을 다 한 후 홍포를 벗기고 도로 그의 옷을 입혀 십자가에 못 박으려고 끌고 나가니라

셋, 공의와 정의 그리고 겸손함으로 섬기며 살아야 한다.

1. 죄를 꾀하며 악을 꾸미는 삶이 되지 않아야 한다.

   미 2:1 그들이 침상에서 죄를 꾀하며 악을 꾸미고 날이 밝으면 그 손에 힘이 있으므로 그것을 행하는 자는 화 있을진저

2. 정의를 아는 것이 하나님의 백성의 본분이다.

    미 3:1 내가 또 이르노니 야곱의 우두머리들과 이스라엘 족속의 통치자들아 들으라 정의를 아는 것이 너희의 본분이 아니냐

3. 정의를 행하며 인자를 사랑하며 겸손하게 행해야 한다.

    미 6:8 사람아 주께서 선한 것이 무엇임을 네게 보이셨나니 여호와께서 네게 구하시는 것은 오직 정의를 행하며 인자를 사랑하며 겸손하게 네 하나님과 함께 행하는 것이 아니냐

4. 경건과 정직함으로 행해야 한다.

    미 7:2 경건한 자가 세상에서 끊어졌고 정직한 자가 사람들 가운데 없도다 무리가 다 피를 흘리려고 매복하며 각기 그물로 형제를 잡으려 하고

제40강
처음 계시하신 복종의 법

> 문 40. 하나님께서 사람의 복종의 법으로 처음 계시하신 것이 무엇입니까?
> 답 하나님께서 사람에게 복종의 법칙으로 처음 계시하신 것은 도덕법이었습니다.
> ─롬 2 : 14 – 15, 10 : 5, 창 2 : 17

하나, 하나님과 사람의 관계

1. 하나님은 우리를 하나님의 것으로 지으셨다.

   사 43 : 1 야곱아 너를 창조하신 여호와께서 지금 말씀하시느니라 이스라엘아 너를 지으신 이가 말씀하시느니라 너는 두려워하지 말라 내가 너를 구속하였고 내가 너를 지명하여 불렀나니 너는 내 것이라

2. 하나님은 유일하시므로 인간과 독특한 관계이다.

   호 13 : 4 그러나 애굽 땅에 있을 때부터 나는 네 하나님 여호와라 나 밖에 네가 다른 신을 알지 말 것이라 나 외에는 구원자가 없느니라

3. 하나님은 우리의 하나님이시고, 우리는 하나님의 백성이다.

   레 26 : 12 나는 너희 중에 행하여 너희의 하나님이 되고 너희는 내 백성이 될 것이

니라

4. 하나님은 그의 백성에게 부족함 없이 주신다.

신 2:7 네 하나님 여호와께서 네가 하는 모든 일에 네게 복을 주시고 네가 이 큰 광야에 두루 다님을 알고 네 하나님 여호와께서 이 사십 년 동안을 너와 함께하셨으므로 네게 부족함이 없었느니라

둘, 복종의 법칙

1. 복종하는 것은 하나님의 명령이며 복종하면 마귀를 대적할 수 있다.

약 4:7 그런즉 너희는 하나님께 복종할지어다 마귀를 대적하라 그리하면 너희를 피하리라

2. 자기 의에 사는 사람은 하나님께 복종하지 않는다.

롬 10:3 하나님의 의를 모르고 자기 의를 세우려고 힘써 하나님의 의에 복종하지 아니하였느니라

3. 복종하게 하시는 하나님은 그리스도에게도 복종하게 하신다.

엡 1:22 또 만물을 그의 발 아래에 복종하게 하시고 그를 만물 위에 교회의 머리로 삼으셨느니라

4. 그리스도의 복종이 십자가에 죽으심인 것처럼 우리도 죽어야 복종이 가능하다.

빌 2:8 사람의 모양으로 나타나사 자기를 낮추시고 죽기까지 복종하셨으니 곧 십자가에 죽으심이라

셋, 복종의 원칙

1. 하나님이 주신 규례에 복종해야 하는 것은 거룩하게 하시는 하나님이시기 때문이다.

레 20:8 너희는 내 규례를 지켜 행하라 나는 너희를 거룩하게 하는 여호와이니라

2. 하나님의 명령에 복종하는 것이 의로움이다.

신 6:25 우리가 그 명령하신 대로 이 모든 명령을 우리 하나님 여호와 앞에서 삼가 지키면 그것이 곧 우리의 의로움이니라 할지니라

3. 하나님의 명령에 복종하는 것이 사는 길이다.

잠 4:4 아버지가 내게 가르쳐 이르기를 내 말을 네 마음에 두라 내 명령을 지키라 그리하면 살리라

4. 하나님의 명령에 복종하지 않으면 죽음이다.

레 8:35 너희는 칠 주야를 회막 문에 머물면서 여호와께서 지키라고 하신 것을 지키라 그리하면 사망을 면하리라 내가 이같이 명령을 받았느니라

넷, 계시하신 도덕법

1. 하나님은 인간에게 선악을 알게 하는 기준을 주셨다.

창 2:17 선악을 알게 하는 나무의 열매는 먹지 말라 네가 먹는 날에는 반드시 죽으리라 하시니라

2. 하나님이 사람에게 요구하시는 것은 의를 행하는 것이다.

왕상 10:9 당신의 하나님 여호와를 송축할지로다 여호와께서 당신을 기뻐하사 이스라엘 왕위에 올리셨고 여호와께서 영원히 이스라엘을 사랑하시므로 당신을 세워 왕으로 삼아 정의와 공의를 행하게 하셨도다

3. 사람은 본성적 도덕률을 가지고 있다.

롬 2:14-15 율법 없는 이방인이 본성으로 율법의 일을 행할 때에는 이 사람은 율법이 없어도 자기가 자기에게 율법이 되나니 이런 이들은 그 양심이 증거가 되어 그 생각들이 서로 혹은 고발하며 혹은 변명하여 그 마음에 새긴 율법의 행위를 나타내느니라

4. 율법은 도덕법으로 도덕적 의를 행하는 자는 살게 하셨다.

롬 10:5 모세가 기록하되 율법으로 말미암는 의를 행하는 사람은 그 의로 살리라 하였거니와

제41강
도덕법의 요약

> **문** 41. 그 도덕법이 요약되어 담겨 있는 곳이 어디입니까?
> **답** 그 도덕법은 십계명 속에 담겨 있습니다.
> －출 20 : 3, 17, 마 19 : 17－19

하나. 도덕법의 정의와 요약

1. 도덕법은 악을 근절하는 데 목적이 있다.

    레 24:17 사람을 쳐죽인 자는 반드시 죽일 것이요

2. 도덕법은 상호 균등한 관계를 우선으로 한다.

    마 7:12 그러므로 무엇이든지 남에게 대접을 받고자 하는 대로 너희도 남을 대접하라 이것이 율법이요 선지자니라

3. 성경적 의란 하나님의 마음으로 도덕적 규범을 지키는 것이다.

    겔 18:9 내 율례를 따르며 내 규례를 지켜 진실하게 행할진대 그는 의인이니 반드시 살리라 주 여호와의 말씀이니라

4. 말씀을 하나님의 말씀으로 믿는 것이 사는 길이다.

롬 1:17 복음에는 하나님의 의가 나타나서 믿음으로 믿음에 이르게 하나니 기록된 바 오직 의인은 믿음으로 말미암아 살리라 함과 같으니라

둘, 십계명의 정신

1. 십계명의 정신은 하나님의 백성들이 모두 살게 하는 것이다.

   레 18:5 너희는 내 규례와 법도를 지키라 사람이 이를 행하면 그로 말미암아 살리라 나는 여호와이니라

2. 계명을 실천할 수 있어야 온전한 믿음이다.

   마 19:21 예수께서 이르시되 네가 온전하고자 할진대 가서 네 소유를 팔아 가난한 자들에게 주라 그리하면 하늘에서 보화가 네게 있으리라 그리고 와서 나를 따르라 하시니

3. 계명을 문자적으로만 지키면 오히려 악이 된다.

   롬 7:10 생명에 이르게 할 그 계명이 내게 대하여 도리어 사망에 이르게 하는 것이 되었도다

4. 십계명을 지킴으로 생명에 들어갈 수 있다.

   마 19:17 예수께서 이르시되 어찌하여 선한 일을 내게 묻느냐 선한 이는 오직 한 분이시니라 네가 생명에 들어 가려면 계명들을 지키라

셋, 십계명의 내용

1. 계명은 거룩하고 의로우며 선한 것이다.

   롬 7:12 이로 보건대 율법은 거룩하고 계명도 거룩하고 의로우며 선하도다

2. 십계명의 첫째 부분은 하나님에 대한 계명이다.

   마 22:37-38 예수께서 이르시되 네 마음을 다하고 목숨을 다하고 뜻을 다하여 주 너의 하나님을 사랑하라 하셨으니 이것이 크고 첫째 되는 계명이요

3. 십계명의 둘째 부분은 사람에 대한 계명이다.

   마 22:39 둘째도 그와 같으니 네 이웃을 네 자신 같이 사랑하라 하셨으니

4. 두 돌판에 있는 십계명은 사람들에게 지키게 하신 하나님의 언약이다.

> 신 4:13 여호와께서 그의 언약을 너희에게 반포하시고 너희에게 지키라 명령하셨으니 곧 십계명이며 두 돌판에 친히 쓰신 것이라

넷. 십계명의 결론

1. 십계명은 하나님이 그 백성을 구원하시기 위하여 그들의 하나님이 되시기 위함이다.

> 출 20:2 나는 너를 애굽 땅, 종 되었던 집에서 인도하여 낸 네 하나님 여호와니라

2. 십계명은 하나님만이 참 하나님이라는 것을 알게 하신 것이다.

> 출 20:3 너는 나 외에는 다른 신들을 네게 두지 말라

3. 십계명은 사람과의 바른 관계를 가지고 살라는 것이다.

> 출 20:17 네 이웃의 집을 탐내지 말라 네 이웃의 아내나 그의 남종이나 그의 여종이나 그의 소나 그의 나귀나 무릇 네 이웃의 소유를 탐내지 말라

4. 십계명의 목적과 결론은 하나님을 경외하고 사람이 범죄하지 않게 하려는 것이다.

> 출 20:20 모세가 백성에게 이르되 두려워하지 말라 하나님이 임하심은 너희를 시험하고 너희로 경외하여 범죄하지 않게 하려 하심이니라

제42강
십계명의 요지

> 문 42. 십계명의 요지는 무엇입니까?
> 답 십계명의 요지는 우리의 온 마음과 온 영혼과 온 힘과 온 뜻을 다하여 주 우리 하나님을 사랑하고, 또 이웃을 우리 자신처럼 사랑하라는 것입니다.
> — 마 22 : 37 - 40, 신 6 : 5

하나, 십계명의 요지는 온전해지라는 것이다.

1. 십계명은 십계명을 주신 하나님의 온전하심을 닮으라는 명령이다.

   마 5:48 그러므로 하늘에 계신 너희 아버지의 온전하심과 같이 너희도 온전하라

2. 하나님은 마음이 온전한 자에게 복 주신다.

   왕상 9:4 네가 만일 네 아버지 다윗이 행함 같이 마음을 온전히 하고 바르게 하여 내 앞에서 행하며 내가 네게 명령한 대로 온갖 일에 순종하여 내 법도와 율례를 지키면

3. 십계명은 행위가 온전한 자를 기뻐하시므로 주신 것이다.

   잠 11:20 마음이 굽은 자는 여호와께 미움을 받아도 행위가 온전한 자는 그의 기뻐하심을 받느니라

4. 온전하게 행하는 자는 의인이다.

잠 20:7 온전하게 행하는 자가 의인이라 그의 후손에게 복이 있느니라

둘, 십계명은 마음과 영혼과 힘과 뜻을 다하여 지켜야 한다.
1. 하나님 사랑은 마음과 뜻과 힘을 다하여야 한다.

신 6:5 너는 마음을 다하고 뜻을 다하고 힘을 다하여 네 하나님 여호와를 사랑하라

2. 마음을 다하는 것은 가장 좋은 제물이다.

막 12:33 또 마음을 다하고 지혜를 다하고 힘을 다하여 하나님을 사랑하는 것과 또 이웃을 자기 자신과 같이 사랑하는 것이 전체로 드리는 모든 번제물과 기타 제물보다 나으니이다

3. 마음과 뜻을 다하여 말씀을 따르면 복을 주신다.

신 30:2 너와 네 자손이 네 하나님 여호와께로 돌아와 내가 오늘 네게 명령한 것을 온전히 따라 마음을 다하고 뜻을 다하여 여호와의 말씀을 청종하면

셋, 십계명은 하나님을 사랑하라는 것이다.
1. 하나님을 사랑하는 것이 첫째 계명이다.

마 22:37-38 예수께서 이르시되 네 마음을 다하고 목숨을 다하고 뜻을 다하여 주 너의 하나님을 사랑하라 하셨으니 이것이 크고 첫째 되는 계명이요

2. 하나님을 사랑하는 사람을 하나님도 알아주신다.

고전 8:3 또 누구든지 하나님을 사랑하면 그 사람은 하나님도 알아 주시느니라

3. 하나님을 사랑하는 것은 계명을 지키는 것이다.

요일 5:3 하나님을 사랑하는 것은 이것이니 우리가 그의 계명들을 지키는 것이라 그의 계명들은 무거운 것이 아니로다

4. 하나님을 사랑하는 자는 선을 이룬다.

롬 8:28 우리가 알거니와 하나님을 사랑하는 자 곧 그의 뜻대로 부르심을 입은 자

들에게는 모든 것이 합력하여 선을 이루느니라

넷, 십계명은 이웃을 우리 자신처럼 사랑하라는 것이다.
1. 이웃을 사랑하라는 것이 두 번째 계명이다.
   마 22:39-40 둘째도 그와 같으니 네 이웃을 네 자신 같이 사랑하라 하셨으니 이 두 계명이 온 율법과 선지자의 강령이니라
2. 이웃을 사랑하되 원수까지 사랑해야 한다.
   마 5:43-44 또 네 이웃을 사랑하고 네 원수를 미워하라 하였다는 것을 너희가 들었으나 나는 너희에게 이르노니 너희 원수를 사랑하며 너희를 박해하는 자를 위하여 기도하라
3. 십계명의 5계명 이하의 사람에 관한 계명은 이웃을 사랑하라는 계명이다.
   롬 13:9 간음하지 말라, 살인하지 말라, 도둑질하지 말라, 탐내지 말라 한 것과 그 외에 다른 계명이 있을지라도 네 이웃을 네 자신과 같이 사랑하라 하신 그 말씀 가운데 다 들었느니라
4. 이웃을 사랑하는 것은 선을 이루고 덕을 세우는 것이다.
   롬 15:2 우리 각 사람이 이웃을 기쁘게 하되 선을 이루고 덕을 세우도록 할지니라

제43강
십계명의 머리말

> **문** 43. 십계명의 머리말은 어떤 것입니까?
> **답** 십계명의 머리말은 이러합니다. "나는 너를 애굽땅 곧 노예의 집에서 너를 데려 내온 너의 주 하나님이다."
> ─출 20 : 2

하나, 십계명의 주인은 하나님이시다.

1. 모든 계명은 여호와께서 인간에게 주신 여호와의 계명이다.

   레 4:2 이스라엘 자손에게 말하여 이르라 누구든지 여호와의 계명 중 하나라도 그릇 범하였으되

2. 주인의 계명은 괴로움이 아니라 즐거움이다.

   시 119:143 환난과 우환이 내게 미쳤으나 주의 계명은 나의 즐거움이니이다

3. 계명은 하나님이 내 앞에 두신 것이다.

   왕상 9:6 만일 너희나 너희의 자손이 아주 돌아서서 나를 따르지 아니하며 내가 너희 앞에 둔 나의 계명과 법도를 지키지 아니하고 가서 다른 신을 섬겨 그것을 경배하면

4. 예수님도 계명의 주인이시다.
    요 14:15 너희가 나를 사랑하면 나의 계명을 지키리라

둘, 십계명은 노예의 집에서 나와서 자유를 얻었기에 필요한 것이다.
1. 여호와께서 구원하셨으므로 여호와의 계명을 지켜야 한다.
    레 22:31 너희는 내 계명을 지키며 행하라 나는 여호와이니라
2. 계명은 하나님의 구원에 대한 인간의 책임이며 지켜야 복이 된다.
    신 5:10 나를 사랑하고 내 계명을 지키는 자에게는 천 대까지 은혜를 베푸느니라
3. 계명을 지키면 영혼을 지켜 영원한 자유를 누리게 된다.
    잠 19:16 계명을 지키는 자는 자기의 영혼을 지키거니와 자기의 행실을 삼가지 아니하는 자는 죽으리라
4. 종의 신분에서 자유를 얻었으면 영원히 자유를 누릴 줄 알아야 한다.
    갈 5:1 그리스도께서 우리를 자유롭게 하려고 자유를 주셨으니 그러므로 굳건하게 서서 다시는 종의 멍에를 메지 말라

셋, 십계명을 주신 하나님은 노예의 집에서 데려 내온 분이다.
1. 하나님은 이스라엘 백성을 종의 집에서 인도하여 내신 분이다.
    출 20:2 나는 너를 애굽 땅, 종 되었던 집에서 인도하여 낸 네 하나님 여호와니라
2. 노예의 신분에서 데려 내온 하나님의 말씀인 규례를 잘 지켜야 산다.
    신 16:12 너는 애굽에서 종 되었던 것을 기억하고 이 규례를 지켜 행할지니라
3. 하나님은 애굽 땅 종 되었던 집에서 구원하신 분임을 증거한다.
    수 24:17 이는 우리 하나님 여호와께서 친히 우리와 우리 조상들을 인도하여 애굽 땅 종 되었던 집에서 올라오게 하시고 우리 목전에서 그 큰 이적들을 행하시고 우리가 행한 모든 길과 우리가 지나온 모든 백성들 중에서 우리를 보호하셨음이며
4. 하나님이 종 되었던 자들을 나오게 하신 것은 길이 찬양할 일이다.
    삿 6:8 이스라엘의 하나님 내가 너희를 애굽에서 인도하여 내며 너희를 그 종 되

었던 집에서 나오게 하여

넷, 십계명을 주신 하나님은 이스라엘의 주님이시다.

1. 여호와 하나님은 이스라엘의 주님이시다.

   출 34:23 너희의 모든 남자는 매년 세 번씩 주 여호와 이스라엘의 하나님 앞에 보일지라

2. 구원하시고 계명을 주신 분은 우리 하나님이시다.

   시 98:3 그가 이스라엘의 집에 베푸신 인자와 성실을 기억하셨으므로 땅 끝까지 이르는 모든 것이 우리 하나님의 구원을 보았도다

3. 이스라엘의 하나님은 이스라엘의 주님이시다.

   사 30:15 주 여호와 이스라엘의 거룩하신 이가 이같이 말씀하시되 너희가 돌이켜 조용히 있어야 구원을 얻을 것이요

4. 이스라엘을 구원하시고 십계명을 주신 주님은 하나님이시다.

   렘 3:23 작은 산들과 큰 산 위에서 떠드는 것은 참으로 헛된 일이라 이스라엘의 구원은 진실로 우리 하나님 여호와께 있나이다

제44강
십계명의
머리말의 교훈

> 문 44. 십계명의 머리말이 우리에게 가르치는 것이 무엇입니까?
> 답 십계명의 머리말이 우리에게 가르치는 것은 하나님은 주님이시며, 또 우리 하나님이시요, 구속자이시므로 우리는 그의 모든 계명을 지켜야 한다는 것입니다.
> -엡 1 : 2, 롬 3 : 29, 사 43 : 11, 레 18 : 30, 신 11 : 1

하나, 하나님은 주님이시다.

1. 여호와 하나님은 주님이시다.

    시 90 : 1 주여 주는 대대에 우리의 거처가 되셨나이다

2. 나의 하나님을 주님으로 고백하는 것이 믿음이다.

    시 104 : 1 내 영혼아 여호와를 송축하라 여호와 나의 하나님이여 주는 심히 위대하시며 존귀와 권위로 옷 입으셨나이다

3. 예수님도 하나님을 주님이라고 부르셨다.

    마 22 : 37 예수께서 이르시되 네 마음을 다하고 목숨을 다하고 뜻을 다하여 주 너의 하나님을 사랑하라 하셨으니

4. 나의 주님은 나의 하나님이시다.

요 20:28 도마가 대답하여 이르되 나의 주님이시요 나의 하나님이시니이다

둘, 하나님은 우리 하나님이시다.
1. 하나님은 우리의 하나님이시라고 말씀하셨다.

    출 20:2 나는 너를 애굽 땅, 종 되었던 집에서 인도하여 낸 네 하나님 여호와니라
2. 성경은 하나님이 우리의 하나님이심을 강조하여 믿게 하였다.

    렘 42:20 너희가 나를 너희 하나님 여호와께 보내며 이르기를 우리를 위하여 우리 하나님 여호와께 기도하고 우리 하나님 여호와께서 말씀하신 대로 우리에게 전하라
3. 하나님이 우리 하나님이신 것은 모든 이의 하나님이시라는 것이다.

    롬 3:29 하나님은 다만 유대인의 하나님이시냐 또한 이방인의 하나님은 아니시냐 진실로 이방인의 하나님도 되시느니라
4. 우리의 하나님은 우리의 아버지이시다.

    엡 1:2 하나님 우리 아버지와 주 예수 그리스도로부터 은혜와 평강이 너희에게 있을지어다

셋, 하나님은 우리의 구속자이시다.
1. 하나님은 우리를 구원하신 든든한 구원자이시다.

    삼하 22:3 내가 피할 나의 반석의 하나님이시요 나의 방패시요 나의 구원의 뿔이시요 나의 높은 망대시요 그에게 피할 나의 피난처시요 나의 구원자시라 나를 폭력에서 구원하셨도다
2. 하나님은 유일하신 구원자이시다.

    사 43:11 나 곧 나는 여호와라 나 외에 구원자가 없느니라
3. 여호와 하나님은 우리의 전능하신 구원자이시다.

    사 60:16 네가 이방 나라들의 젖을 빨며 뭇 왕의 젖을 빨고 나 여호와는 네 구원자, 네 구속자, 야곱의 전능자인 줄 알리라

4. 구원자 하나님이 오셔야 구원을 받는다.

　롬 11:26 그리하여 온 이스라엘이 구원을 받으리라 기록된 바 구원자가 시온에서 오사 야곱에게서 경건하지 않은 것을 돌이키시겠고

넷. 하나님이 주신 계명은 반드시 지켜야 한다.

1. 구원받은 백성은 하나님의 계명을 지켜야 한다.

　레 18:30 그러므로 너희는 내 명령을 지키고 너희가 들어가기 전에 행하던 가증한 풍속을 하나라도 따름으로 스스로 더럽히지 말라 나는 너희의 하나님 여호와이니라

2. 하나님을 사랑하면 하나님의 계명을 지킨다.

　신 11:1 그런즉 네 하나님 여호와를 사랑하여 그가 주신 책무와 법도와 규례와 명령을 항상 지키라

3. 하나님의 계명 중 하나라도 어기면 제물을 드릴 만큼 죽을죄를 지은 것이다.

　레 4:2-3 이스라엘 자손에게 말하여 이르라 누구든지 여호와의 계명 중 하나라도 그릇 범하였으되 만일 기름 부음 받은 제사장이 범죄하여 백성의 허물이 되었으면 그가 범한 죄로 말미암아 흠 없는 수송아지로 속죄제물을 삼아 여호와께 드릴지니

읽기자료
웨스트민스터 총회가 열리기까지 ① : 잉글랜드의 종교개혁 그리고 청교도의 대두

잉글랜드에서 개혁의 불씨를 당긴 것은 엉뚱하게도 잉글랜드 왕 헨리 8세(1491-1547, 재위 1509-1547)였다. 에스파냐 왕실에서 온 왕비 캐서린과 혼인한 상태였던 헨리 8세가 궁정시녀 앤 불린과 사랑에 빠지면서 문제가 시작되었다. 헨리 8세는 아들을 낳지 못하는 캐서린과 헤어지고 아들을 낳아 줄 것으로 기대되는 앤 불린과 결혼하려고 했다. 당시에는 결혼을 교회가 주관했었기 때문에, 왕은 교회의 최고 수장(首長)인 교황에게 캐서린과의 결혼관계를 무효로 해 달라고 요청하였다. 그러나, 교황은 캐서린의 친정인 에스파냐 왕실과 밀접한 관계를 맺고 있었기 때문에 이를 거부하였다. 이에 대한 반발로 헨리 8세는 잉글랜드교회와 교황과의 관계를 끊고 말았다. 이때부터 잉글랜드교회는 가톨릭 교회의 일원이 아니라 '잉글랜드 국교회'라는 이름으로 존재하게 되었다.

이후 헨리 8세의 아들 에드워드 6세(1537-1553, 재위 1547-1553)가 즉위하면서 실질적인 개혁이 이뤄졌다. 개혁적인 성직자 토마스 크랜머의 주도로 성찬이 개혁되고, 라틴어 대신 모국어인 영어로 예배를 드리게 되었다. 성직자들에게 결혼이 허용되었고, 우상화되고 있던 성자들의 형상은 모두 파괴되었다. 이러한 개혁적 분위기 가운데 유럽 대륙에서 탄압받던 개혁가들이 잉글랜드로 몰려오기 시작했다. 이로 인해 개혁은 더욱 힘을 얻게 되어, 그동안 금지되었던 영어성경의 출판과 판매허용 조치가 이뤄지고, 마침내 국교회의 개혁적 신앙을 최종적으로 정리한 42개 신조가 정해지게 되었다.

그러던 중 예상하지 못했던 고난이 시작되었다. 에드워드 6세가 어린 나이에 죽고, 헨리 8세에게 버림받았던 캐서린의 딸 메리(1516-1558, 재위 1553-1558)가 왕위에 오르게 된 것이었다. 메리는 독실한 가톨릭 신자로서 그전의 모든 개혁을 허사로 만들어 버렸다. 이 과정에서 개혁파들은 토마스 크랜머처럼 순교를 당하거나, 유럽 대륙으로 망명하는 등 어려움을 겪어야 했다.

그러나 상황은 또다시 급반전되었다. 메리 여왕이 왕이 된 지 5년 만에 세상을 떠나고 헨리 8세의 또 다른 딸인 엘리자베스 1세(1533-1603, 재위 1558-1603)가 왕이 된 것이다. 엘리자베스 1세는 에드워드 6세와 메리 여왕이 다스리던 중에 일어난 가톨릭과 개혁파 간의 갈등을 잠재우기 위해 에드워드 6세 시절에 진행된 개

개혁자 토마스 크랜머의 순교장면 : Foxe's Book of Martyrs(1780)

혁을 이어 가되, 그 어느 쪽에도 치우치지 않는 중도적인 개혁을 추진하였다. 그러한 차원에서 예배형식과 성직자의 복장 그리고 교회 장식 등이 법적으로 통일되었고, 에드워드 6세 때 만들어진 42개 신조를 39개 신조로 개정하여 국교회 신학을 정리하였다.

이 과정 가운데 새로운 세력이 떠오르기 시작했다. 바로 메리 여왕 시절, 대륙에서 망명생활을 하면서 칼뱅의 신학에 깊은 감명을 받고 다시 돌아온 개혁파들이었다. 존 후퍼 등으로 대표되는 이들 개혁파들은 국교회의 개혁을 칼뱅의 개혁처럼 '오직 성경'에 기초한 개혁으로 보지 않고, 가톨릭과 개신교 사이를 줄타기하는 것에 불과한 것으로 보았다. 따라서 이들은 정부가 추진하고 있던 개혁을 넘어서 칼뱅의 개혁주의 신학에 입각한 철저한 개혁을 주장하였다. 훗날 역사가들은 성경에 입각한 순수한 개혁을 주장했던 이들을 가리켜 청교도(Puritan)라고 불렀다. 바야흐로 청교도의 시대가 시작된 것이다.

참고문헌
이형기 저, 「세계교회사(Ⅱ)」(서울:한국장로교출판사, 1994)
브루스 셸리 저, 「현대인을 위한 교회사」(서울:크리스챤 다이제스트, 1993)

제45강
첫째 계명

> 문 45. 첫째 계명이 무엇입니까?
> 답 첫째 계명은 "너는 나 외에 다른 신들을 네게 있게 말지니라" 하는 것입니다.
> ㅡ출 20 : 3

하나, 첫째 계명이란 가장 중요한 계명을 말한다.

1. 하나님을 사랑하라는 계명은 크고 첫째 되는 계명이다.

   마 22:37-38 예수께서 이르시되 네 마음을 다하고 목숨을 다하고 뜻을 다하여 주 너의 하나님을 사랑하라 하셨으니 이것이 크고 첫째 되는 계명이요

2. 하나님을 사랑하라는 첫째 계명을 지켜야 작은 계명도 지킬 수 있다.

   요일 4:21 우리가 이 계명을 주께 받았나니 하나님을 사랑하는 자는 또한 그 형제를 사랑할지니라

둘, 하나님이 참 신인 것을 인정해야 한다.

1. 하나님은 세상을 스스로의 힘으로 창조하신 참 신이시다.

    렘 51:15 여호와께서 그의 능력으로 땅을 지으셨고 그의 지혜로 세계를 세우셨고 그의 명철로 하늘들을 펴셨으며

2. 하나님만이 우리를 원수의 손에서 건지시는 참 신이시다.

    왕하 17:39 오직 너희 하나님 여호와만을 경외하라 그가 너희를 모든 원수의 손에서 건져내리라

3. 여호와가 나의 주님이시고 항상 좋은 것을 주시는 분임을 인정하는 것이 신앙이다.

    대상 17:26 여호와여 오직 주는 하나님이시라 주께서 이 좋은 것으로 주의 종에게 허락하시고

4. 다른 신은 사람이 만들었으므로 모양은 있지만 아무것도 하지 못한다.

    시 115:7 손이 있어도 만지지 못하며 발이 있어도 걷지 못하며 목구멍이 있어도 작은 소리조차 내지 못하느니라

셋, 하나님 외에 다른 신을 섬기지 말아야 한다.

1. 하나님은 유일하신 하나님이므로 다른 신에게 절하면 질투하신다.

    출 34:14 너는 다른 신에게 절하지 말라 여호와는 질투라 이름하는 질투의 하나님임이니라

2. 하나님 외에 다른 신에게 제사하면 멸망을 당하게 된다.

    출 22:20 여호와 외에 다른 신에게 제사를 드리는 자는 멸할지니라

3. 하나님과의 언약에는 다른 신을 섬기지 않는다는 조항도 있다.

    왕하 17:38 또 내가 너희와 세운 언약을 잊지 말며 다른 신들을 경외하지 말고

4. 하나님 외에 다른 신을 두지 말아야 하는 것은 하나님의 명령이며 하나님과 백성의 약속이다.

    시 81:9 너희 중에 다른 신을 두지 말며 이방 신에게 절하지 말지어다

5. 하나님 외에 다른 신을 섬기면 구원받지 못한다.

    삿 10:13 너희가 나를 버리고 다른 신들을 섬기니 그러므로 내가 다시는 너희를

구원하지 아니하리라

넷, 하나님 외에 다른 신이 없다.
1. 하나님 외에 다른 신이 없는 것은 하나님의 말씀이다.

    사 44:6 이스라엘의 왕인 여호와, 이스라엘의 구원자인 만군의 여호와가 이같이 말하노라 나는 처음이요 나는 마지막이라 나 외에 다른 신이 없느니라

2. 하나님 외의 모든 신은 헛것이며 아무것도 할 수 없는 신이다.

    대상 16:26 만국의 모든 신은 헛것이나 여호와께서는 하늘을 지으셨도다

3. 하나님 한 분 외에는 선한 분이 없는데 절대적으로 선한 분은 하나님이시다.

    막 10:18 예수께서 이르시되 네가 어찌하여 나를 선하다 일컫느냐 하나님 한 분 외에는 선한 이가 없느니라

4. 하나님을 알지 못하는 사람은 하나님 외에 자신도 알지 못하는 신을 만들어 섬긴다.

    행 17:23 내가 두루 다니며 너희가 위하는 것들을 보다가 알지 못하는 신에게라고 새긴 단도 보았으니 그런즉 너희가 알지 못하고 위하는 그것을 내가 너희에게 알게 하리라

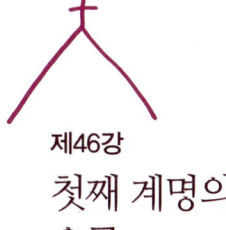

제46강
첫째 계명의 요구

> 문 46. 첫째 계명에서 요구하는 것이 무엇입니까?
> 답 첫째 계명에서 우리에게 요구하는 것은 하나님을 유일하신 참하나님과 우리의 하나님으로 알고 인정하며, 그럼으로써 그를 예배하고 영화롭게 하는 것입니다.
> -사 43 : 10, 렘 32 : 37, 마 4 : 10

하나. 하나님은 유일하신 참 하나님이시다.

1. 하나님은 온 천하에 유일하신 천지의 창조자이시다.

   사 37:16 그룹 사이에 계신 이스라엘 하나님 만군의 여호와여 주는 천하 만국에 유일하신 하나님이시라 주께서 천지를 만드셨나이다

2. 구약도 서기관도 하나님의 유일성을 인정하였다.

   막 12:32 서기관이 이르되 선생님이여 옳소이다 하나님은 한 분이시요 그 외에 다른 이가 없다 하신 말씀이 참이니이다

3. 하나님은 유일하신 하나님이시므로 유일하신 주권자이시다.

   딤전 6:15 하나님은 복되시고 유일하신 주권자이시며 만왕의 왕이시며 만주의 주시요

4. 하나님은 홀로 하나이시며 영원하시며 유일하신 하나님이시다.

   딤전 1:17 영원하신 왕 곧 썩지 아니하고 보이지 아니하고 홀로 하나이신 하나님께 존귀와 영광이 영원무궁하도록 있을지어다 아멘

둘, 하나님을 우리 하나님으로 인정해야 한다.

1. 우리 하나님을 인정하는 것은 그분의 말씀을 듣고 행하는 것이다.

   신 5:27 당신은 가까이 나아가서 우리 하나님 여호와께서 하시는 말씀을 다 듣고 우리 하나님 여호와께서 당신에게 이르시는 것을 다 우리에게 전하소서 우리가 듣고 행하겠나이다 하였느니라

2. 하나님을 나의 하나님, 나의 왕으로 인정하는 것이다.

   시 68:24 하나님이여 그들이 주께서 행차하심을 보았으니 곧 나의 하나님, 나의 왕이 성소로 행차하시는 것이라

3. 하나님을 인정하는 것은 순종하는 것이다.

   렘 42:6 우리가 당신을 우리 하나님 여호와께 보냄은 그의 목소리가 우리에게 좋든지 좋지 않든지를 막론하고 순종하려 함이라 우리가 우리 하나님 여호와의 목소리를 순종하면 우리에게 복이 있으리이다 하니라

4. 하나님을 인정하는 삶은 예수님을 인정하는 삶이다.

   살전 3:11 하나님 우리 아버지와 우리 주 예수는 우리 길을 너희에게로 갈 수 있게 하시오며

셋, 하나님은 우리의 예배의 대상이다.

1. 모든 제사의 대상은 여호와이시다.

   민 15:3 여호와께 화제나 번제나 서원을 갚는 제사나 낙헌제나 정한 절기제에 소나 양을 여호와께 향기롭게 드릴 때에

2. 제사는 여호와께 드리는 예배이다.

   삼상 1:3 이 사람이 매년 자기 성읍에서 나와서 실로에 올라가서 만군의 여호와께 예배하며 제사를 드렸는데 엘리의 두 아들 홉니와 비느하스가 여호와의 제사장으

로 거기에 있었더라

3. 하나님이 예배의 대상이 되시는 것은 거룩하시기 때문이다.

  시 99:9 너희는 여호와 우리 하나님을 높이고 그 성산에서 예배할지어다 여호와 우리 하나님은 거룩하심이로다

4. 하나님은 영과 진리로 예배할 대상이다.

  요 4:23 아버지께 참되게 예배하는 자들은 영과 진리로 예배할 때가 오나니 곧 이 때라 아버지께서는 자기에게 이렇게 예배하는 자들을 찾으시느니라

넷, 하나님을 우리는 영화롭게 하여야 한다.

1. 하나님은 영화로운 존재이다.

  시 66:2 그의 이름의 영광을 찬양하고 영화롭게 찬송할지어다

2. 여호와께서 영화로우시므로 여호와의 이름도 영화롭게 해야 한다.

  사 24:15 그러므로 너희가 동방에서 여호와를 영화롭게 하며 바다 모든 섬에서 이스라엘의 하나님 여호와의 이름을 영화롭게 할 것이라

3. 여호와는 영화롭게 해야 하며, 경외해야 한다.

  사 25:3 강한 민족이 주를 영화롭게 하며 포학한 나라들의 성읍이 주를 경외하리이다

4. 예수님은 하나님을 영화롭게 하심으로 영화로워지셨다.

  요 17:1 예수께서 이 말씀을 하시고 눈을 들어 하늘을 우러러 이르시되 아버지여 때가 이르렀사오니 아들을 영화롭게 하사 아들로 아버지를 영화롭게 하게 하옵소서

제47강
첫째 계명에서 금한 것

> **문** 47. 첫째 계명에서 금한 것이 무엇입니까?
> **답** 첫째 계명에서 금한 것은 참하나님이시며 또 우리의 하나님이신 것을 부인하거나 그를 예배하며 영화롭게 하지 않는 것이며, 또한 하나님께만 드려야 할 예배와 영광을 다른 신에게 드리는 것입니다.
> -시 14 : 1, 렘 2 : 27 - 28, 단 5 : 23, 신 8 : 8 - 18

하나, 하나님이 참 하나님이신 것을 부인하지 말라.

1. 하나님이 참 하나님이신 것을 부인하는 것은 어리석은 일이다.

   시 14 : 1 어리석은 자는 그의 마음에 이르기를 하나님이 없다 하는도다 그들은 부패하고 그 행실이 가증하니 선을 행하는 자가 없도다

2. 하나님 외에 신이 없다.

   삼하 22 : 32 여호와 외에 누가 하나님이며 우리 하나님 외에 누가 반석이냐

3. 여호와가 참 하나님이므로 하나님을 알지 못하는 이방은 당하지 못한다.

   렘 10 : 10 오직 여호와는 참 하나님이시요 살아 계신 하나님이시요 영원한 왕이시라 그 진노하심에 땅이 진동하며 그 분노하심을 이방이 능히 당하지 못하느니라

4. 하나님이 참 하나님이심을 부인하는 자에게 하나님은 노하신다.

시 78:21-22 그러므로 여호와께서 듣고 노하셨으며 야곱에게 불같이 노하셨고 또한 이스라엘에게 진노가 불타 올랐으니 이는 하나님을 믿지 아니하며 그의 구원을 의지하지 아니한 때문이로다

둘, 하나님이 우리 하나님이신 것을 부인하지 말라.
1. 여호와가 우리 하나님이심을 잊지 말아야 한다.
   신 8:14 네 마음이 교만하여 네 하나님 여호와를 잊어버릴까 염려하노라 여호와는 너를 애굽 땅 종 되었던 집에서 이끌어 내시고
2. 우리 하나님은 하늘과 땅에 유일하신 하나님이시다.
   신 4:39 그런즉 너는 오늘 위로 하늘에나 아래로 땅에 오직 여호와는 하나님이시요 다른 신이 없는 줄을 알아 명심하고
3. 하나님을 부인하는 자들은 우리에게 늘 대적한다.
   시 42:10 내 뼈를 찌르는 칼 같이 내 대적이 나를 비방하여 늘 내게 말하기를 네 하나님이 어디 있느냐 하도다
4. 하나님을 부인하는 자들은 하나님께 대하여 오해하고 있다.
   막 12:27 하나님은 죽은 자의 하나님이 아니요 산 자의 하나님이시라 너희가 크게 오해하였도다 하시니라

셋, 하나님을 예배하지 않거나 영화롭게 하지 않는 일은 하지 말라.
1. 하나님을 부인하는 자들은 하나님께 영광 돌리지 아니한다.
   단 5:23 도리어 자신을 하늘의 주재보다 높이며…… 왕이 또 보지도 듣지도 알지도 못하는 금, 은, 구리, 쇠와 나무, 돌로 만든 신상들을 찬양하고 도리어 왕의 호흡을 주장하시고 왕의 모든 길을 작정하시는 하나님께는 영광을 돌리지 아니한지라
2. 귀신을 섬기지 말아야 한다.
   신 32:17 그들은 하나님께 제사하지 아니하고 귀신들에게 하였으니 곧 그들이 알지 못하던 신들, 근래에 들어온 새로운 신들 너희의 조상들이 두려워하지 아니하

던 것들이로다

3. 하나님을 영화롭게 하지 않으면 저주하신다.

말 2:2 만군의 여호와가 이르노라 너희가 만일 듣지 아니하며 마음에 두지 아니하여 내 이름을 영화롭게 하지 아니하면 내가 너희에게 저주를 내려 너희의 복을 저주하리라 내가 이미 저주하였나니 이는 너희가 그것을 마음에 두지 아니하였음이라

4. 하나님께 영광 돌리지 않으면 그 종말이 비참하다.

행 12:23 헤롯이 영광을 하나님께로 돌리지 아니하므로 주의 사자가 곧 치니 벌레에게 먹혀 죽으니라

넷, 하나님께 드릴 예배를 다른 신에게 드리지 말라.

1. 다른 신에게 예배하면 구원받지 못한다.

렘 2:27 그들이 나무를 향하여 너는 나의 아버지라 하며 돌을 향하여 너는 나를 낳았다 하고 그들의 등을 내게로 돌리고 그들의 얼굴은 내게로 향하지 아니하다가 그들이 환난을 당할 때에는 이르기를 일어나 우리를 구원하소서 하리라

2. 다른 신에게 예배하면 하나님이 진노하신다.

대하 28:25 유다 각 성읍에 산당을 세워 다른 신에게 분향하여 그의 조상들의 하나님 여호와를 진노하게 하였더라

3. 하나님께 예배하지 않으면 귀신에게 하는 것이다.

고전 10:20 무릇 이방인이 제사하는 것은 귀신에게 하는 것이요 하나님께 제사하는 것이 아니니 나는 너희가 귀신과 교제하는 자가 되기를 원하지 아니하노라

제48강
첫째 계명의 "나 외에"의 의미

> 문 48. 첫째 계명에 있는 "나 외에"라는 말이 우리에게 가르치는 것은 무엇입니까?
> 답 첫째 계명에 있는 "나 외에"라는 말이 우리에게 특별히 가르치는 것은 모든 것을 보시는 하나님께서 다른 신을 섬기는 죄를 주목하시며, 또 그것을 매우 불쾌하게 여기신다는 것입니다.
> -시 44 : 20-21, 대상 28 : 9

하나, 하나님은 모든 것을 보신다.

1. 하나님은 천하를 살피신다.

   욥 28:24 이는 그가 땅 끝까지 감찰하시며 온 천하를 살피시며

2. 하나님은 눈으로 감찰하신다.

   잠 15:3 여호와의 눈은 어디서든지 악인과 선인을 감찰하시느니라

3. 하나님이 온 땅을 보시는 것은 자기 백성에게 능력을 베푸시기 위함이다.

   대하 16:9 여호와의 눈은 온 땅을 두루 감찰하사 전심으로 자기에게 향하는 자들을 위하여 능력을 베푸시나니

4. 하나님은 보시고 우리의 모든 의도를 아신다.

   대상 28:9 내 아들 솔로몬아 너는 네 아버지의 하나님을 알고 온전한 마음과 기쁜

뜻으로 섬길지어다 여호와께서는 모든 마음을 감찰하사 모든 의도를 아시나니 네가 만일 그를 찾으면 만날 것이요 만일 네가 그를 버리면 그가 너를 영원히 버리시리라

둘, 다른 신을 섬기는 것은 죄이다.

1. 이스라엘은 다른 신을 만들어 큰 죄를 범하였다.

   출 32:31 모세가 여호와께로 다시 나아가 여짜오되 슬프도소이다 이 백성이 자기들을 위하여 금 신을 만들었사오니 큰 죄를 범하였나이다

2. 우상을 만드는 것은 악한 죄이다.

   왕상 14:9 네 이전 사람들보다도 더 악을 행하고 가서 너를 위하여 다른 신을 만들며 우상을 부어 만들어 나를 노엽게 하고 나를 네 등 뒤에 버렸도다

3. 이스라엘은 다른 신을 섬기는 죄로 포로가 되었다.

   단 9:7 주여 공의는 주께로 돌아가고 수치는 우리 얼굴로 돌아옴이 오늘과 같아서 유다 사람들과 예루살렘 거민들과 이스라엘이 가까운 곳에 있는 자들이나 먼 곳에 있는 자들이 다 주께서 쫓아내신 각국에서 수치를 당하였사오니 이는 그들이 주께 죄를 범하였음이니이다

4. 하나님이 아닌 신의 종노릇하는 것은 하나님께 죄를 범하는 것이다.

   갈 4:8 그러나 너희가 그 때에는 하나님을 알지 못하여 본질상 하나님이 아닌 자들에게 종 노릇 하였더니

셋, 하나님은 다른 신을 섬기는 죄를 주목하신다.

1. 하나님은 다른 신을 섬기지 말라고 경고하신다.

   신 7:16 네 하나님 여호와께서 네게 넘겨주신 모든 민족을 네 눈이 긍휼히 여기지 말고 진멸하며 그들의 신을 섬기지 말라 그것이 네게 올무가 되리라

2. 다른 신을 섬기는 일은 하나님을 노엽게 하는 일이다.

   왕상 14:9 네 이전 사람들보다도 더 악을 행하고 가서 너를 위하여 다른 신을 만들며 우상을 부어 만들어 나를 노엽게 하고 나를 네 등 뒤에 버렸도다

3. 하나님은 다른 신을 섬기는 자를 절대로 구원하시지 않으신다.
   삿 10:13 너희가 나를 버리고 다른 신들을 섬기니 그러므로 내가 다시는 너희를 구원하지 아니하리라
4. 다른 신을 섬기는 것은 피를 손에 묻히는 일이다.
   겔 23:37 그들이 행음하였으며 피를 손에 묻혔으며 또 그 우상과 행음하며 내게 낳아 준 자식들을 우상을 위하여 화제로 살랐으며

넷, 하나님은 다른 신을 섬기는 것을 불쾌하게 여기신다.

1. 다른 신을 섬기면 멸하신다.
   출 22:20 여호와 외에 다른 신에게 제사를 드리는 자는 멸할지니라
2. 다른 신을 섬기면 하나님은 질투하시고 진노하신다.
   신 32:16 그들이 다른 신으로 그의 질투를 일으키며 가증한 것으로 그의 진노를 격발하였도다
3. 다른 신을 섬기면 나라를 **빼앗긴다**.
   왕상 11:10-11 이 일에 대하여 명령하사 다른 신을 따르지 말라 하셨으나 그가 여호와의 명령을 지키지 않았으므로 여호와께서 솔로몬에게 말씀하시되 네게 이러한 일이 있었고 또 네가 내 언약과 내가 네게 명령한 법도를 지키지 아니하였으니 내가 반드시 이 나라를 네게서 빼앗아 네 신하에게 주리라
4. 다른 신을 섬기는 일은 몰래 할 수 없고, 하나님은 그것을 아시고 진노하신다.
   시 44:20-21 우리가 우리 하나님의 이름을 잊어버렸거나 우리 손을 이방 신에게 향하여 폈더면 하나님이 이를 알아내지 아니하셨으리이까 무릇 주는 마음의 비밀을 아시나이다

제49강
둘째 계명

> 문 49. 둘째 계명이 무엇입니까?
> 답 둘째 계명은 "너를 위하여 우상을 만들지 말고, 위로 하늘에 있는 것이나, 아래로 땅에 있는 것이나, 땅 아래 물속에 있는 것의 아무 형상이든지 만들지 말며, 그것들에게 절하지 말며, 그것들을 섬기지 말라. 나 여호와 너의 하나님은 질투하는 하나님인즉, 나를 미워하는 자의 죄를 갚되 아비로부터 아들에게로 삼사대까지 이르게 하거니와 나를 사랑하고 내 계명을 지키는 자에게는 천대까지 은혜를 베푸느니라" 하는 것입니다.
> -출 20:4-6

하나, 어떤 형상이라도 만들지 말라는 것이다.

1. 어떤 형상을 만드는 것은 부패한 일이며 자기를 위한 일이다.

   신 4:16 그리하여 스스로 부패하여 자기를 위해 어떤 형상대로든지 우상을 새겨 만들지 말라 남자의 형상이든지, 여자의 형상이든지

2. 광야에서 아론은 형상을 만들어 하나님과 모세를 노하게 하였다.

   출 32:4 아론이 그들의 손에서 금 고리를 받아 부어서 조각칼로 새겨 송아지 형상을 만드니 그들이 말하되 이스라엘아 이는 너희를 애굽 땅에서 인도하여 낸 너희의 신이로다 하는지라

3. 형상을 만드는 것은 하나님의 영광을 바꾸는 것이다.

   롬 1:23 썩어지지 아니하는 하나님의 영광을 썩어질 사람과 새와 짐승과 기어 다

니는 동물 모양의 우상으로 바꾸었느니라
4. 형상은 보이지 않는 마음의 형상이라도 버려야 한다.
살전 5:22 악은 어떤 모양이라도 버리라

둘, 어떤 것에도 절하지 말라는 것이다.
1. 신을 두면 절하게 된다.
시 81:9 너희 중에 다른 신을 두지 말며 이방 신에게 절하지 말지어다
2. 구원받은 자는 다른 신에게 절하지 않는다.
수 23:7 너희 중에 남아 있는 이 민족들 중에 들어가지 말라 그들의 신들의 이름을 부르지 말라 그것들을 가리켜 맹세하지 말라 또 그것을 섬겨서 그것들에게 절하지 말라
3. 다니엘의 세 친구는 절하지 말라는 계명을 잘 지켰다.
단 3:18 그렇게 하지 아니하실지라도 왕이여 우리가 왕의 신들을 섬기지도 아니하고 왕이 세우신 금 신상에게 절하지도 아니할 줄을 아옵소서
4. 형상을 만드는 것은 절하기 위함이다.
행 7:43 몰록의 장막과 신 레판의 별을 받들었음이여 이것은 너희가 절하고자 하여 만든 형상이로다 내가 너희를 바벨론 밖으로 옮기리라 함과 같으니라

셋, 우상 숭배하는 자들의 죄를 끝까지 이르게 하신다.
1. 하나님은 금송아지를 만든 이스라엘을 치셨다.
출 32:35 여호와께서 백성을 치시니 이는 그들이 아론이 만든 바 그 송아지를 만들었음이더라
2. 하나님은 사울이 우상을 섬긴 죄로 왕이 되지 못하게 버리셨다.
삼상 15:23 이는 거역하는 것은 점치는 죄와 같고 완고한 것은 사신 우상에게 절하는 죄와 같음이라 왕이 여호와의 말씀을 버렸으므로 여호와께서도 왕을 버려 왕이 되지 못하게 하셨나이다 하니

3. 우상 숭배하는 죄를 지은 자에게는 천국이 없다.

   고전 6:9 불의한 자가 하나님의 나라를 유업으로 받지 못할 줄을 알지 못하느냐 미혹을 받지 말라 음행하는 자나 우상 숭배하는 자나 간음하는 자나 탐색하는 자나 남색하는 자나

4. 우상 숭배하는 자들은 성 밖에 내치는 벌을 받는다.

   계 22:15 개들과 점술가들과 음행하는 자들과 살인자들과 우상 숭배자들과 및 거짓말을 좋아하며 지어내는 자는 다 성 밖에 있으리라

넷, 하나님을 사랑하는 자에게 끝까지 은혜를 베푸신다.

1. 하나님의 이름을 사랑하면 은혜를 베푸신다.

   시 119:132 주의 이름을 사랑하는 자들에게 베푸시던 대로 내게 돌이키사 내게 은혜를 베푸소서

2. 우상을 섬기지 않고 말씀을 준행하면 주의 집에 들어가게 하신다.

   렘 22:4 너희가 참으로 이 말을 준행하면 다윗의 왕위에 앉을 왕들과 신하들과 백성이 병거와 말을 타고 이 집 문으로 들어오게 되리라

3. 하나님을 사랑하는 자에게는 선을 이루어 주신다.

   롬 8:28 우리가 알거니와 하나님을 사랑하는 자 곧 그의 뜻대로 부르심을 입은 자들에게는 모든 것이 합력하여 선을 이루느니라

4. 하나님을 즐거워하며 하나님의 계명을 즐거워하는 것이 복이다.

   시 112:1 할렐루야, 여호와를 경외하며 그의 계명을 크게 즐거워하는 자는 복이 있도다

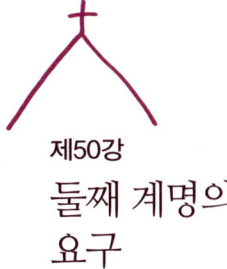

제50강
둘째 계명의 요구

> 문 50. 둘째 계명에서 요구하는 것이 무엇입니까?
> 답 둘째 계명에서 요구하는 것은, 하나님께서 그의 말씀 가운데서 지정하신 종교적 예배와 법령을 순수하게, 그리고 전부 받아들이고 행하고 지키는 것입니다.
> ─ 신 32 : 46, 요 4 : 24, 고전 15 : 34, 딤전 6 : 13 ─ 14

하나, 하나님은 예배를 지정하셨다.

1. 하나님께 예배하는 것은 하나님의 거룩하심 때문이다.

   시 99:9 너희는 여호와 우리 하나님을 높이고 그 성산에서 예배할지어다 여호와 우리 하나님은 거룩하심이로다

2. 예배는 모든 사람에게 주신 하나님의 명령이다.

   겔 46:3 이 땅 백성도 안식일과 초하루에 이 문 입구에서 나 여호와 앞에 예배할 것이며

3. 영과 진리로 예배해야 한다.

   요 4:24 하나님은 영이시니 예배하는 자가 영과 진리로 예배할지니라

4. 만물을 창조하신 하나님은 경외와 경배의 대상이다.

계 14:7 그가 큰 음성으로 이르되 하나님을 두려워하며 그에게 영광을 돌리라 이는 그의 심판의 시간이 이르렀음이니 하늘과 땅과 바다와 물들의 근원을 만드신 이를 경배하라 하더라

둘, 하나님은 법령을 지정하셨다.
1. 하나님은 인간의 규례를 정하신 분이다.

   욥 14:13 주는 나를 스올에 감추시며 주의 진노를 돌이키실 때까지 나를 숨기시고 나를 위하여 규례를 정하시고 나를 기억하옵소서
2. 구원은 주의 것이며, 구원하신 백성에게 주신 율법도 주의 것이다.

   시 119:174 여호와여 내가 주의 구원을 사모하였사오며 주의 율법을 즐거워하나이다
3. 하나님은 친히 율법을 세우신 분이다.

   사 33:22 대저 여호와는 우리 재판장이시요 여호와는 우리에게 율법을 세우신 이요 여호와는 우리의 왕이시니 그가 우리를 구원하실 것임이라
4. 하나님은 언약도 율법도 친히 정하셨다.

   갈 3:17 내가 이것을 말하노니 하나님께서 미리 정하신 언약을 사백삼십 년 후에 생긴 율법이 폐기하지 못하고 그 약속을 헛되게 하지 못하리라

셋, 하나님이 정하신 예배와 법령은 전부 받아들여야 한다.
1. 하나님을 인정하면 하나님이 정하신 예배와 법령을 받아들인다.

   신 26:17 네가 오늘 여호와를 네 하나님으로 인정하고 또 그 도를 행하고 그의 규례와 명령과 법도를 지키며 그의 소리를 들으라
2. 율법을 지키는 자를 형통하게 하신다.

   수 1:8 이 율법책을 네 입에서 떠나지 말게 하며 주야로 그것을 묵상하여 그 안에 기록된 대로 다 지켜 행하라 그리하면 네 길이 평탄하게 될 것이며 네가 형통하리라

3. 하나님이 정하신 예배와 법령을 받아들여야 하는 것은 하나님의 거룩하심 때문이다.

    시 99:5 너희는 여호와 우리 하나님을 높여 그의 발등상 앞에서 경배할지어다 그는 거룩하시도다

4. 하나님이 주신 법령을 깨어 받아들여야 죄를 짓지 않는다.

    고전 15:34 깨어 의를 행하고 죄를 짓지 말라 하나님을 알지 못하는 자가 있기로 내가 너희를 부끄럽게 하기 위하여 말하노라

넷. 하나님이 정하신 예배와 법령은 행하고 지켜야 한다.

1. 하나님의 법도를 지키면 언약하신 대로 복 주신다.

    신 7:12 너희가 이 모든 법도를 듣고 지켜 행하면 네 하나님 여호와께서 네 조상들에게 맹세하신 언약을 지켜 네게 인애를 베푸실 것이라

2. 하나님이 정하신 예배와 법령은 힘써 지켜야 한다.

    수 23:6 그러므로 너희는 크게 힘써 모세의 율법 책에 기록된 것을 다 지켜 행하라 그것을 떠나 우로나 좌로나 치우치지 말라

3. 하나님이 정하신 법은 나뿐만 아니라 자녀에게도 지키게 해야 한다.

    신 32:46 그들에게 이르되 내가 오늘 너희에게 증언한 모든 말을 너희의 마음에 두고 너희의 자녀에게 명령하여 이 율법의 모든 말씀을 지켜 행하게 하라

4. 하나님의 법을 지키려고 하는 굳은 의지가 있어야 한다.

    시 119:106 주의 의로운 규례들을 지키기로 맹세하고 굳게 정하였나이다

5. 하나님의 법은 그리스도의 재림 때까지 꾸준히 지켜야 한다.

    딤전 6:14 우리 주 예수 그리스도께서 나타나실 때까지 흠도 없고 책망 받을 것도 없이 이 명령을 지키라

제51강
둘째 계명에서 금한 것

> 문 51. 둘째 계명에서 금한 것이 무엇입니까?
> 답 둘째 계명에서 금한 것은 우상을 통하거나 하나님의 말씀에 지정되어 있지 않은 어떤 다른 방법에 의하여 하나님께 예배드리는 일입니다.
> ―신 13:6-8, 4:15-16, 삼하 6:7, 레 10:1

하나, 우상은 예배의 대상이 아니다.

1. 우상은 예배의 대상이 아니므로 삼가야 한다.

   신 4:15 여호와께서 호렙 산 불길 중에서 너희에게 말씀하시던 날에 너희가 어떤 형상도 보지 못하였은즉 너희는 깊이 삼가라

2. 우상은 사람이 손으로 만든 것이다.

   시 135:15 열국의 우상은 은금이요 사람의 손으로 만든 것이라

3. 우상은 거짓이요 그 속에 생기가 없다.

   렘 10:14 사람마다 어리석고 무식하도다 은장이마다 자기의 조각한 신상으로 말미암아 수치를 당하나니 이는 그가 부어 만든 우상은 거짓 것이요 그 속에 생기가 없음이라

4. 예배의 대상은 하나님 한 분밖에 없다.

고전 8:4 그러므로 우상의 제물을 먹는 일에 대하여는 우리가 우상은 세상에 아무 것도 아니며 또한 하나님은 한 분밖에 없는 줄 아노라

둘, 우상을 통하여 예배하지 말라.

1. 우상은 숭배하지 않을 뿐만 아니라 나아가서 타파해야 한다.

출 23:24 너는 그들의 신을 경배하지 말며 섬기지 말며 그들의 행위를 본받지 말고 그것들을 다 깨뜨리며 그들의 주상을 부수고

2. 우상은 목석으로 만든 감정이 없는 것이다.

신 4:28 너희는 거기서 사람의 손으로 만든 바 보지도 못하며 듣지도 못하며 먹지도 못하며 냄새도 맡지 못하는 목석의 신들을 섬기리라

3. 우상을 섬기는 일은 절대 따라 하지 말아야 한다.

신 13:7-8 곧 네 사방을 둘러싸고 있는 민족 혹 네게서 가깝든지 네게서 멀든지 땅 이 끝에서 저 끝까지에 있는 민족의 신들을 우리가 가서 섬기자 할지라도 너는 그를 따르지 말며 듣지 말며 긍휼히 여기지 말며 애석히 여기지 말며 덮어 숨기지 말고

4. 하나님은 만든 우상을 섬기는 일뿐만 아니라 자연을 섬기는 일도 금지하셨다.

신 17:3 가서 다른 신들을 섬겨 그것에게 절하며 내가 명령하지 아니한 일월성신에게 절한다 하자

셋, 하나님은 예배의 방법을 지정하셨다.

1. 하나님은 예배의 장소와 방법을 자세히 가르치셨다.

출 8:27 우리가 사흘길쯤 광야로 들어가서 우리 하나님 여호와께 제사를 드리되 우리에게 명령하시는 대로 하려 하나이다

2. 구원하신 하나님만을 예배하라고 가르치셨다.

왕하 17:36 오직 큰 능력과 편 팔로 너희를 애굽에서 인도하여 내신 여호와만 경외하여 그를 예배하며 그에게 제사를 드릴 것이며

3. 우리 영혼이 하나님만을 바라며 예배해야 한다.

시 62:1 나의 영혼이 잠잠히 하나님만 바람이여 나의 구원이 그에게서 나오는도다

4. 예배는 장소보다 예배의 대상인 하나님께 대한 자세가 중요하다.

요 4:21 예수께서 이르시되 여자여 내 말을 믿으라 이 산에서도 말고 예루살렘에서도 말고 너희가 아버지께 예배할 때가 이르리라

넷, 하나님이 지정하지 않은 방법으로 예배하지 말라.

1. 하나님의 불 외에 다른 불을 드리면 그 불로 죽임을 당한다.

레 10:1 아론의 아들 나답과 아비후가 각기 향로를 가져다가 여호와께서 명령하시지 아니하신 다른 불을 담아 여호와 앞에 분향하였더니

2. 옳게 보이는 일도 하나님이 정하신 법도를 어기면 멸망하게 하신다.

삼하 6:7 여호와 하나님이 웃사가 잘못함으로 말미암아 진노하사 그를 그곳에서 치시니 그가 거기 하나님의 궤 곁에서 죽으니라

3. 악한 마음을 가지고 드리는 예배는 하나님이 미워하시고 받으시지 않는다.

잠 15:8 악인의 제사는 여호와께서 미워하셔도 정직한 자의 기도는 그가 기뻐하시느니라

4. 하나님의 선물인 성령을 돈으로 사려고 하면 돈과 함께 망하게 된다.

행 8:20 베드로가 이르되 네가 하나님의 선물을 돈 주고 살 줄로 생각하였으니 네 은과 네가 함께 망할지어다

5. 하나님이 원하시는 선행이 있어야 하나님이 기뻐하시는 제사이다.

히 13:16 오직 선을 행함과 서로 나누어 주기를 잊지 말라 하나님은 이 같은 제사를 기뻐하시느니라

제52강
둘째 계명에 첨부된 이유들

> 문 52. 둘째 계명에 첨부된 이유들이 무엇입니까?
> 답 둘째 계명에 첨부된 이유들은 우리에 대한 하나님의 주권과 그의 점유권과 그가 받으시는 예배에 대한 그의 열의(熱意)입니다.
> -계 15 : 3-4, 롬 1 : 6, 출 34 : 14

하나, 우리에 대한 하나님의 주권이 있다.

1. 하나님은 우리를 지으시고 세우신 아버지이시다.

   신 32:6 어리석고 지혜 없는 백성아 여호와께 이같이 보답하느냐 그는 네 아버지시요 너를 지으신 이가 아니시냐 그가 너를 만드시고 너를 세우셨도다

2. 우리를 기르시는 하나님은 양을 돌보시는 목자이시다.

   시 95:7 그는 우리의 하나님이시요 우리는 그가 기르시는 백성이며 그의 손이 돌보시는 양이기 때문이라

3. 하나님은 하나님의 뜻대로 우리를 지으시는 주권자이시다.

   롬 9:21 토기장이가 진흙 한 덩이로 하나는 귀히 쓸 그릇을, 하나는 천히 쓸 그릇을 만들 권한이 없느냐

4. 하나님은 아버지이시고 우리는 아들이라고 하나님이 선언하셨다.

>히 1:5 하나님께서 어느 때에 천사 중 누구에게 너는 내 아들이라 오늘 내가 너를 낳았다 하셨으며 또다시 나는 그에게 아버지가 되고 그는 내게 아들이 되리라 하셨느냐

둘, 우리에 대한 하나님의 점유권이 있다.

1. 하나님은 하나님의 사람을 구속하여 하나님의 소유가 되게 하신다.

>사 43:1 야곱아 너를 창조하신 여호와께서 지금 말씀하시느니라 이스라엘아 너를 지으신 이가 말씀하시느니라 너는 두려워하지 말라 내가 너를 구속하였고 내가 너를 지명하여 불렀나니 너는 내 것이라

2. 우리는 하나님의 뜻대로 지음 받아 하나님의 손안에 있는 존재이다.

>렘 18:6 여호와의 말씀이니라 이스라엘 족속아 이 토기장이가 하는 것같이 내가 능히 너희에게 행하지 못하겠느냐 이스라엘 족속아 진흙이 토기장이의 손에 있음 같이 너희가 내 손에 있느니라

3. 우리는 하나님의 소유로 하나님의 점유권 안에 있다.

>롬 1:6 너희도 그들 중에서 예수 그리스도의 것으로 부르심을 받은 자니라

4. 구원과 멸망은 하나님 한 분의 손에 달렸다.

>약 4:12 입법자와 재판관은 오직 한 분이시니 능히 구원하기도 하시며 멸하기도 하시느니라 너는 누구이기에 이웃을 판단하느냐

셋, 우리에 대해 하나님이 바라시는 예배가 있다.

1. 하나님이 원하시는 것은 형식이 아니라 내용의 거룩성이다.

>시 40:6-7 주께서 내 귀를 통하여 내게 들려주시기를 제사와 예물을 기뻐하지 아니하시며 번제와 속죄제를 요구하지 아니하신다 하신지라 그때에 내가 말하기를 내가 왔나이다 나를 가리켜 기록한 것이 두루마리 책에 있나이다

2. 하나님은 의로운 제사와 온전한 번제를 원하신다.

>시 51:19 그때에 주께서 의로운 제사와 번제와 온전한 번제를 기뻐하시리니 그때

에 그들이 수소를 주의 제단에 드리리이다

3. 하나님께서 기뻐하시는 제물을 드려야 영적 예배가 될 수 있다.

롬 12:1 그러므로 형제들아 내가 하나님의 모든 자비하심으로 너희를 권하노니 너희 몸을 하나님이 기뻐하시는 거룩한 산 제물로 드리라 이는 너희가 드릴 영적 예배니라

넷, 하나님은 이런 것에 대한 열의가 있으시다.

1. 하나님은 열의가 있으시기에 질투하신다.

출 34:14 너는 다른 신에게 절하지 말라 여호와는 질투라 이름하는 질투의 하나님임이니라

2. 예배하는 날에 일하면 죽이라고 하실 만큼 강하게 명하셨다.

출 31:15 엿새 동안은 일할 것이나 일곱째 날은 큰 안식일이니 여호와께 거룩한 것이라 안식일에 일하는 자는 누구든지 반드시 죽일지니라

3. 하나님은 자기 백성을 절대로 포기하지 않으신다.

사 46:4 너희가 노년에 이르기까지 내가 그리하겠고 백발이 되기까지 내가 너희를 품을 것이라 내가 지었은즉 내가 업을 것이요 내가 품고 구하여 내리라

4. 하나님은 자기 백성을 손에서 빼앗기지 않으신다.

요 10:28 내가 그들에게 영생을 주노니 영원히 멸망하지 아니할 것이요 또 그들을 내 손에서 빼앗을 자가 없느니라

제53강
셋째 계명

> 문 53. 셋째 계명이 무엇입니까?
> 답 셋째 계명은 "너는 너의 하나님 여호와의 이름을 망령되이 일컫지 말라. 나 여호와는 나의 이름을 망령되이 일컫는 자를 죄 없다 하지 아니하리라"입니다.
> —출 20 : 7

하나, 하나님은 이름이 있는 하나님이시다.

1. 하나님의 이름은 아브라함에게도 알리지 않으셨다.

   출 6:3 내가 아브라함과 이삭과 야곱에게 전능의 하나님으로 나타났으나 나의 이름을 여호와로는 그들에게 알리지 아니하였고

2. 하나님은 이름을 모세에게 알리셨다.

   출 3:14 하나님이 모세에게 이르시되 나는 스스로 있는 자이니라

3. 여호와는 하나님의 이름이다.

   출 15:3 여호와는 용사시니 여호와는 그의 이름이시로다

4. 우리 하나님은 여호와이시다.

   신 6:13 네 하나님 여호와를 경외하며 그를 섬기며 그의 이름으로 맹세할 것이니라

둘, 여호와는 하나님의 존재 전체를 의미한다.

엘로힘(하나님)—창 1 : 1

엘샤다이(전능하신 하나님)—창 17 : 1

엘엘리온(지극히 높으신 하나님)—창 14 : 18

엘 로이(감찰하시는 전능자)—창 16 : 13

아도나이(주인)—출 23 : 17

여호와삼마(여호와는 거기 계시다)—겔 48 : 35

야훼(스스로 있는 자)—출 3 : 14

여호와이레(여호와가 준비하시다)—창 22 : 8-14

여호와닛시(여호와는 나의 깃발)—출 17 : 1

여호와샬롬(여호와는 평강)—삿 6 : 24

여호와라파(치료하시는 하나님)—출 15 : 26

여호와라아(여호와는 나의 목자)—시 23 : 1

셋, 하나님의 이름을 망령되게 하면 안 된다.
1. 하나님의 이름을 망령되게 하지 말 것은 명령이다.

   출 20:7 너는 네 하나님 여호와의 이름을 망령되게 부르지 말라 여호와는 그의 이름을 망령되게 부르는 자를 죄 없다 하지 아니하리라
2. 하나님의 이름을 모독하면 재판에 회부된다.

   레 24:11 그 이스라엘 여인의 아들이 여호와의 이름을 모독하며 저주하므로 무리가 끌고 모세에게로 가니라
3. 하나님의 이름을 거짓되게 하는 것은 욕되게 하는 것이다.

   레 19:12 너희는 내 이름으로 거짓 맹세함으로 네 하나님의 이름을 욕되게 하지 말라 나는 여호와이니라
4. 너무 배부르거나 너무 가난하면 여호와의 이름을 욕되게 한다.

   잠 30:9 혹 내가 배불러서 하나님을 모른다 여호와가 누구냐 할까 하오며 혹 내가

가난하여 도둑질하고 내 하나님의 이름을 욕되게 할까 두려워함이니이다

넷, 하나님의 이름을 망령되게 일컫는 것은 죄이다.

1. 하나님의 이름을 망령되게 일컫는 것이 죄인 줄 알아야 한다.

    신 5:11 너는 네 하나님 여호와의 이름을 망령되이 일컫지 말라 나 여호와는 내 이름을 망령되이 일컫는 자를 죄 없는 줄로 인정하지 아니하리라

2. 여호와의 이름을 모독하면 죽는다.

    레 24:16 여호와의 이름을 모독하면 그를 반드시 죽일지니 온 회중이 돌로 그를 칠 것이니라

3. 우리의 잘못으로 하나님의 이름이 모독을 받는다.

    롬 2:24 기록된 바와 같이 하나님의 이름이 너희 때문에 이방인 중에서 모독을 받는도다

4. 하나님의 이름을 비방하면 불에 태워진다.

    계 16:9 사람들이 크게 태움에 태워진지라 이 재앙들을 행하는 권세를 가지신 하나님의 이름을 비방하며 또 회개하지 아니하고 주께 영광을 돌리지 아니하더라

제54강
셋째 계명이 요구하는 것

> 문 54. 셋째 계명에서 요구하는 것이 무엇입니까?
> 답 셋째 계명에서 요구하는 것은 하나님의 이름과 칭호와 속성과 법령과 말씀과 사역을 거룩하게, 그리고 존경심을 가지고 사용하는 것입니다.
> —히 12:28-29, 계 15:3-4, 말 1:6-10

하나, 하나님의 이름과 칭호와 속성을 거룩하게 사용해야 한다.

1. 거룩한 하나님의 이름은 거룩하게 사용되어야 한다.

   사 47:4 우리의 구원자는 그의 이름이 만군의 여호와 이스라엘의 거룩한 이시니라

2. 하나님은 송축 받으실 분이다.

   대상 16:36 여호와 이스라엘의 하나님을 영원부터 영원까지 송축할지로다 하매 모든 백성이 아멘 하고 여호와를 찬양하였더라

3. 하나님의 이름은 거룩히 여김을 받아야 한다.

   마 6:9 그러므로 너희는 이렇게 기도하라 하늘에 계신 우리 아버지여 이름이 거룩히 여김을 받으시오며

4. 여호와의 이름으로 복을 받으므로 거룩하게 사용해야 한다.

   민 6:27 그들은 이같이 내 이름으로 이스라엘 자손에게 축복할지니 내가 그들에게 복을 주리라

둘, 하나님의 법령과 말씀과 사역을 거룩하게 사용해야 한다.

1. 거룩한 여호와의 말씀은 말씀의 위엄을 가지고 있다.

   렘 23:9 선지자들에 대한 말씀이라 내 마음이 상하며 내 모든 뼈가 떨리며 내가 취한 사람 같으며 포도주에 잡힌 사람 같으니 이는 여호와와 그 거룩한 말씀 때문이라

2. 하나님의 말씀과 사역은 거룩하게 전해져야 한다.

   출 9:16 내가 너를 세웠음은 나의 능력을 네게 보이고 내 이름이 온 천하에 전파되게 하려 하였음이니라

3. 하나님의 말씀인 진리는 거룩하게 한다.

   요 17:17 그들을 진리로 거룩하게 하옵소서 아버지의 말씀은 진리니이다

4. 하나님의 거룩하심은 사역을 거룩하게 하신다.

   시 60:6 하나님이 그의 거룩하심으로 말씀하시되 내가 뛰놀리라 내가 세겜을 나누며 숙곳 골짜기를 측량하리라

셋, 하나님의 이름과 칭호와 속성을 존경심을 가지고 사용해야 한다.

1. 여호와의 이름은 기묘자이므로 기묘한 분으로 섬겨야 한다.

   삿 13:18 여호와의 사자가 그에게 이르되 어찌하여 내 이름을 묻느냐 내 이름은 기묘자라 하니라

2. 성전은 하나님의 이름을 거룩하게 한다.

   왕상 8:18 여호와께서 내 아버지 다윗에게 이르시되 네가 내 이름을 위하여 성전을 건축할 마음이 있으니 이 마음이 네게 있는 것이 좋도다

3. 하나님 외에 어떤 것도 함부로 거룩하다고 하지 말아야 한다.

잠 20:25 함부로 이 물건은 거룩하다 하여 서원하고 그 후에 살피면 그것이 그 사람에게 덫이 되느니라

4. 주님은 입술이 아니라 마음으로 공경해야 한다.

마 15:8 이 백성이 입술로는 나를 공경하되 마음은 내게서 멀도다

넷, 하나님의 법령과 말씀과 사역을 존경심을 가지고 사용해야 한다.

1. 하나님의 이름만 거룩하며 그 이름을 자랑해야 한다.

시 20:7 어떤 사람은 병거, 어떤 사람은 말을 의지하나 우리는 여호와 우리 하나님의 이름을 자랑하리로다

2. 하나님의 이름을 거룩하게 하면 복을 주신다.

출 20:24 내게 토단을 쌓고 그 위에 네 양과 소로 네 번제와 화목제를 드리라 내가 내 이름을 기념하게 하는 모든 곳에서 네게 임하여 복을 주리라

3. 하나님의 이름과 사역은 찬송 받으실 만하다.

단 2:20 다니엘이 말하여 이르되 영원부터 영원까지 하나님의 이름을 찬송할 것은 지혜와 능력이 그에게 있음이로다

4. 하나님이 높이신 이름을 그리스도가 가지셨고 우리도 높여야 한다.

빌 2:9 이러므로 하나님이 그를 지극히 높여 모든 이름 위에 뛰어난 이름을 주사

제55강
셋째 계명이 금하는 것

> 문 55. 셋째 계명에서 금하는 것이 무엇입니까?
> 답 셋째 계명에서 금하는 것은 하나님께서 자기를 알게 하시는 데 쓰시는 것은 어떤 것이라도 그것을 모독하거나 남용하는 일입니다.
> -출 5 : 2, 막 7 : 11, 말 2 : 2

하나, 하나님의 이름은 자기를 알게 하시려고 쓰셨다.

1. 하나님은 사람들에게 자기를 알게 하신다.

    시 9:16 여호와께서 자기를 알게 하사 심판을 행하셨음이여 악인은 자기가 손으로 행한 일에 스스로 얽혔도다

2. 인간에게는 하나님을 알 수 있는 지혜를 주셨다.

    엡 1:17 우리 주 예수 그리스도의 하나님, 영광의 아버지께서 지혜와 계시의 영을 너희에게 주사 하나님을 알게 하시고

3. 하나님은 이름을 통하여 권능을 알게 하셨다.

    시 106:8 그러나 여호와께서는 자기의 이름을 위하여 그들을 구원하셨으니 그의 큰 권능을 만인이 알게 하려 하심이로다

4. 누구나 하나님을 알지 못하였다고 핑계할 수 없다.

   롬 1:20 창세로부터 그의 보이지 아니하는 것들 곧 그의 영원하신 능력과 신성이 그가 만드신 만물에 분명히 보여 알려졌나니 그러므로 그들이 핑계하지 못할지니라

둘, 하나님의 이름을 모르는 것도 하나님을 모독하는 것이다.

1. 하나님을 알지 못하면 바로와 같이 모독하는 자가 된다.

   출 5:2 바로가 이르되 여호와가 누구이기에 내가 그의 목소리를 듣고 이스라엘을 보내겠느냐 나는 여호와를 알지 못하니 이스라엘을 보내지 아니하리라

2. 하나님을 모르면 영적 이방인과 같이 죄를 짓게 된다.

   살전 4:5 하나님을 모르는 이방인과 같이 색욕을 따르지 말고

3. 여호와를 알지 못하면 제사장의 아들이라도 여호와를 모독하게 된다.

   삼상 2:12 엘리의 아들들은 행실이 나빠 여호와를 알지 못하더라

4. 하나님을 모르면 예수님도 모르게 된다.

   요 8:19 이에 그들이 묻되 네 아버지가 어디 있느냐 예수께서 대답하시되 너희는 나를 알지 못하고 내 아버지도 알지 못하는도다 나를 알았더라면 내 아버지도 알았으리라

셋, 하나님이 자기를 알게 하시는 이름을 모독하지 말아야 한다.

1. 하나님은 자기를 알게 하사 심판을 행하신다.

   시 9:16 여호와께서 자기를 알게 하사 심판을 행하셨음이여 악인은 자기가 손으로 행한 일에 스스로 얽혔도다

2. 하나님은 자기를 알게 하시는데 그것을 모르는 것은 곧 모독하는 것이다.

   시 42:3 사람들이 종일 내게 하는 말이 네 하나님이 어디 있느뇨 하오니 내 눈물이 주야로 내 음식이 되었도다

3. 여호와의 이름을 모독하면 죽임을 당한다.

레 24:16 여호와의 이름을 모독하면 그를 반드시 죽일지니 온 회중이 돌로 그를 칠 것이니라 거류민이든지 본토인이든지 여호와의 이름을 모독하면 그를 죽일지니라

넷, 하나님이 자기를 알게 하시는 이름을 남용하지 말아야 한다.
1. 하나님의 이름을 남용하는 거짓 선지자들이 있다.

    렘 14:14 여호와께서 내게 이르시되 선지자들이 내 이름으로 거짓 예언을 하도다 나는 그들을 보내지 아니하였고 그들에게 명령하거나 이르지 아니하였거늘 그들이 거짓 계시와 점술과 헛된 것과 자기 마음의 거짓으로 너희에게 예언하는도다

2. 하나님의 이름으로 헛되게 맹세하는 자들도 있다.

    시 139:20 그들이 주를 대하여 악하게 말하며 주의 원수들이 주의 이름으로 헛되이 맹세하나이다

3. 하나님의 이름을 남용하면 하나님을 불러도 대답하지 않으신다.

    슥 7:13 내가 불러도 그들이 듣지 아니한 것처럼 그들이 불러도 내가 듣지 아니하리라 만군의 여호와가 말하였느니라

4. 주의 이름을 남용하면 불러도 소용없는 일이다.

    마 7:21 나더러 주여 주여 하는 자마다 다 천국에 들어갈 것이 아니요 다만 하늘에 계신 내 아버지의 뜻대로 행하는 자라야 들어가리라

제56강
셋째 계명이 첨부된 이유

> 문 56. 셋째 계명에서 첨부된 이유는 무엇입니까?
> 답 셋째 계명에 첨부된 이유는 이 계명을 어기는 자들이 어떻게 해서든지 사람들에게서 벌을 피한다 하더라도 주 우리 하나님은 그들이 그의 의로운 심판을 피하도록 버려두시지 않으리라는 것입니다.
> —삼상 2 : 12, 히 4 : 13

하나, 사람이 사람을 판단하고 벌주는 경우도 있다.

1. 첫 살인자 가인도 다른 사람이 죽이려 한다고 하나님께 호소하였다.

   창 4:14 주께서 오늘 이 지면에서 나를 쫓아내시온즉 내가 주의 낯을 뵈옵지 못하리니 내가 땅에서 피하며 유리하는 자가 될지라 무릇 나를 만나는 자마다 나를 죽이겠나이다

2. 바울은 복음을 전하다가 잡혀 매로 치는 벌을 받았다.

   행 16:22 무리가 일제히 일어나 고발하니 상관들이 옷을 찢어 벗기고 매로 치라 하여

3. 예수님도 사람들이 판단으로 벌을 받으셨다.

   막 14:64 그 신성모독 하는 말을 너희가 들었도다 너희는 어떻게 생각하느냐 하

니 그들이 다 예수를 사형에 해당한 자로 정죄하고
4. 사람이 사람을 판단하는 재판관이 될 때가 있다.
   약 4:11 형제들아 서로 비방하지 말라 형제를 비방하는 자나 형제를 판단하는 자는 곧 율법을 비방하고 율법을 판단하는 것이라 네가 만일 율법을 판단하면 율법의 준행자가 아니요 재판관이로다

둘, 사람의 벌은 피할 수 있다.
1. 사람은 우선 사람의 벌을 피해 도망하려고 한다.
   창 35:1 하나님이 야곱에게 이르시되 일어나 벧엘로 올라가서 거기 거주하며 네가 네 형 에서의 낯을 피하여 도망하던 때에 네게 나타났던 하나님께 거기서 제단을 쌓으라 하신지라
2. 하나님은 실수로 살인한 자가 벌을 피하는 곳을 만드셨다.
   민 35:15 이 여섯 성읍은 이스라엘 자손과 타국인과 이스라엘 중에 거류하는 자의 도피성이 되리니 부지중에 살인한 모든 자가 그리로 도피할 수 있으리라
3. 주님의 복음을 위한 박해는 피하라고 하신다.
   마 10:23 이 동네에서 너희를 박해하거든 저 동네로 피하라 내가 진실로 너희에게 이르노니 이스라엘의 모든 동네를 다 다니지 못하여서 인자가 오리라

셋, 하나님은 모든 이를 심판하시는 하나님이시다.
1. 하나님은 심판자이시며 심판하러 오신다.
   시 96:13 그가 임하시되 땅을 심판하러 임하실 것임이라 그가 의로 세계를 심판하시며 그의 진실하심으로 백성을 심판하시리로다
2. 하나님은 어느 시대나 하나님의 공평하신 의로 심판하신다.
   겔 20:36 내가 애굽 땅 광야에서 너희 조상들을 심판한 것 같이 너희를 심판하리라 주 여호와의 말씀이니라
3. 아담의 범죄 이후 죽음과 심판은 인간의 예외 없는 운명이다.

히 9:27 한번 죽는 것은 사람에게 정해진 것이요 그 후에는 심판이 있으리니

4. 하나님의 심판은 참되고 의로우시다.

계 19:2 그의 심판은 참되고 의로운지라 음행으로 땅을 더럽게 한 큰 음녀를 심판하사 자기 종들의 피를 그 음녀의 손에 갚으셨도다 하고

넷, 계명을 어기는 자를 하나님은 반드시 심판하신다.

1. 하나님은 세계를 심판하고 벌을 주시는 심판자이시다.

시 94:2 세계를 심판하시는 주여 일어나사 교만한 자들에게 마땅한 벌을 주소서

2. 인간의 모든 행위는 하나님의 정당한 심판을 받는다.

전 12:14 하나님은 모든 행위와 모든 은밀한 일을 선악 간에 심판하시리라

3. 하나님은 계명에 따라 정당하게 세상을 심판하신다.

요 16:8 그가 와서 죄에 대하여, 의에 대하여, 심판에 대하여 세상을 책망하시리라

제57강
넷째 계명

> 문 57. 넷째 계명이 무엇입니까?
> 답 넷째 계명은 "안식일을 기억하여 거룩히 지키라. 엿새 동안은 힘써 네 모든 일을 행할 것이나, 제 칠 일은 너의 하나님 여호와의 안식일인즉, 너나, 네 아들이나, 네 딸이나, 네 남종이나, 네 여종이나, 네 육축이나, 네 문 안에 유하는 객이라도 아무 일도 하지 말라. 이는 엿새 동안에 나 여호와가 하늘과 땅과 바다와 그 가운데 모든 것을 만들고, 제 칠 일에 쉬었음이라. 그러므로 나 여호와가 안식일을 복되게 하여 그날을 거룩하게 하였느니라" 하는 것입니다.
> -출 20 : 8-11

하나, 안식일은 기억해야 할 거룩한 날이다.

1. 안식일은 기억하여 거룩하게 지켜야 한다.

   출 20:8 안식일을 기억하여 거룩하게 지키라

2. 안식일뿐 아니라 모든 하나님의 것이 거룩하다.

   레 11:45 나는 너희의 하나님이 되려고 너희를 애굽 땅에서 인도하여 낸 여호와라 내가 거룩하니 너희도 거룩할지어다

3. 안식일을 지킴으로 거룩하게 할 수 있다.

   신 5:12 네 하나님 여호와가 네게 명령한 대로 안식일을 지켜 거룩하게 하라

4. 안식일을 거룩하게 지키라는 명령은 모세를 통하여 대대로 주신 계명이다.

   느 9:14 거룩한 안식일을 그들에게 알리시며 주의 종 모세를 통하여 계명과 율례

와 율법을 그들에게 명령하시고

둘, 엿새 동안은 부지런히 일하고 안식일에는 하지 말아야 한다.
1. 엿새 동안 일하고 안식일에는 반드시 쉬어야 한다.

    출 31:15 엿새 동안은 일할 것이나 일곱째 날은 큰 안식일이니 여호와께 거룩한 것이라 안식일에 일하는 자는 누구든지 반드시 죽일지니라

2. 안식일에는 어떤 일이라도 하지 않아야 거룩하게 된다.

    렘 17:22 안식일에 너희 집에서 짐을 내지 말며 어떤 일이라도 하지 말고 내가 너희 조상들에게 명령함같이 안식일을 거룩히 할지어다

3. 안식일에는 온전하게 안식해야 하며 안식일의 전승은 안식년으로 이어진다.

    느 10:31 혹시 이 땅 백성이 안식일에 물품이나 온갖 곡물을 가져다가 팔려고 할지라도 우리가 안식일이나 성일에는 그들에게서 사지 않겠고 일곱째 해마다 땅을 쉬게 하고 모든 빚을 탕감하리라 하였고

셋, 일곱째 날에 하나님이 쉬셨기에 우리도 쉬어야 한다.
1. 일곱째 날에 쉬신 것은 하나님이 스스로 정하신 것이다.

    창 2:2 하나님이 그가 하시던 일을 일곱째 날에 마치시니 그가 하시던 모든 일을 그치고 일곱째 날에 안식하시니라

2. 안식일은 성회의 날이기 때문에 쉰다.

    레 23:3 엿새 동안은 일할 것이요 일곱째 날은 쉴 안식일이니 성회의 날이라 너희는 아무 일도 하지 말라 이는 너희가 거주하는 각처에서 지킬 여호와의 안식일이니라

3. 안식일은 하나님이 쉬신 날이므로 우리도 쉬어야 한다.

    히 4:4 제칠일에 관하여는 어딘가에 이렇게 일렀으되 하나님은 제칠일에 그의 모든 일을 쉬셨다 하였으며

4. 바리새인들은 안식일에 쉬는 것만을 강조하였다.

　요 9:16 바리새인 중에 어떤 사람은 말하되 이 사람이 안식일을 지키지 아니하니 하나님께로부터 온 자가 아니라 하며

넷, 여호와가 안식일을 복되게 하여 거룩하게 하셨다.

1. 안식일은 복되게 하신 거룩한 날이다.

　창 2:3 하나님이 그 일곱째 날을 복되게 하사 거룩하게 하셨으니 이는 하나님이 그 창조하시며 만드시던 모든 일을 마치시고 그날에 안식하셨음이니라

2. 안식일에 쉴 수 있는 것이 복된 것이며 쉼으로 거룩하게 해야 한다.

　출 20:11 이는 엿새 동안에 나 여호와가 하늘과 땅과 바다와 그 가운데 모든 것을 만들고 일곱째 날에 쉬었음이라 그러므로 나 여호와가 안식일을 복되게 하여 그 날을 거룩하게 하였느니라

3. 안식일을 더럽히면 죽임을 당하므로 그날을 지켜야 한다.

　출 31:14 너희는 안식일을 지킬지니 이는 너희에게 거룩한 날이 됨이니라 그날을 더럽히는 자는 모두 죽일지며 그날에 일하는 자는 모두 그 백성 중에서 그 생명이 끊어지리라

제58강
넷째 계명의 요구

> 문 58. 넷째 계명에서 요구하는 것이 무엇입니까?
> 답 넷째 계명에서 요구하는 것은 하나님께서 그의 말씀으로 지정하신 바와 같은 그러한 일정한 때들을 하나님 앞에서 거룩하게 지키고 특별히 이레 중 한 날을 온전히 하나님의 거룩한 안식일로 삼으라는 것입니다.
> ─창 2 : 3, 출 16 : 25─29, 신 5 : 12, 사 56 : 2

하나, 안식일은 하나님께서 말씀으로 지정하셨다.

1. 안식일 계명을 비롯한 십계명은 하나님이 직접 주신 말씀이다.

    출 20:1 하나님이 이 모든 말씀으로 말씀하여 이르시되

2. 안식일 제정은 하나님의 강한 명령이다.

    출 20:8 안식일을 기억하여 거룩하게 지키라

3. 십계명을 받은 백성들은 하나님이 제정하신 말씀대로 따르겠다고 맹세하였다.

    출 24:3 모세가 와서 여호와의 모든 말씀과 그의 모든 율례를 백성에게 전하매 그들이 한 소리로 응답하여 이르되 여호와께서 말씀하신 모든 것을 우리가 준행하리이다

둘, 안식일은 하나님이 일정한 때로 정하셨다.

1. 하나님은 일곱째 날에 안식하셨다.

    창 2:3 하나님이 그 일곱째 날을 복되게 하사 거룩하게 하셨으니 이는 하나님이 그 창조하시며 만드시던 모든 일을 마치시고 그날에 안식하셨음이니라

2. 하나님은 안식의 날을 정하시고, 정하신 대로 안식하시고 안식하게 하셨다.

    출 16:26 엿새 동안은 너희가 그것을 거두되 일곱째 날은 안식일인즉 그날에는 없으리라 하였으나

3. 하나님은 안식의 때를 일러 주셔서 쉬게 하셨다.

    레 23:32 이는 너희가 쉴 안식일이라 너희는 스스로 괴롭게 하고 이 달 아흐렛날 저녁 곧 그 저녁부터 이튿날 저녁까지 안식을 지킬지니라

4. 하나님이 정하신 현재적 안식은 영원한 안식의 예표이다.

    히 4:10 이미 그의 안식에 들어간 자는 하나님이 자기의 일을 쉬심과 같이 그도 자기의 일을 쉬느니라

셋, 안식일은 하나님 앞에서 거룩하게 지켜야 한다.

1. 거룩한 날은 다른 날과 구별되게 지켜야 한다.

    출 35:2 엿새 동안은 일하고 일곱째 날은 너희를 위한 거룩한 날이니 여호와께 엄숙한 안식일이라 누구든지 이날에 일하는 자는 죽일지니

2. 안식일을 거룩하게 지키는 것은 하나님의 성소를 경외하는 것이다.

    레 26:2 너희는 내 안식일을 지키며 내 성소를 경외하라 나는 여호와이니라

3. 안식일을 잘 지키는 것이 가장 거룩하게 하는 일이다.

    신 5:12 네 하나님 여호와가 네게 명령한 대로 안식일을 지켜 거룩하게 하라

4. 안식일을 지키지 않으면 더럽히는 것이다.

    사 56:2 안식일을 지켜 더럽히지 아니하며 그의 손을 금하여 모든 악을 행하지 아니하여야 하나니 이와 같이 하는 사람, 이와 같이 굳게 잡는 사람은 복이 있느니라

넷, 안식일은 이레 중 한 날을 온전히 지킴으로 의미가 있다.

1. 안식일을 온전히 지키게 하시려고 광야생활에서 안식일에는 만나도 주시지 않으셨다.

    출 16:29 볼지어다 여호와가 너희에게 안식일을 줌으로 여섯째 날에는 이틀 양식을 너희에게 주는 것이니 너희는 각기 처소에 있고 일곱째 날에는 아무도 그의 처소에서 나오지 말지니라

2. 안식일은 존귀하게 여겨야 하며 오락에 빠지지 말아야 한다.

    사 58:13 만일 안식일에 네 발을 금하여 내 성일에 오락을 행하지 아니하고 안식일을 일컬어 즐거운 날이라, 여호와의 성일을 존귀한 날이라 하여 이를 존귀하게 여기고 네 길로 행하지 아니하며 네 오락을 구하지 아니하며 사사로운 말을 하지 아니하면

3. 안식일을 온전히 지키는 것은 선을 행하고 생명을 구하는 것이다.

    눅 6:9 예수께서 그들에게 이르시되 내가 너희에게 묻노니 안식일에 선을 행하는 것과 악을 행하는 것, 생명을 구하는 것과 죽이는 것, 어느 것이 옳으냐 하시며

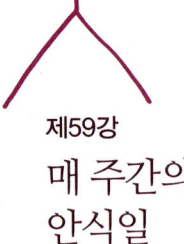

제59강
매 주간의 안식일

> **문** 59. 이레 중 어느 날을 하나님께서 정하셔서 매 주간에 안식일을 삼으셨습니까?
> **답** 세상 처음부터 그리스도의 부활까지 하나님께서 한 주간의 일곱째 날을 정하여 매 주간의 안식일을 삼으셨으며 그 후부터 세상 마지막까지는 한 주간의 첫날을 안식일로 삼으셨습니다. 이날은 그리스도인의 안식일입니다.
> - 창 2 : 3, 눅 23 : 56, 고전 16 : 1-2, 마 12 : 8, 행 20 : 7, 요 20 : 19-26

하나, 세상 처음부터 그리스도의 부활까지는 한 주간의 일곱째 날이 안식일이었다.

1. 하나님의 창조 후 일곱째 날은 안식의 날이었다.

    창 2:3 하나님이 그 일곱째 날을 복되게 하사 거룩하게 하셨으니 이는 하나님이 그 창조하시며 만드시던 모든 일을 마치시고 그날에 안식하셨음이니라

2. 일곱째 날이 절기를 지킬 안식일인 것은 출애굽한 백성에게 주신 하나님의 법이었다.

    출 13:6 이레 동안 무교병을 먹고 일곱째 날에는 여호와께 절기를 지키라

3. 일곱째 날의 안식은 피조물 모두에게 주신 법이다.

    출 23:12 너는 엿새 동안에 네 일을 하고 일곱째 날에는 쉬라 네 소와 나귀가 쉴

것이며 네 여종의 자식과 나그네가 숨을 돌리리라

둘, 매 주간마다 하루는 반드시 안식일로 지켜야 한다.
1. 매 주간의 하루 일곱째 날에 쉬는 것은 반드시 지켜야 한다.
   출 34:21 너는 엿새 동안 일하고 일곱째 날에는 쉴지니 밭 갈 때에나 거둘 때에도 쉴지며
2. 매 주간의 하루는 일하지 말아야 하는 이유는 다른 일인 성회로 모이는 일이 중요하기 때문이다.
   민 28:25 일곱째 날에는 성회로 모일 것이요 아무 일도 하지 말 것이니라
3. 일곱째 날에 성회로 모이고 일하지 말라는 것은 엄한 명령이다.
   신 16:8 너는 엿새 동안은 무교병을 먹고 일곱째 날에 네 하나님 여호와 앞에 성회로 모이고 일하지 말지니라
4. 안식일에 쉬는 것은 예수님의 여 제자들도 지킨 당시의 엄격한 규례이다.
   눅 23:56-24:1 돌아가 향품과 향유를 준비하더라 계명을 따라 안식일에 쉬더라

셋, 그리스도의 부활 이후 세상 마지막까지는 한 주간의 첫날이 안식일이다.
1. 예수님은 안식 후 첫날에 부활하심으로 그날을 제자들이 모이는 성회의 날로 의미를 부여하셨다.
   요 20:19 이날 곧 안식 후 첫날 저녁 때에 제자들이 유대인들을 두려워하여 모인 곳의 문들을 닫았더니 예수께서 오사 가운데 서서 이르시되 너희에게 평강이 있을지어다
2. 예수님의 부활 이후에는 안식 후 첫날이 안식일로 지켜졌다.
   행 20:7 그 주간의 첫날에 우리가 떡을 떼려 하여 모였더니 바울이 이튿날 떠나고자 하여 그들에게 강론할새 말을 밤중까지 계속하매
3. 예수님의 부활 전에는 안식일이 끝 날이었지만 부활 후에는 안식일이 첫날이 되었다.

고전 16:1-2 성도를 위하는 연보에 관하여는 내가 갈라디아 교회들에게 명한 것 같이 너희도 그렇게 하라 매주 첫날에 너희 각 사람이 수입에 따라 모아 두어서 내가 갈 때에 연보를 하지 않게 하라

넷, 한 주간의 첫날은 그리스도인의 안식일이다.

1. 안식일의 주인인 예수님은 부활하신 후에 부활하신 날을 첫날로 정하셨다.

    마 12:8 인자는 안식일의 주인이니라 하시니라

2. 예수님이 안식 후 첫날에 부활하셨으므로 안식일이 첫날이 되었다.

    마 28:1 안식일이 다 지나고 안식 후 첫날이 되려는 새벽에 막달라 마리아와 다른 마리아가 무덤을 보려고 갔더니

3. 바울은 예수님이 부활하신 안식 후 첫날이 주의 날이며, 안식일이 된 것을 시비하지 말며 안식일 문제로 비판을 받지 못하게 하라고 하였다.

    골 2:16 그러므로 먹고 마시는 것과 절기나 초하루나 안식일을 이유로 누구든지 너희를 비판하지 못하게 하라

제60강
안식일을 거룩하게 하는 방법

> 문 60. 안식일을 거룩하게 하는 방법이 무엇입니까?
> 답 안식일을 거룩하게 하려면 다른 날에 할 수 있는 모든 세상의 업무와 오락까지도 끊고, 그날을 종일 거룩하게 쉬며, 공적으로나 사적으로 하나님께 예배를 드리는 일로 그 모든 시간을 보내야 합니다. 다만 부득이한 일이나 자비를 베푸는 일에 드려야 할 시간만큼은 예외입니다.
> -렘 17 : 21-22, 사 58 : 13-14, 마 12 : 1-14, 출 31 : 12-17, 20 : 8-10

하나, 안식일에는 다른 날에 할 수 있는 업무와 오락을 끊어야 한다.

1. 안식일에는 세상일을 하지 말아야 한다.

    레 23:3 엿새 동안은 일할 것이요 일곱째 날은 쉴 안식일이니 성회의 날이라 너희는 아무 일도 하지 말라 이는 너희가 거주하는 각처에서 지킬 여호와의 안식일이니라

2. 안식일에는 오락을 끊어야 즐거움을 얻는다.

    사 58:13-14 만일 안식일에 네 발을 금하여 내 성일에 오락을 행하지 아니하고 안식일을 일컬어 즐거운 날이라, 여호와의 성일을 존귀한 날이라 하여 이를 존귀하게 여기고 네 길로 행하지 아니하며 네 오락을 구하지 아니하며 사사로운 말을 하지 아니하면 네가 여호와 안에서 즐거움을 얻을 것이라

3. 엿새 동안에 할 일을 일곱째 날에 하는 것은 예수님 시대에도 율법적으로 금하였다.

   눅 13:14 회당장이 예수께서 안식일에 병 고치시는 것을 분 내어 무리에게 이르되 일할 날이 엿새가 있으니 그 동안에 와서 고침을 받을 것이요 안식일에는 하지 말 것이니라 하거늘

둘, 안식일에는 종일 거룩하게 쉬어야 한다.

1. 안식일에 쉬는 것이 거룩하게 하는 것이다.

   출 31:17 이는 나와 이스라엘 자손 사이에 영원한 표징이며 나 여호와가 엿새 동안에 천지를 창조하고 일곱째 날에 일을 마치고 쉬었음이니라 하라

2. 안식일에는 사고파는 일을 하지 않았으며 세상의 일로부터 자유로운 날이었다.

   느 10:31 혹시 이 땅 백성이 안식일에 물품이나 온갖 곡물을 가져다가 팔려고 할지라도 우리가 안식일이나 성일에는 그들에게서 사지 않겠고 일곱째 해마다 땅을 쉬게 하고 모든 빚을 탕감하리라 하였고

3. 안식일에는 상업을 위하여 짐을 지지 말아야 한다.

   렘 17:22 안식일에 너희 집에서 짐을 내지 말며 어떤 일이라도 하지 말고 내가 너희 조상들에게 명령함 같이 안식일을 거룩히 할지어다

4. 안식일에 예배하는 것은 주님께 나와야 비로소 온전한 안식을 얻을 수 있기 때문이다.

   마 11:28 수고하고 무거운 짐 진 자들아 다 내게로 오라 내가 너희를 쉬게 하리라

셋, 안식일에는 예배드리는 일로 시간을 보내야 한다.

1. 안식일에는 누구나 일하지 말아야 하며 오직 예배하며 시간을 보내야 한다.

   출 20:10 일곱째 날은 네 하나님 여호와의 안식일인즉 너나 네 아들이나 네 딸이나 네 남종이나 네 여종이나 네 가축이나 네 문안에 머무는 객이라도 아무 일도

하지 말라

2. 안식일은 문자적으로 지킬 것이 아니라 자비를 베풀어야 한다.

   요 7:23 모세의 율법을 범하지 아니하려고 사람이 안식일에도 할례를 받는 일이 있거든 내가 안식일에 사람의 전신을 건전하게 한 것으로 너희가 내게 노여워하느냐

3. 영과 진리의 예배가 참 예배이다.

   요 4:23 아버지께 참되게 예배하는 자들은 영과 진리로 예배할 때가 오나니 곧 이 때라 아버지께서는 자기에게 이렇게 예배하는 자들을 찾으시느니라

넷. 안식일에는 부득이한 일이나 자비를 베푸는 일은 할 수 있다.

1. 제사장이 성전을 섬기는 것은 일이 아니라 선한 봉사이다.

   마 12:5 또 안식일에 제사장들이 성전 안에서 안식을 범하여도 죄가 없음을 너희가 율법에서 읽지 못하였느냐

2. 안식일에 선을 행하는 것은 옳은 일이다.

   마 12:12 사람이 양보다 얼마나 더 귀하냐 그러므로 안식일에 선을 행하는 것이 옳으니라 하시고

3. 예수님은 안식일에 병자를 고치셨고 유대인들은 안식일을 범했다고 비난하였다.

   요 5:10 유대인들이 병 나은 사람에게 이르되 안식일인데 네가 자리를 들고 가는 것이 옳지 아니하니라

제61강
넷째 계명에서 금하는 것

> 문 61. 넷째 계명에서 금하는 것이 무엇입니까?
> 답 넷째 계명에서 금하는 것은 필요로 하는 의무들을 생략하거나 소홀히 이행하는 일과 게으름으로써, 또는 본질적으로 죄가 되는 일을 행하거나 우리의 세상 업무나 오락에 관하여 필요치 않은 생각이나 말이나 일을 함으로써 그날을 더럽히는 일입니다.
> - 겔 22 : 26, 23 : 38, 말 1 : 13, 사 58 : 13

하나, 하나님께 대한 의무들을 생략하거나 소홀히 이행하지 말아야 한다.

1. 하나님의 계명들을 잘 지키고 잘 가르쳐 이행할 수 있게 해야 한다.

   신 6:6-7 오늘 내가 네게 명하는 이 말씀을 너는 마음에 새기고 네 자녀에게 부지런히 가르치며 집에 앉았을 때에든지 길을 갈 때에든지 누워 있을 때에든지 일어날 때에든지 이 말씀을 강론할 것이며

2. 하나님께서 주신 계명은 그 말씀대로 이루어지므로 잘 지켜야 한다.

   사 14:24 만군의 여호와께서 맹세하여 이르시되 내가 생각한 것이 반드시 되며 내가 경영한 것을 반드시 이루리라

3. 하나님의 율례를 행하는 자는 반드시 살리시며 행하지 않는 자는 죽이신다.

겔 18:19 아들이 정의와 공의를 행하며 내 모든 율례를 지켜 행하였으면 그는 반드시 살려니와

4. 하나님의 말씀은 반드시 이루어지므로 잘 지키고 이행하여야 한다.

눅 1:45 주께서 하신 말씀이 반드시 이루어지리라고 믿은 그 여자에게 복이 있도다

둘, 하나님께 대한 의무를 게을리 하지 말아야 한다.

1. 게으름은 곧 죽음이다.

잠 19:15 게으름이 사람으로 깊이 잠들게 하나니 태만한 사람은 주릴 것이니라

2. 하나님은 바르지 못한 봉헌물은 받지 않으신다.

말 1:13 만군의 여호와가 이르노라 너희가 또 말하기를 이 일이 얼마나 번거로운고 하며 코웃음치고 훔친 물건과 저는 것, 병든 것을 가져왔느니라 너희가 이같이 봉헌물을 가져오니 내가 그것을 너희 손에서 받겠느냐 이는 여호와의 말이니라

3. 주님을 섬길 때는 부지런히 섬겨야 한다.

롬 12:11 부지런하여 게으르지 말고 열심을 품고 주를 섬기라

4. 게으른 자는 떠나야 한다.

살후 3:6 형제들아 우리 주 예수 그리스도의 이름으로 너희를 명하노니 게으르게 행하고 우리에게서 받은 전통대로 행하지 아니하는 모든 형제에게서 떠나라

셋, 세상 업무나 오락에 관한 일을 하지 말아야 한다.

1. 안식일은 오락을 금하고 경건하게 살아야 하는 날이다.

사 58:13 만일 안식일에 네 발을 금하여 내 성일에 오락을 행하지 아니하고 안식일을 일컬어 즐거운 날이라, 여호와의 성일을 존귀한 날이라 하여 이를 존귀하게 여기고 네 길로 행하지 아니하며 네 오락을 구하지 아니하며 사사로운 말을 하지 아니하면

2. 세상의 일은 근본적으로 악하므로 과감하게 떠나야 한다.

요 7:7 세상이 너희를 미워하지 아니하되 나를 미워하나니 이는 내가 세상의 일들을 악하다고 증언함이라

3. 세상의 것은 하나님의 것이 아니다.

요일 2:16 이는 세상에 있는 모든 것이 육신의 정욕과 안목의 정욕과 이생의 자랑이니 다 아버지께로부터 온 것이 아니요 세상으로부터 온 것이라

4. 우리는 하나님께 속하였으므로 세상의 것을 버려야 한다.

요일 5:19 또 아는 것은 우리는 하나님께 속하고 온 세상은 악한 자 안에 처한 것이며

넷, 안식일에 필요치 않은 일을 하는 것은 그날을 더럽히는 것이다.

1. 그리스도인은 거룩하고 속된 것을 구별하는 지혜가 있어야 한다.

레 10:10 그리하여야 너희가 거룩하고 속된 것을 분별하며 부정하고 정한 것을 분별하고

2. 성과 속을 구별할 수 있는 능력을 배워 안식일을 더럽히지 말아야 한다.

겔 44:23 내 백성에게 거룩한 것과 속된 것의 구별을 가르치며 부정한 것과 정한 것을 분별하게 할 것이며

3. 곁에 악한 동무를 두지 말고 착한 사람을 두어 선한 날과 선한 행실을 더럽히지 말아야 한다.

고전 15:33 속지 말라 악한 동무들은 선한 행실을 더럽히나니

제62강
넷째 계명에 첨부된 이유들

> 문 62. 넷째 계명에 첨부된 이유들이 무엇입니까?
> 답 넷째 계명에 첨부된 이유들은 하나님께서 우리 자신의 업무를 위하여 한 주간 중 엿새를 우리에게 허락하신 일과 그가 일곱째 날에 대한 특별한 소유권을 요구하시는 일과 자기 자신이 보이신 본보기와 그가 안식일을 축복하신 일입니다.
> -출 31 : 15-17, 20 : 11, 레 23 : 3

하나, 우리 자신들이 해야 할 업무가 있다.

1. 하나님의 백성은 누구에게나 반드시 행해야 할 의무가 있다.

    출 30:12 네가 이스라엘 자손의 수효를 조사할 때에 조사 받은 각 사람은 그들을 계수할 때에 자기의 생명의 속전을 여호와께 드릴지니 이는 그것을 계수할 때에 그들 중에 질병이 없게 하려 함이라

2. 하나님의 자녀는 하나님처럼 반드시 일해야 한다.

    요 9:4 때가 아직 낮이매 나를 보내신 이의 일을 우리가 하여야 하리라 밤이 오리니 그때는 아무도 일할 수 없느니라

3. 사람은 누구나 자기의 일이 있으며 자기의 일을 잘해야 한다.

    갈 6:4-5 각각 자기의 일을 살피라 그리하면 자랑할 것이 자기에게는 있어도 남

에게는 있지 아니하리니 각각 자기의 짐을 질 것이라
4. 사람은 모름지기 자기 일을 잘하여 자기 양식을 먹어야 한다.
>살후 3:12 이런 자들에게 우리가 명하고 주 예수 그리스도 안에서 권하기를 조용히 일하여 자기 양식을 먹으라 하노라

둘, 우리의 할 일을 위하여 허락하신 날은 엿새이다.
1. 엿새 동안 일하라는 명령은 십계명을 주시기 전에 이미 정하신 하나님의 법이다.
>출 16:26 엿새 동안은 너희가 그것을 거두되 일곱째 날은 안식일인즉 그날에는 없으리라 하였으나
2. 하나님이 일하게 허락하신 날은 엿새이다.
>출 20:9 엿새 동안은 힘써 네 모든 일을 행할 것이나
3. 안식일에 쉬어야 하는 것은 엿새 동안 일하기 때문이다.
>출 31:15 엿새 동안은 일할 것이나 일곱째 날은 큰 안식일이니 여호와께 거룩한 것이라 안식일에 일하는 자는 누구든지 반드시 죽일지니라
4. 사람은 엿새 동안만 일해도 된다.
>레 23: 3 엿새 동안은 일할 것이요 일곱째 날은 쉴 안식일이니 성회의 날이라 너희는 아무 일도 하지 말라 이는 너희가 거주하는 각처에서 지킬 여호와의 안식일이니라

셋, 일곱째 날의 소유권은 하나님께 있다는 것의 본을 보이셨다.
1. 하나님이 일곱째 날에 쉬신 것은 안식의 본을 보이신 것이다.
>창 2:2 하나님이 그가 하시던 일을 일곱째 날에 마치시니 그가 하시던 모든 일을 그치고 일곱째 날에 안식하시니라
2. 하나님은 일곱째 날 만나를 주시지 않을 것이니 거두지 말라고 하셨다.
>출 16:25 모세가 이르되 오늘은 그것을 먹으라 오늘은 여호와의 안식일인즉 오늘

은 너희가 들에서 그것을 얻지 못하리라
3. 하나님은 '내 안식일'이라고 하셔서 인식일의 소유권을 정하셨다.
   겔 20:12 또 내가 그들을 거룩하게 하는 여호와인 줄 알게 하려고 내 안식일을 주어 그들과 나 사이에 표징을 삼았노라
4. 일곱째 날은 하나님이 안식하게 하신 하나님의 날이라고 규정하셨다.
   히 4:4 제칠일에 관하여는 어딘가에 이렇게 일렀으되 하나님은 제칠일에 그의 모든 일을 쉬셨다 하였으며

넷, 안식일은 하나님의 날이므로 그날을 축복하셨다.

1. 하나님이 안식일을 복되게 하셨다는 의미의 첫째는 일을 쉬는 것이며, 둘째는 다른 날과 구별하여 거룩하게 하신 것이다.
   창 2:3 하나님이 그 일곱째 날을 복되게 하사 거룩하게 하셨으니 이는 하나님이 그 창조하시며 만드시던 모든 일을 마치시고 그날에 안식하셨음이니라
2. 엿새 동안 모든 일을 완전하게 하였기 때문에 안식일에 쉬는 것이 복되다.
   출 20:11 이는 엿새 동안에 나 여호와가 하늘과 땅과 바다와 그 가운데 모든 것을 만들고 일곱째 날에 쉬었음이라 그러므로 나 여호와가 안식일을 복되게 하여 그 날을 거룩하게 하였느니라

읽기자료
웨스트민스터 총회가 열리기까지 ② : 정부와 청교도와의 갈등 그리고 위기

잉글랜드의 번영을 가져왔던 엘리자베스 1세 여왕이 후사 없이 죽고, 뒤를 이어 잉글랜드 왕위 계승권을 가지고 있었던 스코틀랜드의 왕 제임스 1세(1566-1625, 재위 1603-1625)가 잉글랜드의 왕이 되었다. 당초 청교도들은 장로교의 나라 스코틀랜드 왕이 잉글랜드의 왕이 된다는 것에 기쁨을 나타냈다. 그러나 그들은 정작 제임스 1세 본인은 장로교적 개혁신앙을 좋아하지 않는다는 사실을 미처 몰랐다. 제임스 1세는 프랑스와 같은 절대왕정을 실현하기를 꿈꾸는 사람이었다. 그가 보기에 왕권강화에 도움이 될 만한 교회 구조는 청교도들이 꿈꾸는 장로교적인 교회구조가 아니라, 왕이 통제할 수 있는 주교들에 의해 유지되는 국교회적 구조였다. 제임스 1세가 받아들인 개혁은 새로운 영어성경인 「흠정역 성경」(King James Version, 1611년)의 간행뿐이었다. 그는 오히려 청교도들을 의도적으로 배격하기 위해, 1618년 "스포츠 교서"(The Book of Sports)를 내려 주일에 경건한 생활 대신 스포츠와 댄스를 즐기도록 장려하였다. 이러한 제임스 1세의 처사에 청교도들은 점점 분노하였다. 때마침 잇따른 정책적 실책이 일어났고 스코틀랜드 출신의 왕을 마음에 들어 하지 않던 국민여론과 합쳐져 의회의 분위기는 청교도들을 지지하는 쪽으로 기울어져 갔다.

한편, 이러한 분위기 가운데 더 이상 국교회 스스로의 변혁을 기대할 수 없다는 분위기가 퍼져 나갔다. 먼저 분리파들이 생겨나기 시작했다. 이들 중 몇몇 세력은 해외로 이주하기도 했는데 바로 1620년 "메이플라워 호"를 타고 아메리카 대륙으로 이주한 청교도들, 즉 "Pilgrim Fathers"들이 그들이었다. 다른 한편에서는 국교회 내에서 청교도적 신앙을 유지하고, 확산시키자는 회중교회 운동이 일어나기 시작했다.

이런 가운데 제임스 1세의 아들인 찰스 1세(1600-1649년, 재위 1625-1649년)가 즉위하였다. 그도 아버지와 별반 다를 바가 없었고, 오히려 더욱 강경한 왕권강화론자였다. 그는 청교도들이 대다수를 이루던 의회를 사실상 폐쇄하고, 반(反)칼뱅주의자 윌리엄 로드를 캔터베리의 대주교로 임명하면서, 정치·종교적 독재정치를 감행하였다. 점점 견딜 수 없게 된 청교도들은 점차 아메리카 대륙으로 대거 이주하게 되었다. 한편, 자신만만해진 찰스 1세는 자신의 고향이자 또 다른 영토인

왕에 항거하는 스코틀랜드 장로교의 언약도들 : "Covenanters in a Glen", Alexander Carse(1800)

스코틀랜드에서도 주교제를 실시하고, 기존의 장로교 예배의식을 금지시켰다. 그러나 이것은 그의 실책이었다. 고향 사람들이 보기에도 찰스 1세의 독재와 장로교 신앙의 훼손은 참을 수 없는 것이었다. 스코틀랜드인들은 잉글랜드 본토를 공격하기 시작했고, 다급해진 찰스 1세는 한동안 문을 닫았던 의회를 할 수 없이 열고는 전쟁예산을 얻고자 하였다.

1641년, 그렇게 오랜만에 열린 의회는 찰스 1세에게 복수라도 하듯이, 전쟁예산 처리를 하기 전에 "왕은 의회의 동의 없이 의회를 해산하지 못한다."고 규정한 법안을 제정해 버렸다. 이에 분노한 왕은 자신을 공격하던 스코틀랜드와 서둘러 휴전해 버렸다. 때마침 가톨릭 지역인 아일랜드에서 반란이 일어났다. 왕은 아일랜드와 싸우는 대신, 이 기회로 의회의 힘을 무력화시키려고 했다. 1642년 급변한 상황 가운데 당황한 의회를 완전히 무력화시키기 위해 왕은 왕당과 주교들이 포진해 있는 상원을 이용하여 의회지도자들을 탄핵시키려고 했다.

그러나 의회는 곧 체제를 정비하였다. 하원에서는 이들 주교를 의회에서 축출하고, 본격적으로 왕과 맞서기 시작했다. 이른바 왕의 군대와 의회의 군대가 서로 싸우게 된 잉글랜드 내전이 시작된 것이었다. 교회는 이러한 정치적 격변 한가운데에 서 있었다.

참고문헌
이형기 저, 「세계교회사(Ⅱ)」(서울:한국장로교출판사, 1994)

제63강
다섯째 계명

문 63. 다섯째 계명이 무엇입니까?
답 다섯째 계명은 "네 부모를 공경하라. 그리하면 너의 하나님 나 여호와가 네게 준 땅에서 네 생명이 길리라" 하는 것입니다.
－출 20 : 12

하나, 부모는 공경의 대상이다.

1. 자녀가 부모에게 순종하는 것은 지극히 옳은 일이다.

   엡 6:1 자녀들아 주 안에서 너희 부모에게 순종하라 이것이 옳으니라

2. 부모는 경외의 대상이며 부모 경외는 하나님의 명령이다.

   레 19:3 너희 각 사람은 부모를 경외하고 나의 안식일을 지키라 나는 너희의 하나님 여호와이니라

3. 부모 공경은 하나님의 명령이다.

   막 10:19 네가 계명을 아나니 살인하지 말라, 간음하지 말라, 도둑질하지 말라, 거짓 증언하지 말라, 속여 빼앗지 말라, 네 부모를 공경하라 하였느니라

4. 자녀의 부모 순종은 주 안에서 기쁘게 하는 것이다.

골 3:20 자녀들아 모든 일에 부모에게 순종하라 이는 주 안에서 기쁘게 하는 것이니라

둘, 공경은 존경하고 순종하는 것이다.
1. 부모에 대한 공경은 높이고 경외하는 것이다.
   마 19:19 네 부모를 공경하라, 네 이웃을 네 자신과 같이 사랑하라 하신 것이니라
2. 하나님을 통하여 공경을 배울 수 있다.
   요 5:23 이는 모든 사람으로 아버지를 공경하는 것같이 아들을 공경하게 하려 하심이라 아들을 공경하지 아니하는 자는 그를 보내신 아버지도 공경하지 아니하느니라
3. 부모 공경은 하나님을 사랑하는 첫 계명에서 존경과 두려움으로 배울 수 있다.
   엡 6:2 네 아버지와 어머니를 공경하라 이것은 약속이 있는 첫 계명이니
4. 공경은 복종하는 것으로 나타난다.
   딤전 6:1 무릇 멍에 아래에 있는 종들은 자기 상전들을 범사에 마땅히 공경할 자로 알지니 이는 하나님의 이름과 교훈으로 비방을 받지 않게 하려 함이라

셋, 부모에 대한 순종은 반드시 대가가 따른다.
1. 순종에 대가가 있듯이 불순종에도 분명한 대가가 있다.
   신 21:18 사람에게 완악하고 패역한 아들이 있어 그의 아버지의 말이나 그 어머니의 말을 순종하지 아니하고 부모가 징계하여도 순종하지 아니하거든
2. 순종의 대가는 형통한 날을 보내며 즐거운 해를 지내는 것이다.
   욥 36:11 만일 그들이 순종하여 섬기면 형통한 날을 보내며 즐거운 해를 지낼 것이요
3. 하나님께 대한 순종이 대가가 있듯이 부모에 대한 순종도 반드시 대가가 있다.

사 1:19 너희가 즐겨 순종하면 땅의 아름다운 소산을 먹을 것이요

4. 예수님은 하나님 아버지에 대한 순종을 배워 대가를 얻으셨다.

히 5:8 그가 아들이시면서도 받으신 고난으로 순종함을 배워서

넷, 부모에게 순종하는 자는 이 땅에서 생명이 길 것이다.

1. 부모에게 순종하면 생명이 길 것이며, 생명이 긴 것은 성경적 복이다.

출 20:12 네 부모를 공경하라 그리하면 네 하나님 여호와가 네게 준 땅에서 네 생명이 길리라

2. 부모를 공경하면 생명이 길고 복을 누린다.

신 5:16 너는 네 하나님 여호와께서 명령한 대로 네 부모를 공경하라 그리하면 네 하나님 여호와가 네게 준 땅에서 네 생명이 길고 복을 누리리라

3. 부모를 공경하지 않으면 죽임을 당하여 장수하지 못한다.

마 15:4 하나님이 이르셨으되 네 부모를 공경하라 하시고 또 아버지나 어머니를 비방하는 자는 반드시 죽임을 당하리라 하셨거늘

4. 이 땅에서 누리는 부모 공경의 대가는 장수하게 되는 것이다.

엡 6:2-3 네 아버지와 어머니를 공경하라 이것은 약속이 있는 첫 계명이니 이로써 네가 잘되고 땅에서 장수하리라

제64강
다섯째 계명에서 요구하는 것

> 문 64. 다섯째 계명에서 요구하는 것이 무엇입니까?
> 답 다섯째 계명에서 요구하는 것은 윗사람에게나 아랫사람에게나 동등한 사람에게 여러 가지 위치와 관계에 있는 각 사람에게 마땅히 드릴 존경을 드리고 의무를 수행하는 것입니다.
> -엡 6 : 5

하나, 윗사람과 아랫사람과 동등한 사람에게 존경과 의무를 수행해야 한다.

1. 부모의 말을 순종하는 것은 슬기로운 일이다.

    잠 15:5 아비의 훈계를 업신여기는 자는 미련한 자요 경계를 받는 자는 슬기를 얻을 자니라

2. 자녀를 잘 가르치는 것이 부모의 의무이다.

    잠 22:6 마땅히 행할 길을 아이에게 가르치라 그리하면 늙어도 그것을 떠나지 아니하리라

3. 나와 동등한 형제와 모든 사람을 존경하고 사랑해야 한다.

    롬 12:10 형제를 사랑하여 서로 우애하고 존경하기를 서로 먼저 하며

4. 부부간에도 서로가 동등하게 사랑해야 한다.

엡 5:33 그러나 너희도 각각 자기의 아내 사랑하기를 자신같이 하고 아내도 자기 남편을 존경하라

둘, 여러 가지 위치와 관계에 있는 사람에게 존경과 의무를 수행해야 한다.
1. 지도자는 따르는 자에게 좋은 본이 되는 것이 가장 큰 의무이다.
   출 18:20 그들에게 율례와 법도를 가르쳐서 마땅히 갈 길과 할 일을 그들에게 보이고
2. 모든 사람을 존경하고 불쌍히 여겨야 하며 업신여기지 말아야 한다.
   잠 14:21 이웃을 업신여기는 자는 죄를 범하는 자요 빈곤한 자를 불쌍히 여기는 자는 복이 있는 자니라
3. 상전들에 대한 순종과 존경은 그리스도에게 대하는 마음으로 해야 한다.
   엡 6:5 종들아 두려워하고 떨며 성실한 마음으로 육체의 상전에게 순종하기를 그리스도께 하듯 하라
4. 교회를 다스리고 가르치는 자들은 진정으로 존경해야 한다.
   딤전 5:17 잘 다스리는 장로들은 배나 존경할 자로 알되 말씀과 가르침에 수고하는 이들에게는 더욱 그리할 것이니라

셋, 하나님은 모든 사람을 존경의 대상으로 만드셨다.
1. 하나님은 부모를 순종의 대상으로 주셨다.
   신 21:18 사람에게 완악하고 패역한 아들이 있어 그의 아버지의 말이나 그 어머니의 말을 순종하지 아니하고 부모가 징계하여도 순종하지 아니하거든
2. 사람을 존경하지 않는 사람을 하나님은 심판하신다.
   겔 22:7 그들이 네 가운데에서 부모를 업신여겼으며 네 가운데에서 나그네를 학대하였으며 네 가운데에서 고아와 과부를 해하였도다
3. 모든 관계의 대상에게 정당하게 대해야 한다.
   롬 13:7 모든 자에게 줄 것을 주되 조세를 받을 자에게 조세를 바치고 관세를 받

을 자에게 관세를 바치고 두려워할 자를 두려워하며 존경할 자를 존경하라

4. 윗사람을 공경하면 하나님의 이름과 교훈이 비방을 받지 않는다.

딤전 6:1 무릇 멍에 아래에 있는 종들은 자기 상전들을 범사에 마땅히 공경할 자로 알지니 이는 하나님의 이름과 교훈으로 비방을 받지 않게 하려 함이라

넷, 하나님은 모든 사람에 대한 의무를 수행하게 하셨다.

1. 부모를 즐겁고 하고 기쁘게 해 드리는 것은 자녀에게 주신 가장 큰 의무이다.

잠 23:25 네 부모를 즐겁게 하며 너를 낳은 어미를 기쁘게 하라

2. 형제를 비판하고 업신여기면 하나님께 심판을 받게 된다.

롬 14:10 네가 어찌하여 네 형제를 비판하느냐 어찌하여 네 형제를 업신여기느냐 우리가 다 하나님의 심판대 앞에 서리라

3. 가장 가까운 부부 사이에서 서로가 해야 할 의무를 다하는 것이 사회질서의 기본이다.

고전 7:3 남편은 그 아내에 대한 의무를 다하고 아내도 그 남편에게 그렇게 할지라

4. 사회에서 함께 일하고 수고하는 사람에게 순종하고 협력하는 자세를 가져야 한다.

고전 16:16 이 같은 사람들과 또 함께 일하며 수고하는 모든 사람에게 순종하라

제65강
다섯째 계명에서 금하는 것

> 문 65. 다섯째 계명에서 금하는 것이 무엇입니까?
> 답 다섯째 계명에서 금하는 것은 여러 가지 지위와 관계에 있는 각 사람에게 마땅히 드릴 존경과 의무를 소홀히 하거나 그것에 배치되는 일을 하는 것입니다.
> —마 15:4-6

하나, 인간사회에는 반드시 지위가 있다.

1. 인간사회에는 나보다 더 높은 자가 있다.

    전 5:8 너는 어느 지방에서든지 빈민을 학대하는 것과 정의와 공의를 짓밟는 것을 볼지라도 그것을 이상히 여기지 말라 높은 자는 더 높은 자가 감찰하고 또 그들보다 더 높은 자들도 있음이니라

2. 인간사회에서 높은 자와 낮은 자는 반드시 질서를 가진다.

    눅 14:8-9 네가 누구에게나 혼인 잔치에 청함을 받았을 때에 높은 자리에 앉지 말라 그렇지 않으면 너보다 더 높은 사람이 청함을 받은 경우에 너와 그를 청한 자가 와서 너더러 이 사람에게 자리를 내주라 하리니

3. 높은 지위에 있는 지도자를 위하여 기도하고 배려해야 한다.

딤전 2:1-2 모든 사람을 위하여 간구와 기도와 도고와 감사를 하되 임금들과 높은 지위에 있는 모든 사람을 위하여 하라
4. 하나님 앞에서 일을 잘한 사람은 아름다운 지위를 얻는다.
딤전 3:13 집사의 직분을 잘한 자들은 아름다운 지위와 그리스도 예수 안에 있는 믿음에 큰 담력을 얻느니라

둘, 인간은 관계 가운데서 살고 있다.
1. 인간은 관계를 맺기를 좋아한다.
삼상 18:21 스스로 이르되 내가 딸을 그에게 주어서 그에게 올무가 되게 하고 블레셋 사람들의 손으로 그를 치게 하리라 하고 이에 사울이 다윗에게 이르되 네가 오늘 다시 내 사위가 되리라 하니라
2. 가장 긴밀한 관계는 혼인관계에서 이루어진다.
대하 18:1 여호사밧이 부귀와 영광을 크게 떨쳤고 아합 가문과 혼인함으로 인척 관계를 맺었더라
3. 세상에는 나쁜 의도에서 비롯된 관계도 많다.
눅 23:12 헤롯과 빌라도가 전에는 원수였으나 당일에 서로 친구가 되니라

셋, 각 사람에게는 마땅히 드릴 존경과 의무가 있다.
1. 세상에는 존경받을 만한 사람이 많이 있고 존경해야 한다.
삼상 9:6 그가 대답하되 보소서 이 성읍에 하나님의 사람이 있는데 존경을 받는 사람이라 그가 말한 것은 반드시 다 응하나니 그리로 가사이다 그가 혹 우리가 갈 길을 가르쳐 줄까 하나이다 하는지라
2. 부모에 대한 순종은 의무이며 부모를 기쁘게 하는 것이다.
골 3:20 자녀들아 모든 일에 부모에게 순종하라 이는 주 안에서 기쁘게 하는 것이니라
3. 윤리적 잘못은 존경과 의무를 행하지 않게 한다.

딤후 3:2 사람들이 자기를 사랑하며 돈을 사랑하며 자랑하며 교만하며 비방하며 부모를 거역하며 감사하지 아니하며 거룩하지 아니하며

4. 부부의 사랑과 존경은 가장 중요한 의무이다.

엡 5:33 그러나 너희도 각각 자기의 아내 사랑하기를 자신같이 하고 아내도 자기 남편을 존경하라

넷, 사람에게 드릴 존경과 의무를 소홀히 하거나 배치되는 일을 해서는 안 된다.

1. 부모를 존경하고 즐겁게 하는 것은 지혜로운 일이다.

잠 15:20 지혜로운 아들은 아비를 즐겁게 하여도 미련한 자는 어미를 업신여기느니라

2. 부모에 대한 존경과 의무를 하지 않으면 저주를 받게 될 것이다.

신 27:16 그의 부모를 경홀히 여기는 자는 저주를 받을 것이라 할 것이요 모든 백성은 아멘 할지니라

3. 부모공경의 의무를 소홀히 하는 것은 하나님의 말씀을 폐하는 것이다.

마 15:6 그 부모를 공경할 것이 없다 하여 너희의 전통으로 하나님의 말씀을 폐하는도다

4. 부모를 거역하는 것은 대표적 악이다.

롬 1:30 비방하는 자요 하나님께서 미워하시는 자요 능욕하는 자요 교만한 자요 자랑하는 자요 악을 도모하는 자요 부모를 거역하는 자요

제66강
다섯째 계명에 첨부된 이유

> 문 66. 다섯째 계명에 첨부된 이유가 무엇입니까?
> 답 다섯째 계명에 첨부된 이유는 이 계명을 지키는 모든 사람들에게 장수(長壽)와 번영이 있으리라는(이 약속이 하나님께는 영광이 되고 그들 자신에게는 선이 되는 한에서) 약속입니다.
> -신 5 : 16, 엡 6 : 3

하나, 부모를 공경하는 자에게 장수와 번영이 있다.

1. 연장자와 노인을 공경하는 것은 여호와의 뜻이므로 여호와가 복을 주신다.

   레 19:32 너는 센 머리 앞에서 일어서고 노인의 얼굴을 공경하며 네 하나님을 경외하라 나는 여호와이니라

2. 장수는 하나님께로부터 오는 복이다.

   신 30:20 네 하나님 여호와를 사랑하고 그의 말씀을 청종하며 또 그를 의지하라 그는 네 생명이시요 네 장수이시니

3. 부모공경은 명령이며, 장수는 복이며 약속이다.

   신 5:16 너는 네 하나님 여호와께서 명령한 대로 네 부모를 공경하라 그리하면 네 하나님 여호와가 네게 준 땅에서 네 생명이 길고 복을 누리리라

4. 부모를 공경하는 것은 사람의 순리이다.

요 5:23 이는 모든 사람으로 아버지를 공경하는 것같이 아들을 공경하게 하려 하심이라

둘, 장수와 번영은 하나님께 영광이 된다.
1. 장수는 하나님의 복이므로 장수하면 하나님께 영광이 된다.

신 30:20 네 하나님 여호와를 사랑하고 그의 말씀을 청종하며 또 그를 의지하라 그는 네 생명이시요 네 장수이시니 여호와께서 네 조상 아브라함과 이삭과 야곱에게 주리라고 맹세하신 땅에 네가 거주하리라

2. 우리의 번영을 하나님은 기뻐하신다.

시 128:5-6 여호와께서 시온에서 네게 복을 주실지어다 너는 평생에 예루살렘의 번영을 보며 네 자식의 자식을 볼지어다 이스라엘에게 평강이 있을지로다

3. 하나님의 말씀을 지키는 자에게 하나님은 장수의 복을 주시고 영광 받으신다.

잠 3:16 그의 오른손에는 장수가 있고 그의 왼손에는 부귀가 있나니

셋, 장수와 번영은 자신에게는 선이 된다.
1. 장수는 자신에게 복이며 선이 된다.

욥 5:26 네가 장수하다가 무덤에 이르리니 마치 곡식단을 제때에 들어올림 같으니라

2. 장수는 명철의 복이 함께 있으므로 자신에게 선이며 큰 복이다.

욥 12:12 늙은 자에게는 지혜가 있고 장수하는 자에게는 명철이 있느니라

3. 장수는 자신에게 주어지는 최고의 복이며 선이다.

시 21:4 그가 생명을 구하매 주께서 그에게 주셨으니 곧 영원한 장수로소이다

4. 장수는 복이고 선이며, 단명은 저주이고 악이다.

잠 10:27 여호와를 경외하면 장수하느니라 그러나 악인의 수명은 짧아지느니라

넷, 부모를 공경하는 자에게 주시는 장수와 번영은 하나님의 약속이다.

1. 부모공경에 대한 대가인 장수는 "그리하면"이라고 하신 약속이다.

   출 20:12 네 부모를 공경하라 그리하면 네 하나님 여호와가 네게 준 땅에서 네 생명이 길리라

2. 하나님의 명령을 지키는 자에게 장수하게 하시는데 부모공경은 가장 큰 명령이다.

   잠 3:1-2 내 아들아 나의 법을 잊어버리지 말고 네 마음으로 나의 명령을 지키라 그리하면 그것이 네가 장수하여 많은 해를 누리게 하며 평강을 더하게 하리라

3. 부모공경은 하나님의 약속이 있는 가장 중요한 첫 계명이다.

   엡 6:2 네 아버지와 어머니를 공경하라 이것은 약속이 있는 첫 계명이니

4. 부모공경에 대한 하나님의 약속은 잘되고 장수하는 것이다.

   엡 6:3 이로써 네가 잘되고 땅에서 장수하리라

제67강
여섯째 계명

> 문 67. 여섯째 계명이 무엇입니까?
> 답 여섯째 계명은 "살인하지 말지니라" 하는 것입니다.
> - 출 20 : 13

하나, 모든 생명은 하나님의 것이다.

1. 태초에 생명이 있게 창조하신 분은 하나님이시다.

    창 1:30 또 땅의 모든 짐승과 하늘의 모든 새와 생명이 있어 땅에 기는 모든 것에게는 내가 모든 푸른 풀을 먹을 거리로 주노라 하시니 그대로 되니라

2. 피는 생명이며, 생명은 하나님의 것이기에 어떤 피든지 먹지 말라고 하셨다.

    레 17:14 모든 생물은 그 피가 생명과 일체라 그러므로 내가 이스라엘 자손에게 이르기를 너희는 어떤 육체의 피든지 먹지 말라 하였나니 모든 육체의 생명은 그 것의 피인즉 그 피를 먹는 모든 자는 끊어지리라

3. 모든 생명과 사람의 목숨까지 다 하나님께서 만드셔서 하나님의 손에 두

셨다.

욥 12:10 모든 생물의 생명과 모든 사람의 육신의 목숨이 다 그의 손에 있느니라

4. 작은 미물의 생명도 하나님께서 다스리신다.

마 10:29 참새 두 마리가 한 앗사리온에 팔리지 않느냐 그러나 너희 아버지께서 허락하지 아니하시면 그 하나도 땅에 떨어지지 아니하리라

둘, 사람의 생명의 소유는 하나님께 있다.

1. 사람의 생명은 여호와 하나님과 함께 있으며 보호받는다.

삼상 25:29 사람이 일어나서 내 주를 쫓아 내 주의 생명을 찾을지라도 내 주의 생명은 내 주의 하나님 여호와와 함께 생명 싸개 속에 싸였을 것이요

2. 사탄에게 생명은 해하지 말라고 하신 것은 생명이 하나님의 것이기 때문이다.

욥 2:6 여호와께서 사탄에게 이르시되 내가 그를 네 손에 맡기노라 다만 그의 생명은 해하지 말지니라

3. 하나님은 사람에게 생명을 주시는 생명의 공급자이시다.

요 5:26 아버지께서 자기 속에 생명이 있음같이 아들에게도 생명을 주어 그 속에 있게 하셨고

4. 하나님이 생명의 공급자이실 수 있는 것은 하나님이 생명이시기 때문이다.

골 3:4 우리 생명이신 그리스도께서 나타나실 그때에 너희도 그와 함께 영광 중에 나타나리라

셋, 살인은 하나님이 엄격하게 금하신 법이다.

1. 살인을 금한 것은 사람이 아니라 하나님이시다.

출 20:13 살인하지 말라

2. 살인죄는 다른 어떤 법보다 가장 엄하게 다스릴 하나님의 법이다.

민 35:31 고의로 살인죄를 범한 살인자는 생명의 속전을 받지 말고 반드시 죽일

것이며

3. 살인한 자는 누구든지 엄한 심판을 받게 된다.

   마 5:21 옛 사람에게 말한 바 살인하지 말라 누구든지 살인하면 심판을 받게 되리라 하였다는 것을 너희가 들었으나

4. 살인하지 말라는 계명은 이미 알려진 엄격한 계명이다.

   눅 18:20 네가 계명을 아나니 간음하지 말라, 살인하지 말라, 도둑질하지 말라, 거짓 증언하지 말라, 네 부모를 공경하라 하였느니라

넷, 사람을 욕하고 미워하는 것도 살인에 버금가는 악이다.

1. 사람을 미워하는 것은 이미 큰 죄를 지은 것이다.

   레 19:17 너는 네 형제를 마음으로 미워하지 말며 네 이웃을 반드시 견책하라 그러면 네가 그에 대하여 죄를 담당하지 아니하리라

2. 형제를 노하게 하고 욕하는 자가 지옥에 던져지는 것은 이미 형제를 죽였기 때문이다.

   마 5:22 나는 너희에게 이르노니 형제에게 노하는 자마다 심판을 받게 되고 형제를 대하여 라가라 하는 자는 공회에 잡혀가게 되고 미련한 놈이라 하는 자는 지옥 불에 들어가게 되리라

3. 사람을 미워하는 것은 살인한 것이나 마찬가지이다.

   요일 3:15 그 형제를 미워하는 자마다 살인하는 자니 살인하는 자마다 영생이 그 속에 거하지 아니하는 것을 너희가 아는 바라

4. 형제를 미워하는 것이 죄가 되는 것은 하나님을 사랑하지 않기 때문이다.

   요일 4:20 하나님을 사랑하노라 하고 그 형제를 미워하면 이는 거짓말하는 자니 보는 바 그 형제를 사랑하지 아니하는 자는 보지 못하는 바 하나님을 사랑할 수 없느니라

제68강
여섯째 계명에서 요구하는 것

> 문 68. 여섯째 계명에서 요구하는 것이 무엇입니까?
> 답 여섯째 계명에서 요구하는 것은 우리가 정당한 노력을 다해서 우리 자신의 생명과 다른 사람들의 생명을 보존하는 일입니다.
> - 엡 5 : 29, 마 5 : 21

하나, 사람은 누구나 자신의 생명을 지키려고 노력해야 한다.

1. 사람은 자신의 생명을 지키는 지혜가 있어야 한다.

   잠 13:3 입을 지키는 자는 자기의 생명을 보전하나 입술을 크게 벌리는 자에게는 멸망이 오느니라

2. 다른 사람을 악에서 돌아서게 해야 자신의 생명을 보전받을 수 있다.

   겔 33:9 그러나 너는 악인에게 경고하여 돌이켜 그의 길에서 떠나라고 하되 그가 돌이켜 그의 길에서 떠나지 아니하면 그는 자기 죄악으로 말미암아 죽으려니와 너는 네 생명을 보전하리라

3. 자신의 생명 연장과 보전을 위하여 기도해야 한다.

   왕하 20:3 여호와여 구하오니 내가 진실과 전심으로 주 앞에 행하며 주께서 보시

기에 선하게 행한 것을 기억하옵소서 하고 히스기야가 심히 통곡하더라

4. 자신의 육체를 양육하고 보호하는 것은 그리스도처럼 해야 한다.

> 엡 5:29 누구든지 언제나 자기 육체를 미워하지 않고 오직 양육하여 보호하기를 그리스도께서 교회에게 함과 같이 하나니

둘, 자신의 생명을 지켜야 하는 것은 생명이 자신의 것이 아니기 때문이다.

1. 생명은 자신의 것이 아니라 그 원천이 하나님께 있다.

> 시 36:9 진실로 생명의 원천이 주께 있사오니 주의 빛 안에서 우리가 빛을 보리이다

2. 하나님이 생명을 공급하시며, 생명을 길게 하시는 것도 하나님께 있다.

> 시 21:4 그가 생명을 구하매 주께서 그에게 주셨으니 곧 영원한 장수로소이다

3. 하나님은 사람의 생명을 주시기도 하고 거두시기도 하신다.

> 눅 12:20 하나님은 이르시되 어리석은 자여 오늘 밤에 네 영혼을 도로 찾으리니 그러면 네 준비한 것이 누구의 것이 되겠느냐 하셨으니

셋, 다른 사람의 생명을 보존할 책임이 우리에게 있다.

1. 다른 사람의 생명을 자신의 생명처럼 사랑해야 한다.

> 삼상 18:3 요나단은 다윗을 자기 생명같이 사랑하여 더불어 언약을 맺었으며

2. 내 생명으로 다른 사람의 생명을 대신할 각오로 다른 사람의 생명을 지켜야 한다.

> 왕상 20:39 왕이 지나갈 때에 그가 소리 질러 왕을 불러 이르되 종이 전장 가운데에 나갔더니 한 사람이 돌이켜 어떤 사람을 끌고 내게로 와서 말하기를 이 사람을 지키라 만일 그를 잃어 버리면 네 생명으로 그의 생명을 대신하거나 그렇지 아니하면 네가 은 한 달란트를 내어야 하리라 하였거늘

3. 다른 사람을 자신처럼 사랑해야 다른 사람의 생명을 사랑할 수 있다.

> 막 12:31 둘째는 이것이니 네 이웃을 네 자신과 같이 사랑하라 하신 것이라 이보

다 더 큰 계명이 없느니라

4. 다른 사람을 위하여 자신의 목숨을 버리는 것이 가장 큰 사랑이다.

요 15:13 사람이 친구를 위하여 자기 목숨을 버리면 이보다 더 큰 사랑이 없나니

넷, 다른 사람의 생명을 빼앗을 자격이 우리에게는 없다.

1. 다른 사람의 생명을 해치지 않으려는 것이 성숙한 자의 생각이다.

창 37:21 르우벤이 듣고 요셉을 그들의 손에서 구원하려 하여 이르되 우리가 그의 생명은 해치지 말자

2. 다른 사람의 생명을 빼앗을 자격이 없으므로 고의 살인은 절대 안 된다.

출 21:14 사람이 그의 이웃을 고의로 죽였으면 너는 그를 내 제단에서라도 잡아 내려 죽일지니라

3. 하나님의 사람은 다른 사람의 생명을 귀하게 여긴다.

삼상 26:21 사울이 이르되 내가 범죄하였도다 내 아들 다윗아 돌아오라 네가 오늘 내 생명을 귀하게 여겼은즉 내가 다시는 너를 해하려 하지 아니하리라 내가 어리석은 일을 하였으니 대단히 잘못되었도다 하는지라

4. 다른 사람의 생명을 귀하게 여기는 것은 오래된 상식이다.

마 5:21 옛 사람에게 말한 바 살인하지 말라 누구든지 살인하면 심판을 받게 되리라 하였다는 것을 너희가 들었으나

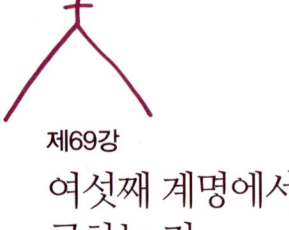

제69강
여섯째 계명에서 금하는 것

> 문 69. 여섯째 계명에서 금하는 것이 무엇입니까?
> 답 여섯째 계명에서 금하는 것은 우리 자신의 생명이나 우리 이웃의 생명을 부당하게 끊거나, 또는 그러한 결과로 이끄는 모든 일입니다.
> — 행 1 : 8, 왕상 21 : 9 – 10

하나, 생명을 부당하게 끊는 것은 하나님이 생명을 지으신 뜻이 아니다.

1. 하나님은 생명을 붙들어 주시어 끊어지지 않게 하신다.

    시 54:4 하나님은 나를 돕는 이시며 주께서는 내 생명을 붙들어 주시는 이시니이다

2. 사람의 생명을 해하려고 마음에 도모하는 것은 하나님의 뜻이 아니다.

    슥 7:10 과부와 고아와 나그네와 궁핍한 자를 압제하지 말며 서로 해하려고 마음에 도모하지 말라 하였으나

3. 예수님은 스스로 생명이시기에 생명을 아끼고 보존하신다.

    요 14:6 예수께서 이르시되 내가 곧 길이요 진리요 생명이니 나로 말미암지 않고는 아버지께로 올 자가 없느니라

4. 예수님은 생명의 주가 되시기에 생명을 주시려고 자신의 생명을 끊으셨다.
   행 3:15 생명의 주를 죽였도다 그러나 하나님이 죽은 자 가운데서 그를 살리셨으니 우리가 이 일에 증인이라

둘, 자신의 생명을 부당하게 끊어서는 안 된다.
1. 자신의 생명을 끊어 달라고 하지만 하나님은 허락하지 않으신다.
   왕상 19:4 자기 자신은 광야로 들어가 하룻길쯤 가서 한 로뎀 나무 아래에 앉아서 자기가 죽기를 원하여 이르되 여호와여 넉넉하오니 지금 내 생명을 거두시옵소서 나는 내 조상들보다 낫지 못하니이다 하고
2. 하나님은 자신의 잘못으로 죽을 생명까지도 건지신다.
   욘 2:6 나의 하나님 여호와여 주께서 내 생명을 구덩이에서 건지셨나이다
3. 회개하지 않은 자살은 영원한 배반자가 되게 한다.
   마 27:5 유다가 은을 성소에 던져 넣고 물러가서 스스로 목매어 죽은지라
4. 누구든지 자결하려고 하는 것은 끝까지 말려야 한다.
   행 16:27-28 간수가 자다가 깨어 옥문들이 열린 것을 보고 죄수들이 도망한 줄 생각하고 칼을 빼어 자결하려 하거늘 바울이 크게 소리 질러 이르되 네 몸을 상하지 말라 우리가 다 여기 있노라 하니

셋, 이웃의 생명을 부당하게 끊어서는 안 된다.
1. 다른 사람의 피를 흘리게 하면 나의 피도 흘리게 된다.
   창 9:6 다른 사람의 피를 흘리면 그 사람의 피도 흘릴 것이니 이는 하나님이 자기 형상대로 사람을 지으셨음이니라
2. 나의 이익을 위하여 다른 사람의 피를 흘려서는 안 된다.
   레 19:16 너는 네 백성 중에 돌아다니며 사람을 비방하지 말며 네 이웃의 피를 흘려 이익을 도모하지 말라 나는 여호와이니라
3. 사울은 끊임없이 다윗의 생명을 끊으려고 하였지만 하나님은 막으셨다.

삼상 23:15 다윗이 사울이 자기의 생명을 빼앗으려고 나온 것을 보았으므로 그가 십 광야 수풀에 있었더니

넷, 자신이나 이웃의 생명을 부당하게 끊도록 교사 혹은 방조해서는 안 된다.

1. 자신의 욕망 때문에 남의 생명을 부당하게 끊는 것은 큰 죄이다.

    삼하 11:15 그 편지에 써서 이르기를 너희가 우리아를 맹렬한 싸움에 앞세워 두고 너희는 뒤로 물러가서 그로 맞아 죽게 하라 하였더라

2. 부당하게 살인을 교사하면 안 된다.

    왕상 21:10 불량자 두 사람을 그의 앞에 마주 앉히고 그에게 대하여 증거하기를 네가 하나님과 왕을 저주하였다 하게 하고 곧 그를 끌고 나가서 돌로 쳐죽이라 하였더라

3. 부부 사이에서도 사랑이 없으면 자살을 교사하고 방조하는 죄를 범하게 된다.

    욥 2:9 그의 아내가 그에게 이르되 당신이 그래도 자기의 온전함을 굳게 지키느냐 하나님을 욕하고 죽으라

4. 자신의 원한을 갚으려고 남의 생명을 구하는 것도 큰 죄이다.

    막 6:24 그가 나가서 그 어머니에게 말하되 내가 무엇을 구하리이까 그 어머니가 이르되 세례 요한의 머리를 구하라 하니

제70강
일곱째 계명

> 문 70. 일곱째 계명이 무엇입니까?
> 답 일곱째 계명은 "간음하지 말지니라" 하는 것입니다.
> ―출 20 : 14

하나, 간음은 하나님이 세우신 공동체의 관계를 파괴하는 것이다.

1. 하나님이 우리를 거룩하게 하려고 부르신다.

   살전 4:7 하나님이 우리를 부르심은 부정하게 하심이 아니요 거룩하게 하심이니

2. 결혼은 하나님이 친히 세우신 공동체이다.

   창 2:18 여호와 하나님이 이르시되 사람이 혼자 사는 것이 좋지 아니하니 내가 그를 위하여 돕는 배필을 지으리라 하시니라

3. 가정은 다른 어떤 관계보다 가장 가까운 이웃이다.

   눅 10:27 대답하여 이르되 네 마음을 다하며 목숨을 다하며 힘을 다하며 뜻을 다하여 주 너의 하나님을 사랑하고 또한 네 이웃을 네 자신같이 사랑하라 하였나이다

4. 부부는 하나의 유기체이다.

   아 2:16 내 사랑하는 자는 내게 속하였고 나는 그에게 속하였도다 그가 백합화 가운데에서 양 떼를 먹이는구나

둘, 간음은 하나님이 엄격하게 금하신 법이다.
1. 간음을 금하신 분은 하나님이시다.

   출 20:14 간음하지 말라

2. 하나님은 거룩함을 요구하신다.

   살전 4:3-4 하나님의 뜻은 이것이니 너희의 거룩함이라 곧 음란을 버리고 각각 거룩함과 존귀함으로 자기의 아내 대할 줄을 알고

3. 간음은 자신의 몸에 범죄하는 것이다.

   고전 6:18 음행을 피하라 사람이 범하는 죄마다 몸 밖에 있거니와 음행하는 자는 자기 몸에 죄를 범하느니라

4. 간음은 성도의 삶에서 마땅히 제하여야 하는 것이다.

   엡 5:3 음행과 온갖 더러운 것과 탐욕은 너희 중에서 그 이름조차도 부르지 말라 이는 성도에게 마땅한 바니라

셋, 하나님은 결혼을 통하지 않는 불법적인 성적인 관계를 금하신다.
1. 하나님은 결혼 전의 관계를 금하신다.

   신 22:28 만일 남자가 약혼하지 아니한 처녀를 만나 그를 붙들고 동침하는 중에 그 두 사람이 발견되면

2. 하나님은 이웃의 가정을 파괴하는 것을 심판하신다.

   신 22:22 어떤 남자가 유부녀와 동침한 것이 드러나거든 그 동침한 남자와 그 여자를 둘 다 죽여 이스라엘 중에 악을 제할지니라

3. 수간은 반드시 죽여야 하는 죄이다.

   출 22:19 짐승과 행음하는 자는 반드시 죽일지니라

4. 하나님은 동성애를 금하신다.

　레 18:22　너는 여자와 동침함같이 남자와 동침하지 말라 이는 가증한 일이니라

넷, 하나님이 주신 거룩한 성전으로서의 몸을 지켜야 한다.

1. 마음으로 범죄하지 말아야 한다.

　잠 4:23　모든 지킬 만한 것 중에 더욱 네 마음을 지키라 생명의 근원이 이에서 남이니라

2. 눈으로 범죄하지 말아야 한다.

　마 5:28　나는 너희에게 이르노니 음욕을 품고 여자를 보는 자마다 마음에 이미 간음하였느니라

3. 언어로 범죄하지 말아야 한다.

　엡 4:29　무릇 더러운 말은 너희 입 밖에도 내지 말고 오직 덕을 세우는 데 소용되는 대로 선한 말을 하여 듣는 자들에게 은혜를 끼치게 하라

4. 행실로 범죄하지 말아야 한다.

　벧전 3:2　너희의 두려워하며 정결한 행실을 봄이라

제71강
일곱째 계명에서 요구하는 것

> 문 71. 일곱째 계명에서 요구하는 것이 무엇입니까?
> 답 일곱째 계명에서 요구하는 것은, 마음과 말과 행위에 있어서 우리 자신과 우리 이웃의 정절을 보존하는 일입니다.
> – 마 5 : 27 – 32

하나, 우리는 마음을 잘 다스려야 한다.

1. 마음을 지키는 것이 가장 중요한 이유는 생명을 지키는 것이기 때문이다.

   잠 4:23 모든 지킬 만한 것 중에 더욱 네 마음을 지키라 생명의 근원이 이에서 남이니라

2. 하나님의 뜻을 알지 못하면 누구나 마음에 번민하고 잠을 자지 못한다.

   단 2:1 느부갓네살이 다스린 지 이 년이 되는 해에 느부갓네살이 꿈을 꾸고 그로 말미암아 마음이 번민하여 잠을 이루지 못한지라

3. 마음을 잘 다스리는 자는 마음이 청결해지고 하나님을 볼 수 있다.

   마 5:8 마음이 청결한 자는 복이 있나니 그들이 하나님을 볼 것임이요

4. 그리스도의 평강이 있으면 마음을 다스릴 수 있다.

골 3:15 그리스도의 평강이 너희 마음을 주장하게 하라 너희는 평강을 위하여 한 몸으로 부르심을 받았나니 너희는 또한 감사하는 자가 되라

둘, 우리의 말과 행위가 인격적이어야 한다.
1. 마음이 견고하여 두려워하거나 흔들리지 말아야 한다.

   시 112:8 그의 마음이 견고하여 두려워하지 아니할 것이라 그의 대적들이 받는 보응을 마침내 보리로다

2. 그리스도인의 행위는 말씀을 따라 인격적이고 온전하여야 한다.

   시 119:1 행위가 온전하여 여호와의 율법을 따라 행하는 자들은 복이 있음이여

3. 하나님의 사람은 마음이 지혜롭고 입이 선한 사람이 되어야 한다.

   잠 16:21 마음이 지혜로운 자는 명철하다 일컬음을 받고 입이 선한 자는 남의 학식을 더하게 하느니라

4. 굽은 마음과 패역한 혀는 다른 사람에게 해가 되고 자신도 재앙에 빠지게 한다.

   잠 17:20 마음이 굽은 자는 복을 얻지 못하고 혀가 패역한 자는 재앙에 빠지느니라

셋, 우리의 마음과 말과 행위는 우리 자신을 지킨다.
1. 마음이 정해진 사람에게는 기쁨이 있고 자신을 잘 지킨다.

   시 57:7 하나님이여 내 마음이 확정되었고 내 마음이 확정되었사오니 내가 노래하고 내가 찬송하리이다

2. 자기의 마음을 잘 다스리는 자가 가장 자기를 잘 지킨 사람이며 위대한 사람이다.

   잠 16:32 노하기를 더디하는 자는 용사보다 낫고 자기의 마음을 다스리는 자는 성을 빼앗는 자보다 나으니라

3. 자신의 행위를 잘 살피는 것은 하나님의 뜻이다.

학 1:7 만군의 여호와가 말하노니 너희는 자기의 행위를 살필지니라

4. 마음이 부패하여지면 진리를 잃어버리고 경건한 삶을 살지 못한다.

딤전 6:5 마음이 부패하여지고 진리를 잃어 버려 경건을 이익의 방도로 생각하는 자들의 다툼이 일어나느니라

넷, 우리의 마음과 말과 행위는 이웃의 정절을 보존해야 한다.

1. 여호와의 장막에 머무는 자는 말로 남을 비방하지 않는다.

시 15:3 그의 혀로 남을 허물하지 아니하고 그의 이웃에게 악을 행하지 아니하며 그의 이웃을 비방하지 아니하며

2. 이웃을 업신여기지 말고 이웃을 사랑하며 보존해 주어야 한다.

잠 14:21 이웃을 업신여기는 자는 죄를 범하는 자요 빈곤한 자를 불쌍히 여기는 자는 복이 있는 자니라

3. 마음으로라도 죄를 짓지 말아야 하며 자신과 이웃을 잘 보존해 주어야 한다.

마 5:28 나는 너희에게 이르노니 음욕을 품고 여자를 보는 자마다 마음에 이미 간음하였느니라

4. 청결한 마음을 가지고 이웃을 사랑하는 것은 성경이 가르치는 교훈이다.

딤전 1:5 이 교훈의 목적은 청결한 마음과 선한 양심과 거짓이 없는 믿음에서 나오는 사랑이거늘

제72강
일곱째 계명에서 금하는 것

> 문 72. 일곱째 계명에서 금하는 것이 무엇입니까?
> 답 일곱째 계명에서 금하는 것은 모든 정숙하지 못한 생각과 말과 행동입니다.
> —엡 4 : 29, 5 : 3-4

하나, 일곱째 계명은 정숙함을 요구하고 있다.

1. 레위인의 사명은 백성을 정숙하게 하는 것이었다.

   느 8:11 레위 사람들도 모든 백성을 정숙하게 하여 이르기를 오늘은 성일이니 마땅히 조용하고 근심하지 말라 하니

2. 정숙함은 믿음의 기준을 갖추는 것이다.

   롬 12:3 내게 주신 은혜로 말미암아 너희 각 사람에게 말하노니 마땅히 생각할 그 이상의 생각을 품지 말고 오직 하나님께서 각 사람에게 나누어 주신 믿음의 분량대로 지혜롭게 생각하라

3. 정숙한 자는 자기를 깨끗하게 하는 자이다.

   요일 3:3 주를 향하여 이 소망을 가진 자마다 그의 깨끗하심과 같이 자기를 깨끗

하게 하느니라

둘, 정숙하지 못한 생각을 하지 말라.

1. 정숙하지 못한 생각은 악한 생각이다.

   신 15:9 삼가 너는 마음에 악한 생각을 품지 말라 곧 이르기를 일곱째 해 면제년이 가까이 왔다 하고 네 궁핍한 형제를 악한 눈으로 바라보며 아무것도 주지 아니하면 그가 너를 여호와께 호소하리니 그것이 네게 죄가 되리라

2. 마음과 생각으로 간음하지 말아야 한다.

   마 5:28 나는 너희에게 이르노니 음욕을 품고 여자를 보는 자마다 마음에 이미 간음하였느니라

3. 정숙하지 못한 생각은 자신을 죽이는 것이다.

   롬 8:6 육신의 생각은 사망이요 영의 생각은 생명과 평안이니라

4. 음행하는 더러운 죄를 짓는 자는 하나님 나라를 얻지 못한다.

   엡 5:5 너희도 정녕 이것을 알거니와 음행하는 자나 더러운 자나 탐하는 자 곧 우상 숭배자는 다 그리스도와 하나님의 나라에서 기업을 얻지 못하리니

셋, 정숙하지 못한 말을 하지 말라.

1. 하나님은 하나님의 사람의 입을 깨끗케 하신다.

   사 6:7 그것을 내 입술에 대며 이르되 보라 이것이 네 입에 닿았으니 네 악이 제하여졌고 네 죄가 사하여졌느니라 하더라

2. 하나님은 하나님의 사람을 정숙하게 하시려고 코를 꿰고 재갈을 물리신다.

   사 37:29 네가 나를 거슬러 분노함과 네 오만함이 내 귀에 들렸으므로 내가 갈고리로 네 코를 꿰며 재갈을 네 입에 물려 너를 오던 길로 돌아가게 하리라 하셨나이다

3. 더럽고 정숙하지 못한 것은 입에 담지도 말아야 한다.

   엡 5:3 음행과 온갖 더러운 것과 탐욕은 너희 중에서 그 이름조차도 부르지 말라

이는 성도에게 마땅한 바니라

4. 참된 경건이란 혀에 재갈을 물려 말을 조심하는 것이다.

약 1:26 누구든지 스스로 경건하다 생각하며 자기 혀를 재갈 물리지 아니하고 자기 마음을 속이면 이 사람의 경건은 헛것이라

넷, 정숙하지 못한 행동을 하지 말라.

1. 정숙하지 못한 행동은 자신을 더러워지게 한다.

   시 106:39 그들은 그들의 행위로 더러워지니 그들의 행동이 음탕하도다

2. 행동을 삼가는 것은 슬기로운 일이다.

   잠 14:15 어리석은 자는 온갖 말을 믿으나 슬기로운 자는 자기의 행동을 삼가느니라

3. 율법을 주신 까닭은 정숙하지 못한 행동을 금하기 위함이다.

   딤전 1:10 음행하는 자와 남색하는 자와 인신매매를 하는 자와 거짓말하는 자와 거짓 맹세하는 자와 기타 바른 교훈을 거스르는 자를 위함이니

4. 정숙하지 못한 행동으로 멸망당한 가장 뚜렷한 사례가 소돔과 고모라이다.

   유 1:7 소돔과 고모라와 그 이웃 도시들도 그들과 같은 행동으로 음란하며 다른 육체를 따라 가다가 영원한 불의 형벌을 받음으로 거울이 되었느니라

제73강
여덟째 계명

> **문** 73. 여덟째 계명이 무엇입니까?
> **답** 여덟째 계명은 "도적질하지 말지니라" 하는 것입니다.
> ㅡ출 20 : 15

하나, 모든 소유는 하나님의 것이다.

1. 세상의 모든 물건은 주의 손에서 나온 주의 것이다.

   대상 29:16 우리 하나님 여호와여 우리가 주의 거룩한 이름을 위하여 성전을 건축하려고 미리 저축한 이 모든 물건이 다 주의 손에서 왔사오니 다 주의 것이니이다

2. 하나님은 모든 나라를 소유하시고 계시다.

   시 82:8 하나님이여 일어나사 세상을 심판하소서 모든 나라가 주의 소유이기 때문이니이다

3. 모든 소유는 하나님의 것이며 우리는 관리자이다.

   눅 12:44 내가 참으로 너희에게 이르노니 주인이 그 모든 소유를 그에게 맡기리라

4. 모든 피조물은 하나님이 창조하셨고 하나님을 위하여 창조되었다.

> 골 1:16 만물이 그에게서 창조되되 하늘과 땅에서 보이는 것들과 보이지 않는 것들과 혹은 왕권들이나 주권들이나 통치자들이나 권세들이나 만물이 다 그로 말미암고 그를 위하여 창조되었고

둘, 하나님은 우리에게 각자의 소유를 허락하셨다.

1. 하나님은 자기의 소유를 허락하시고 희년에는 자기 소유지로 돌아가게 하신다.

> 레 25:13 이 희년에는 너희가 각기 자기의 소유지로 돌아갈지라

2. 하나님은 하나님의 백성에게 점령하는 땅을 소유로 주신다고 이미 약속하셨다.

> 민 33:53 그 땅을 점령하여 거기 거주하라 내가 그 땅을 너희 소유로 너희에게 주었음이라

3. 하나님은 백성의 소유의 경계를 정하여 주신다.

> 신 11:24 너희의 발바닥으로 밟는 곳은 다 너희의 소유가 되리니 너희의 경계는 곧 광야에서부터 레바논까지와 유브라데 강에서부터 서해까지라

4. 자신의 소유를 자신의 마음대로 할 수 있게 허락하셨다.

> 행 5:4 땅이 그대로 있을 때에는 네 땅이 아니며 판 후에도 네 마음대로 할 수가 없더냐 어찌하여 이 일을 네 마음에 두었느냐 사람에게 거짓말한 것이 아니요 하나님께로다

셋, 내 소유가 귀하면 남의 소유도 귀하다.

1. 내 것을 두고 남의 것에 과다한 욕심을 부리지 말아야 한다.

> 창 33:9 에서가 이르되 내 동생아 내게 있는 것이 족하니 네 소유는 네게 두라

2. 사람뿐만 아니라 짐승까지도 남의 것에 손해를 입히지 말아야 한다.

> 출 22:5 사람이 밭에서나 포도원에서 짐승을 먹이다가 자기의 짐승을 놓아 남의

밭에서 먹게 하면 자기 밭의 가장 좋은 것과 자기 포도원의 가장 좋은 것으로 배상할지니라

3. 물질만 아니라 정신적으로도 남을 배려하고 대접해야 한다.

마 7:12 그러므로 무엇이든지 남에게 대접을 받고자 하는 대로 너희도 남을 대접하라 이것이 율법이요 선지자니라

4. 궁극적으로 자기의 유익보다 남의 유익을 구해야 한다.

고전 10:24 누구든지 자기의 유익을 구하지 말고 남의 유익을 구하라

넷, 남의 것을 도적질하지 말아야 한다.

1. 도둑질하지 말 것은 하나님의 강한 명령이다.

출 20:15 도둑질하지 말라

2. 도둑질하지 말아야 하는 것은 다른 계명과 더불어 반드시 지켜야 할 계명이다.

레 19:11 너희는 도둑질하지 말며 속이지 말며 서로 거짓말하지 말며

3. 도둑질하지 말 것은 신약에도 계승된 하나님의 명령이다.

눅 18:20 네가 계명을 아나니 간음하지 말라, 살인하지 말라, 도둑질하지 말라, 거짓 증언하지 말라, 네 부모를 공경하라 하였느니라

4. 도둑질하지 않는 것은 자기 손으로 선한 일을 하는 것이다.

엡 4:28 도둑질하는 자는 다시 도둑질하지 말고 돌이켜 가난한 자에게 구제할 수 있도록 자기 손으로 수고하여 선한 일을 하라

제74강
여덟째 계명에서 요구하는 것

> 문 74. 여덟째 계명에서 요구하는 것이 무엇입니까?
> 답 여덟째 계명에서 요구하는 것은 우리 자신과 남들의 재산과 신분을 정당하게 얻고 또 증진시키는 일입니다.
> -잠 10 : 4, 12 : 27, 23 : 21, 레 6 : 4-6, 살후 3 : 10-12

하나, 우리 자신과 남들의 재산을 정당하게 얻어야 한다.

1. 남의 재산은 정당하게 지켜 주어야 한다.

   레 6:4-5 이는 죄를 범하였고 죄가 있는 자니 그 훔친 것이나 착취한 것이나 맡은 것이나 잃은 물건을 주운 것이나 그 거짓 맹세한 모든 물건을 돌려보내되 곧 그 본래 물건에 오분의 일을 더하여 돌려보낼 것이니 그 죄가 드러나는 날에 그 임자에게 줄 것이요

2. 정당한 일을 하기 위해서라도 남의 것을 사기 위해서는 정당한 값을 지불해야 한다.

   대상 21:24 다윗 왕이 오르난에게 이르되 그렇지 아니하다 내가 반드시 상당한 값으로 사리라 내가 여호와께 드리려고 네 물건을 빼앗지 아니하겠고 값 없이는 번

제를 드리지도 아니하리라 하니라
3. 자신의 일을 열심히 하는 것이 참된 그리스도인의 삶이다.
    살후 3:12 이런 자들에게 우리가 명하고 주 예수 그리스도 안에서 권하기를 조용히 일하여 자기 양식을 먹으라 하노라

둘, 우리 자신과 남들의 신분을 정당하게 얻어야 한다.
1. 나의 신분을 이용하여 남의 재산을 빼앗는 것은 범죄이다.
    민 16:15 모세가 심히 노하여 여호와께 여짜오되 주는 그들의 헌물을 돌아보지 마옵소서 나는 그들의 나귀 한 마리도 빼앗지 아니하였고 그들 중의 한 사람도 해하지 아니하였나이다 하고
2. 게으르고 일하기 싫어하는 것은 자기를 죽이는 일이다.
    잠 21:25 게으른 자의 욕망이 자기를 죽이나니 이는 자기의 손으로 일하기를 싫어함이니라
3. 나의 신분으로 남의 신분을 압제하지 말아야 한다.
    슥 7:10 과부와 고아와 나그네와 궁핍한 자를 압제하지 말며 서로 해하려고 마음에 도모하지 말라 하였으나
4. 남에게 폐를 끼치지 않아야 정당한 것이다.
    살전 2:9 형제들아 우리의 수고와 애쓴 것을 너희가 기억하리니 너희 아무에게도 폐를 끼치지 아니하려고 밤낮으로 일하면서 너희에게 하나님의 복음을 전하였노라

셋, 우리 자신과 남들의 재산을 증진시켜야 한다.
1. 남의 재산을 증식시킨 자가 충성된 일꾼이다.
    마 25:20 다섯 달란트 받았던 자는 다섯 달란트를 더 가지고 와서 이르되 주인이여 내게 다섯 달란트를 주셨는데 보소서 내가 또 다섯 달란트를 남겼나이다
2. 남의 재산을 증진시키면 나의 재산도 증진된다.

눅 16:12 너희가 만일 남의 것에 충성하지 아니하면 누가 너희의 것을 너희에게 주겠느냐

3. 성경은 노동을 장려하고 자신과 남의 재산을 증진시키라고 한다.

살후 3:10 우리가 너희와 함께 있을 때에도 너희에게 명하기를 누구든지 일하기 싫어하거든 먹지도 말게 하라 하였더니

넷. 우리 자신과 남들의 신분을 증진시켜야 한다.

1. 자신의 신분만을 높이려다 남의 신분을 높여 주는 어리석은 사람도 있다.

에 6:10 이에 왕이 하만에게 이르되 너는 네 말대로 속히 왕복과 말을 가져다가 대궐 문에 앉은 유다 사람 모르드개에게 행하되 무릇 네가 말한 것에서 조금도 빠짐이 없이 하라

2. 게으른 자는 재산도 신분도 증진시키지 못한다.

잠 12:27 게으른 자는 그 잡을 것도 사냥하지 아니하나니 사람의 부귀는 부지런한 것이니라

3. 모든 사람의 신분이 다 귀하다.

마 18:10 삼가 이 작은 자 중의 하나도 업신여기지 말라 너희에게 말하노니 그들의 천사들이 하늘에서 하늘에 계신 내 아버지의 얼굴을 항상 뵈옵느니라

4. 다른 사람의 신분을 높여 주는 것이 아름다운 그리스도인의 삶이다.

빌 2:3 아무 일에든지 다툼이나 허영으로 하지 말고 오직 겸손한 마음으로 각각 자기보다 남을 낫게 여기고

제75강
여덟째 계명에서 금하는 것

> **문** 75. 여덟째 계명에서 금하는 것이 무엇입니까?
> **답** 여덟째 계명에서 금하는 것은 우리 자신이나, 우리 이웃의 재산이나, 신분을 부당하게 방해하는 일이나, 또는 방해할지도 모르는 일들입니다.
> -엡 4 : 28, 겔 22 : 29, 렘 52 : 17, 말 3 : 9, 살후 3 : 7 - 10

하나, 우리 자신의 재산을 부당하게 방해하면 안 된다.

1. 하나님은 도둑질하는 자를 끊으신다.

   슥 5:3 그가 내게 이르되 이는 온 땅 위에 내리는 저주라 도둑질하는 자는 그 이쪽 글대로 끊어지고 맹세하는 자는 그 저쪽 글대로 끊어지리라 하니

2. 주님을 위해 사용하는 것은 낭비가 아니며 자신에 대하여 낭비하지 말아야 한다.

   막 14:4 어떤 사람들이 화를 내어 서로 말하되 어찌하여 이 향유를 허비하는가

3. 자신의 재산을 낭비하는 것은 죄를 범하는 것이다.

   눅 15:13 그 후 며칠이 안 되어 둘째 아들이 재물을 다 모아 가지고 먼 나라에 가 거기서 허랑방탕하여 그 재산을 낭비하더니

4. 재산을 잘못 쓰지 않기 위해서는 자기 손으로 수고해야 한다.
   엡 4:28 도둑질하는 자는 다시 도둑질하지 말고 돌이켜 가난한 자에게 구제할 수 있도록 자기 손으로 수고하여 선한 일을 하라

둘. 우리 이웃의 재산을 부당하게 방해하면 안 된다.

1. 부모의 재산도 자신의 재산처럼 도둑질하지 말고 잘 지켜야 한다.
   잠 28:24 부모의 물건을 도둑질하고서도 죄가 아니라 하는 자는 멸망 받게 하는 자의 동류니라
2. 하나님의 성전의 물건도 자신의 재산처럼 지켜야 한다.
   렘 52:17 갈대아 사람은 또 여호와의 성전의 두 놋기둥과 받침들과 여호와의 성전의 놋대야를 깨뜨려 그 놋을 바벨론으로 가져갔고
3. 십일조와 봉헌을 하지 않는 것은 하나님의 것을 도둑질하는 것이다.
   말 3:8 사람이 어찌 하나님의 것을 도둑질하겠느냐 그러나 너희는 나의 것을 도둑질하고도 말하기를 우리가 어떻게 주의 것을 도둑질하였나이까 하는도다 이는 곧 십일조와 봉헌물이라
4. 청지기는 주인의 소유를 아끼고 잘 관리해야 할 책임이 있다.
   눅 16:1 또한 제자들에게 이르시되 어떤 부자에게 청지기가 있는데 그가 주인의 소유를 낭비한다는 말이 그 주인에게 들린지라
5. 다른 사람의 재물을 조금이라도 아껴야 참된 일꾼이다.
   살후 3:8 누구에게서든지 음식을 값없이 먹지 않고 오직 수고하고 애써 주야로 일함은 너희 아무에게도 폐를 끼치지 아니하려 함이니

셋. 우리 자신의 신분을 부당하게 방해하면 안 된다.

1. 우리 자신이 스스로 잘 지키고 미혹당하지 말아야 한다.
   잠 12:26 의인은 그 이웃의 인도자가 되나 악인의 소행은 자신을 미혹하느니라
2. 지혜롭고 명철한 자는 자신의 지혜와 명철을 자랑하지 않고 잘 지킨다.

사 5:21 스스로 지혜롭다 하며 스스로 명철하다 하는 자들은 화 있을진저
3. 자신을 속이는 자는 어리석은 자이다.

고전 3:18 아무도 자신을 속이지 말라 너희 중에 누구든지 이 세상에서 지혜 있는 줄로 생각하거든 어리석은 자가 되라 그리하여야 지혜로운 자가 되리라

4. 속임수와 유혹에 빠지지 말아야 한다.

엡 4:14 이는 우리가 이제부터 어린아이가 되지 아니하여 사람의 속임수와 간사한 유혹에 빠져 온갖 교훈의 풍조에 밀려 요동하지 않게 하려 함이라

넷. 우리 이웃의 신분을 부당하게 방해하면 안 된다.

1. 세상 사람들의 삶의 행태는 다른 사람의 신분을 방해한다.

겔 22:29 이 땅 백성은 포악하고 강탈을 일삼고 가난하고 궁핍한 자를 압제하고 나그네를 부당하게 학대하였으므로

2. 하나님은 이웃의 재물과 신분을 빼앗는 것을 미워하신다.

사 61:8 무릇 나 여호와는 정의를 사랑하며 불의의 강탈을 미워하여 성실히 그들에게 갚아 주고 그들과 영원한 언약을 맺을 것이라

3. 하나님의 것을 도둑질하고 하나님의 신분을 방해하면 저주를 받는다.

말 3:9 너희 곧 온 나라가 나의 것을 도둑질하였으므로 너희가 저주를 받았느니라

4. 세상의 악한 사람들은 이웃을 속이고 속는 일을 반복한다.

딤후 3:13 악한 사람들과 속이는 자들은 더욱 악하여져서 속이기도 하고 속기도 하나니

제76강
아홉째 계명

> 문 76. 아홉째 계명이 무엇입니까?
> 답 아홉째 계명은 "네 이웃에 대하여 거짓 증거하지 말지니라" 하는 것입니다.
> —출 20 : 16

하나, 하나님은 진실하시다.

1. 하나님은 정의롭고 진실하시고 거짓이 없으시다.

   신 32:4 그는 반석이시니 그가 하신 일이 완전하고 그의 모든 길이 정의롭고 진실하고 거짓이 없으신 하나님이시니 공의로우시고 바르시도다

2. 우리 하나님은 진리의 하나님이시기에 우리를 속량하신다.

   시 31:5 내가 나의 영을 주의 손에 부탁하나이다 진리의 하나님 여호와여 나를 속량하셨나이다

3. 하나님은 말을 바꾸지 않으시는 미쁘신 분이다.

   딤후 2:13 우리는 미쁨이 없을지라도 주는 항상 미쁘시니 자기를 부인하실 수 없으시리라

4. 하나님은 거짓이 없으시기에 그 약속을 파기하지 않고 영원히 변치 않는다.
   딛 1:2 영생의 소망을 위함이라 이 영생은 거짓이 없으신 하나님이 영원 전부터 약속하신 것인데

둘, 하나님은 거짓을 싫어하신다.
1. 거짓과 속이는 것이 없는 하나님은 거짓과 속이는 자를 싫어하신다.
   시 5:6 여호와께서는 피 흘리기를 즐기는 자와 속이는 자를 싫어하시나이다
2. 하나님은 거짓말하는 자를 하나님의 집에 들어오지 못하게 하신다.
   시 101:7 거짓을 행하는 자는 내 집 안에 거주하지 못하며 거짓말하는 자는 내 목전에 서지 못하리로다
3. 하나님은 사람을 사랑하시되 거짓된 사람은 싫어하신다.
   롬 3:4 그럴 수 없느니라 사람은 다 거짓되되 오직 하나님은 참되시다
4. 거짓을 싫어하시는 하나님은 거짓말 하는 사람들을 지옥에 던지신다.
   계 21:8 그러나 두려워하는 자들과 믿지 아니하는 자들과 흉악한 자들과 살인자들과 음행하는 자들과 점술가들과 우상 숭배자들과 거짓말하는 모든 자들은 불과 유황으로 타는 못에 던져지리니 이것이 둘째 사망이라

셋, 자기 자신에게 진실해야 한다.
1. 우리 안에 하나님이 창조하신 정직한 마음과 영이 있어야 한다.
   시 51:10 하나님이여 내 속에 정한 마음을 창조하시고 내 안에 정직한 영을 새롭게 하소서
2. 생명을 구해야 할 책임을 가진 나 자신이 진실해야 사람의 생명을 구할 수 있다.
   잠 14:25 진실한 증인은 사람의 생명을 구원하여도 거짓말을 뱉는 사람은 속이느니라
3. 스스로 속이지 말아야 하는 이유는 스스로 속이면 나도 속게 되기 때문이다.

갈 6:7 스스로 속이지 말라 하나님은 업신여김을 받지 아니하시나니 사람이 무엇으로 심든지 그대로 거두리라

4. 복음의 목적은 청결하고 거짓이 없는 양심을 주기 위함이다.

딤전 1:5 이 교훈의 목적은 청결한 마음과 선한 양심과 거짓이 없는 믿음에서 나오는 사랑이거늘

5. 자기 양심에 화인을 맞으면 자신을 속이고 남에게 거짓말하게 된다.

딤전 4:2 자기 양심이 화인을 맞아서 외식함으로 거짓말하는 자들이라

넷. 이웃에 대하여 거짓 증거하지 말아야 한다.

1. 이웃에 대하여 거짓증거하지 말라고 한 것은 하나님의 엄격한 명령이다.

출 20:16 네 이웃에 대하여 거짓 증거하지 말라

2. 이웃에게 거짓말을 하는 자는 두 마음으로 말하므로 입술로 아첨하게 된다.

시 12:2 그들이 이웃에게 각기 거짓을 말함이여 아첨하는 입술과 두 마음으로 말하는도다

3. 하나님의 사람은 이웃의 허물을 말하거나 악을 행하거나 비방하지 않는다.

시 15:3 그의 혀로 남을 허물하지 아니하고 그의 이웃에게 악을 행하지 아니하며 그의 이웃을 비방하지 아니하며

4. 자기의 이웃에게 거짓말을 하고 속이고 희롱하는 자는 미련한 자이다.

잠 26:19 자기의 이웃을 속이고 말하기를 내가 희롱하였노라 하는 자도 그러하니라

제77강
아홉째 계명에서 요구하는 것

> 문 77. 아홉째 계명에서 요구하는 것이 무엇입니까?
> 답 아홉째 계명에서 요구하는 것은 사람과 사람 사이의 진실과 우리 자신과 우리 이웃 간의 좋은 평판을 유지하고 증진시키는 일입니다. 특히 증언하는 일에 있어서 그렇게 하라는 것입니다.
> -엡 4 : 25, 롬 1 : 8, 고전 13 : 4-5, 잠 22 : 1, 빌 4 : 8, 슥 8 : 16, 벧전 3 : 16, 행 25 : 10

하나, 사람과 사람 사이는 언제나 진실해야 한다.

1. 진실하지 못하고 거짓말을 쉽게 하는 것은 무엇보다 나쁘다.

    잠 19:22 사람은 자기의 인자함으로 남에게 사모함을 받느니라 가난한 자는 거짓말하는 자보다 나으니라

2. 거짓 증거를 하여 모함하면 자신도 그 한 대로 벌을 받게 된다.

    신 19:18-19 재판장은 자세히 조사하여 그 증인이 거짓 증거하여 그 형제를 거짓으로 모함한 것이 판명되면 그가 그의 형제에게 행하려고 꾀한 그대로 그에게 행하여 너희 중에서 악을 제하라

3. 거짓을 행하지 않으면 당당하다.

    행 25:10 바울이 이르되 내가 가이사의 재판 자리 앞에 섰으니 마땅히 거기서 심

문을 받을 것이라 당신도 잘 아시는 바와 같이 내가 유대인들에게 불의를 행한 일이 없나이다

둘, 우리 자신의 좋은 평판을 유지하고 증진시켜야 한다.
1. 진실하면 영원히 좋은 평판을 유지할 수 있고 자신을 증진시킬 수 있다.
   잠 12:19 진실한 입술은 영원히 보존되거니와 거짓 혀는 잠시 동안만 있을 뿐이니라
2. 바르고 좋은 믿음이 온 세상에 알려져야 복음이 전파된다.
   롬 1:8 먼저 내가 예수 그리스도로 말미암아 너희 모든 사람에 관하여 내 하나님께 감사함은 너희 믿음이 온 세상에 전파됨이로다
3. 그리스도인은 모든 일에 진실하고 칭찬의 대상이 되어야 한다.
   빌 4:8 끝으로 형제들아 무엇에든지 참되며 무엇에든지 경건하며 무엇에든지 옳으며 무엇에든지 정결하며 무엇에든지 사랑 받을 만하며 무엇에든지 칭찬 받을 만하며 무슨 덕이 있든지 무슨 기림이 있든지 이것들을 생각하라
4. 그리스도를 아는 자들은 거짓말 하지 않고 진리 가운데 살아야 한다.
   요일 2:4 그를 아노라 하고 그의 계명을 지키지 아니하는 자는 거짓말하는 자요 진리가 그 속에 있지 아니하되

셋, 우리 이웃 간의 좋은 평판을 유지하고 증진시켜야 한다.
1. 우리 이웃과 진실한 교제를 하며 좋은 평판을 유지해야 한다.
   슥 8:16 너희가 행할 일은 이러하니라 너희는 이웃과 더불어 진리를 말하며 너희 성문에서 진실하고 화평한 재판을 베풀고
2. 거짓으로 대하는 이웃에게 우리가 진실해야 복이 있다.
   마 5:11 나로 말미암아 너희를 욕하고 박해하고 거짓으로 너희를 거슬러 모든 악한 말을 할 때에는 너희에게 복이 있나니
3. 이웃과 진실하고 좋은 관계를 유지하는 것이 그리스도의 사랑이다.

고전 13:5 무례히 행하지 아니하며 자기의 유익을 구하지 아니하며 성내지 아니하며 악한 것을 생각하지 아니하며

4. 이웃에게 거짓으로 대하지 말고 진실하게 대해야 한다.

엡 4:25 그런즉 거짓을 버리고 각각 그 이웃과 더불어 참된 것을 말하라 이는 우리가 서로 지체가 됨이라

넷, 증언할 때는 진실해야 하고 좋은 평판을 유지해야 한다.

1. 우리 마음이 항상 하나님의 손에 있어서 하나님이 인도하셔야 진실하게 살 수 있다.

잠 21:1 왕의 마음이 여호와의 손에 있음이 마치 봇물과 같아서 그가 임의로 인도하시느니라

2. 이웃에게 거짓 증거하는 사람은 악한 존재이다.

잠 25:18 자기의 이웃을 쳐서 거짓 증거하는 사람은 방망이요 칼이요 뾰족한 화살이니라

3. 예수님은 교권주의자들의 권력 다툼과 거짓 증거에 의해 고난을 당하셨다.

마 26:59 대제사장들과 온 공회가 예수를 죽이려고 그를 칠 거짓 증거를 찾으매

4. 선한 양심으로 진실하게 살아야 나와 남의 좋은 평판을 유지한다.

벧전 3:16 선한 양심을 가지라 이는 그리스도 안에 있는 너희의 선행을 욕하는 자들로 그 비방하는 일에 부끄러움을 당하게 하려 함이라

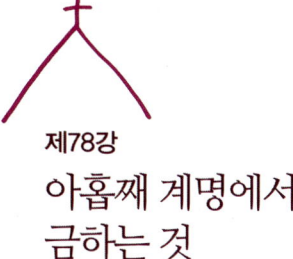

제78강
아홉째 계명에서 금하는 것

> 문 78. 아홉째 계명에서 금하는 것이 무엇입니까?
> 답 아홉째 계명에서 금하는 것은 진실에 어긋나는 일이나 우리 자신이나 우리 이웃의 좋은 평판을 해치는 모든 일입니다.
> —레 19 : 15, 벧후 2 : 2, 빌 3 : 18-19, 잠 19 : 5

하나, 세상에는 진실에 어긋나는 일이 있다.

1. 세상에는 진실하지 못한 것이 있고 이것을 의뢰하는 자도 많이 있다.

   잠 25:19 환난 날에 진실하지 못한 자를 의뢰하는 것은 부러진 이와 위골된 발 같으니라

2. 우상숭배와 미신은 거짓을 말하고 진실에 어긋나는 일을 한다.

   슥 10:2 드라빔들은 허탄한 것을 말하며 복술자는 진실하지 않은 것을 보고 거짓 꿈을 말한즉 그 위로가 헛되므로 백성들이 양같이 유리하며 목자가 없으므로 곤고를 당하나니

3. 세상에는 진리를 떠나 쓸모없는 말을 듣고 살게 하는 유혹도 있다.

   딤후 4:4 또 그 귀를 진리에서 돌이켜 허탄한 이야기를 따르리라

4. 세상에는 진리에 어긋나는 거짓이 난무하고 있다.

> 요일 2:21 내가 너희에게 쓰는 것은 너희가 진리를 알지 못하기 때문이 아니라 알기 때문이요 또 모든 거짓은 진리에서 나지 않기 때문이라

둘, 진실에 어긋나는 일은 하지 말아야 한다.

1. 거짓 증인과 거짓말 하는 자는 반드시 벌을 받는다.

> 잠 19:5 거짓 증인은 벌을 면하지 못할 것이요 거짓말을 하는 자도 피하지 못하리라

2. 진리를 떠나 악을 행하면 그 죄악의 대가를 받게 된다.

> 겔 18:26 만일 의인이 그 공의를 떠나 죄악을 행하고 그로 말미암아 죽으면 그 행한 죄악으로 말미암아 죽는 것이요

3. 교회의 일꾼은 거짓으로 남을 모함하지 말아야 한다.

> 딤전 3:11 여자들도 이와 같이 정숙하고 모함하지 아니하며 절제하며 모든 일에 충성된 자라야 할지니라

4. 진리에 어긋나는 일을 하면 진리의 도가 비방을 받는다.

> 벧후 2:2 여럿이 그들의 호색하는 것을 따르리니 이로 말미암아 진리의 도가 비방을 받을 것이요

셋, 우리 자신의 평판을 해치는 일은 하지 말아야 한다.

1. 자신의 평판을 해치고 스스로 올무가 되는 일은 절대로 하지 말아야 한다.

> 잠 29:6 악인이 범죄하는 것은 스스로 올무가 되게 하는 것이나 의인은 노래하고 기뻐하느니라

2. 땅의 일을 생각하여 멸망과 부끄러움에 처하지 말아야 한다.

> 빌 3:19 그들의 마침은 멸망이요 그들의 신은 배요 그 영광은 그들의 부끄러움에 있고 땅의 일을 생각하는 자라

3. 주의 종은 자신의 평판을 해치지 않고 선한 증거를 얻은 자라야 한다.

딤전 3:7 또한 외인에게서도 선한 증거를 얻은 자라야 할지니 비방과 마귀의 올무에 빠질까 염려하라

4. 물질에 대한 욕심도 평판을 해치므로 조심해야 한다.

딤전 6:10 돈을 사랑함이 일만 악의 뿌리가 되나니 이것을 탐내는 자들은 미혹을 받아 믿음에서 떠나 많은 근심으로써 자기를 찔렀도다

넷, 우리 이웃의 평판을 해치는 일은 하지 말아야 한다.

1. 공의로 재판할 때에 모든 사람의 평판을 해치지 않을 수 있다.

레 19:15 너희는 재판할 때에 불의를 행하지 말며 가난한 자의 편을 들지 말며 세력 있는 자라고 두둔하지 말고 공의로 사람을 재판할지며

2. 이웃의 경계표를 옮기는 것은 이웃을 해치는 일 가운데 하나이다.

신 27:17 그의 이웃의 경계표를 옮기는 자는 저주를 받을 것이라 할 것이요 모든 백성은 아멘 할지니라

3. 이웃을 판단하는 것은 악한 일이며 판단하는 것은 자신에 대한 정죄가 된다.

롬 2:1 그러므로 남을 판단하는 사람아, 누구를 막론하고 네가 핑계하지 못할 것은 남을 판단하는 것으로 네가 너를 정죄함이니 판단하는 네가 같은 일을 행함이니라

4. 이웃의 평판을 해치지 않기 위하여 이웃을 사랑해야 한다.

롬 13:8 피차 사랑의 빚 외에는 아무에게든지 아무 빚도 지지 말라 남을 사랑하는 자는 율법을 다 이루었느니라

제79강
열째 계명

> **문** 79. 열째 계명이 무엇입니까?
> **답** 열째 계명은 "네 이웃의 집을 탐내지 말지니라. 네 이웃의 아내나, 그의 남종이나, 그의 여종이나, 그의 소나 그의 나귀, 무릇 네 이웃의 소유를 탐내지 말지니라" 하는 것입니다.
> —출 20 : 17

하나, 이웃의 집을 탐내지 말아야 한다.

1. 이웃을 탐하지 않기 위해서는 먼저 이웃을 자신과 같이 사랑해야 한다.

   레 19:18 원수를 갚지 말며 동포를 원망하지 말며 네 이웃 사랑하기를 네 자신과 같이 사랑하라 나는 여호와이니라

2. 이웃의 집을 탐하지 않기 위해서는 이웃에게 악을 행하지 말아야 한다.

   시 15:3 그의 혀로 남을 허물하지 아니하고 그의 이웃에게 악을 행하지 아니하며 그의 이웃을 비방하지 아니하며

3. 이웃의 것을 속여 빼앗지 말아야 한다.

   막 10:19 네가 계명을 아나니 살인하지 말라, 간음하지 말라, 도둑질하지 말라, 거짓 증언하지 말라, 속여 빼앗지 말라, 네 부모를 공경하라 하였느니라

4. 이웃의 것을 탐내지 않고 이웃을 사랑하는 것은 율법의 전부이다.

   갈 5:14 온 율법은 네 이웃 사랑하기를 네 자신같이 하라 하신 한 말씀에서 이루어졌나니

둘, 이웃의 사람을 탐내지 말아야 한다.
1. 사람을 탐내지 않는 것이 집을 탐내지 않는 것이다.

   출 20:17 네 이웃의 집을 탐내지 말라 네 이웃의 아내나 그의 남종이나 그의 여종이나 그의 소나 그의 나귀나 무릇 네 이웃의 소유를 탐내지 말라

2. 이웃의 모든 것은 탐내지 말아야 한다.

   신 5:21 네 이웃의 아내를 탐내지 말지니라 네 이웃의 집이나 그의 밭이나 그의 남종이나 그의 여종이나 그의 소나 그의 나귀나 네 이웃의 모든 소유를 탐내지 말지니라

3. 이웃을 빼앗는 것은 하나님을 업신여기는 것이다.

   삼하 12:10 이제 네가 나를 업신여기고 헷 사람 우리아의 아내를 빼앗아 네 아내로 삼았은즉 칼이 네 집에서 영원토록 떠나지 아니하리라

셋, 이웃의 짐승을 탐내지 말아야 한다.
1. 이웃의 짐승을 속여 빼앗지 말아야 한다.

   창 30:40 야곱이 새끼 양을 구분하고 그 얼룩무늬와 검은 빛 있는 것을 라반의 양과 서로 마주보게 하며 자기 양을 따로 두어 라반의 양과 섞이지 않게 하며

2. 이웃의 것에 손해를 입히는 것은 안 되며 같은 양으로 갚아야 한다.

   레 24:18 짐승을 쳐죽인 자는 짐승으로 짐승을 갚을 것이며

3. 이웃의 짐승을 탐내지 않는 것은 의로운 마음을 가지는 일이다.

   민 16:15 모세가 심히 노하여 여호와께 여짜오되 주는 그들의 헌물을 돌아보지 마옵소서 나는 그들의 나귀 한 마리도 빼앗지 아니하였고 그들 중의 한 사람도 해하지 아니하였나이다 하고

4. 가난한 이웃의 짐승을 빼앗는 것은 가장 악한 일이다.

삼하 12:4 어떤 행인이 그 부자에게 오매 부자가 자기에게 온 행인을 위하여 자기의 양과 소를 아껴 잡지 아니하고 가난한 사람의 양 새끼를 빼앗아다가 자기에게 온 사람을 위하여 잡았나이다 하니

넷, 이웃의 소유를 탐내지 말아야 한다.

1. 이웃의 소유에 욕심을 부려서는 안 되며 내 것처럼 아낄 줄 알아야 한다.

    출 22:26 네가 만일 이웃의 옷을 전당 잡거든 해가 지기 전에 그에게 돌려보내라

2. 이웃의 소유를 빼앗지 않아야 한다.

    신 19:14 네 하나님 여호와께서 네게 주어 차지하게 하시는 땅 곧 네 소유가 된 기업의 땅에서 조상이 정한 네 이웃의 경계표를 옮기지 말지니라

3. 왕이 백성의 소유를 빼앗으면 가장 악한 통치자가 된다.

    왕상 21:16 아합은 나봇이 죽었다 함을 듣고 곧 일어나 이스르엘 사람 나봇의 포도원을 차지하러 그리로 내려갔더라

4. 지도자는 이웃의 소유를 자기의 것처럼 아끼고 탐내지 말아야 한다.

    행 20:33 내가 아무의 은이나 금이나 의복을 탐하지 아니하였고

제80강
열째 계명이 요구하는 것

> 문 80. 열째 계명에서 요구하는 것이 무엇입니까?
> 답 열째 계명에서 요구하는 것은 우리 이웃과 그에게 속한 모든 것에 대하여 옳고 사랑하는 마음을 가지면서 우리 자신의 처지에 대하여는 완전히 만족을 느끼는 일입니다.
> -히 13 : 5, 딤전 6 : 6, 빌 2 : 4, 딤전 1 : 5

하나, 이웃과 그에 속한 모든 것을 옳다고 인정해야 한다.

1. 다른 사람을 해하거나 옳지 않게 여기는 것은 자신에게 죄가 된다.

   창 9:6 다른 사람의 피를 흘리면 그 사람의 피도 흘릴 것이니 이는 하나님이 자기 형상대로 사람을 지으셨음이니라

2. 이웃을 무시하는 것은 하나님을 두려워하지 않는 잘못이다.

   눅 18:2 이르시되 어떤 도시에 하나님을 두려워하지 않고 사람을 무시하는 한 재판장이 있는데

3. 성경적 믿음을 가지고 있을 때 이웃을 옳다고 인정할 수 있다.

   딤전 1:5 이 교훈의 목적은 청결한 마음과 선한 양심과 거짓이 없는 믿음에서 나오는 사랑이거늘

4. 다른 사람을 나보다 낫게 여기는 것이 참 사랑이며 성경의 가르침이다.

> 빌 2:3 아무 일에든지 다툼이나 허영으로 하지 말고 오직 겸손한 마음으로 각각 자기보다 남을 낫게 여기고

둘, 이웃과 그에 속한 모든 것을 사랑해야 한다.

1. 이웃을 사랑해야 하는 것은 하나님의 명령이기 때문이다.

> 레 19:18 원수를 갚지 말며 동포를 원망하지 말며 네 이웃 사랑하기를 네 자신과 같이 사랑하라 나는 여호와이니라

2. 이웃의 것을 속여 빼앗는 것은 죄이다.

> 눅 19:8 삭개오가 서서 주께 여짜오되 주여 보시옵소서 내 소유의 절반을 가난한 자들에게 주겠사오며 만일 누구의 것을 속여 빼앗은 일이 있으면 네 갑절이나 갚겠나이다

3. 이웃을 사랑하면 이웃에게 악을 행하지 않는다.

> 롬 13:10 사랑은 이웃에게 악을 행하지 아니하나니 그러므로 사랑은 율법의 완성이니라

4. 이웃을 사랑하는 것은 최고의 사랑이며 율법의 완성이다.

> 약 2:8 너희가 만일 성경에 기록된 대로 네 이웃 사랑하기를 네 몸과 같이 하라 하신 최고의 법을 지키면 잘 하는 것이거니와

셋, 이웃과 나에 대한 하나님의 뜻이 다르다.

1. 이웃에 대하여 지나친 관심을 가지지 말아야 한다.

> 요 21:22 예수께서 이르시되 내가 올 때까지 그를 머물게 하고자 할지라도 네게 무슨 상관이냐 너는 나를 따르라 하시더라

2. 모든 사람에 대한 하나님의 소명과 은사는 다르다.

> 롬 12:6 우리에게 주신 은혜대로 받은 은사가 각각 다르니 혹 예언이면 믿음의 분수대로

3. 옳고 그름의 판단은 하나님의 것이며 이웃을 그르다고 판단하지 말아야 한다.

   고후 10:18 옳다 인정함을 받는 자는 자기를 칭찬하는 자가 아니요 오직 주께서 칭찬하시는 자니라

4. 자신의 일과 다른 사람의 일이 있으면 이웃의 일을 도와주는 것이 하나님의 뜻이다.

   빌 2:4 각각 자기 일을 돌볼뿐더러 또한 각각 다른 사람들의 일을 돌보아 나의 기쁨을 충만하게 하라

넷. 나의 처지에 대하여 완전히 만족해야 한다.

1. 감사하면 만족이 있다.

   시 116:12 내게 주신 모든 은혜를 내가 여호와께 무엇으로 보답할까

2. 세상의 것에서 만족을 얻으려고 하는 것이 헛된 것이다.

   전 5:10 은을 사랑하는 자는 은으로 만족하지 못하고 풍요를 사랑하는 자는 소득으로 만족하지 아니하나니 이것도 헛되도다

3. 나의 처지에 만족하는 것은 하나님께로부터 오는 은총이다.

   고후 3:5 우리가 무슨 일이든지 우리에게서 난 것같이 스스로 만족할 것이 아니니 우리의 만족은 오직 하나님으로부터 나느니라

4. 하나님 안에서 스스로 만족하는 것은 저절로 주어지는 것이 아니라 배워야 한다.

   빌 4:11 내가 궁핍하므로 말하는 것이 아니니라 어떠한 형편에든지 나는 자족하기를 배웠노니

5. 하나님이 함께하시므로 있는 것에 만족해야 한다.

   히 13:5 돈을 사랑하지 말고 있는 바를 족한 줄로 알라 그가 친히 말씀하시기를 내가 결코 너희를 버리지 아니하고 너희를 떠나지 아니하리라 하셨느니라

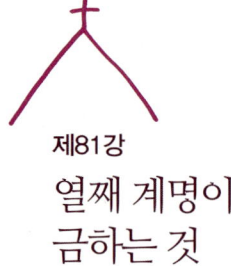

제81강
열째 계명이 금하는 것

> **문** 81. 열째 계명에서 금하는 것이 무엇입니까?
> **답** 열째 계명에서 금하는 것은 우리 이웃의 잘되는 것을 시기하고 싫어하면서 우리 자신의 처지에 불만을 가지는 일과 이웃의 소유에 대하여 부당한 행동을 하거나 탐욕을 가지는 모든 것입니다.
> -고전 10 : 10, 갈 5 : 26, 약 3 : 14-16, 롬 7 : 7, 골 3 : 5

하나, 이웃이 잘되는 것을 시기하지 말아야 한다.

1. 시기는 교회에서 배격해야 할 것 중의 하나이다.

   고후 12:20 또 다툼과 시기와 분냄과 당 짓는 것과 비방과 수군거림과 거만함과 혼란이 있을까 두려워하고

2. 이웃을 시기하지 않는 것 이상으로 나보다 낮게 여겨야 한다.

   빌 2:3 아무 일에든지 다툼이나 허영으로 하지 말고 오직 겸손한 마음으로 각각 자기보다 남을 낫게 여기고

3. 시기와 다툼은 마음에서 배격해야 한다.

   약 3:14 그러나 너희 마음 속에 독한 시기와 다툼이 있으면 자랑하지 말라 진리를 거슬러 거짓말하지 말라

4. 시기와 다툼은 모든 악한 일의 으뜸이다.
   약 3:16 시기와 다툼이 있는 곳에는 혼란과 모든 악한 일이 있음이라

둘, 사람은 자신의 처지에 만족해야 한다.
1. 만족하지 않고 원망하는 것은 멸망하는 일이다.
   고전 10:10 그들 가운데 어떤 사람들이 원망하다가 멸망시키는 자에게 멸망하였나니 너희는 그들과 같이 원망하지 말라
2. 만족은 하나님께서 주시는 은혜이다.
   고후 3:5 우리가 무슨 일이든지 우리에게서 난 것같이 스스로 만족할 것이 아니니 우리의 만족은 오직 하나님으로부터 나느니라
3. 만족은 자신을 부요하게 하는 요인이다.
   고후 6:10 근심하는 자 같으나 항상 기뻐하고 가난한 자 같으나 많은 사람을 부요하게 하고 아무 것도 없는 자 같으나 모든 것을 가진 자로다
4. 자기 만족은 누구나 배워야 할 덕목이다.
   빌 4:11 내가 궁핍하므로 말하는 것이 아니니라 어떠한 형편에든지 나는 자족하기를 배웠노니

셋, 이웃의 소유에 대하여 부당한 행동을 하지 말아야 한다.
1. 이웃의 소유에 부당하게 손을 대지 말아야 한다.
   출 22:8 도둑이 잡히지 아니하면 그 집 주인이 재판장 앞에 가서 자기가 그 이웃의 물품에 손 댄 여부의 조사를 받을 것이며
2. 이웃의 피를 흘리는 일은 하지 말아야 한다.
   레 19:16 너는 네 백성 중에 돌아다니며 사람을 비방하지 말며 네 이웃의 피를 흘려 이익을 도모하지 말라 나는 여호와이니라
3. 이웃의 이삭에 부당하게 손을 대지 말아야 한다.
   신 23:25 네 이웃의 곡식밭에 들어갈 때에는 네가 손으로 그 이삭을 따도 되느니

라 그러나 네 이웃의 곡식밭에 낫을 대지는 말지니라

4. 헛된 영광을 위하여 이웃을 해하지 말아야 한다.

> 갈 5:26 헛된 영광을 구하여 서로 노엽게 하거나 서로 투기하지 말지니라

넷. 이웃의 것에 대하여 탐욕을 가지지 말아야 한다.

1. 이웃의 소유를 도둑질하면 더하여 돌려주어야 한다.

> 레 6:2 누구든지 여호와께 신실하지 못하여 범죄하되 곧 이웃이 맡긴 물건이나 전당물을 속이거나 도둑질하거나 착취하고도 사실을 부인하거나

> 레 6:5 그 거짓 맹세한 모든 물건을 돌려보내되 곧 그 본래 물건에 오분의 일을 더하여 돌려보낼 것이니 그 죄가 드러나는 날에 그 임자에게 줄 것이요

2. 율법에도 탐욕을 가지지 말 것을 강력하게 권하고 있다.

> 롬 7:7 그런즉 우리가 무슨 말을 하리요 율법이 죄냐 그럴 수 없느니라 율법으로 말미암지 않고는 내가 죄를 알지 못하였으니 곧 율법이 탐내지 말라 하지 아니하였더라면 내가 탐심을 알지 못하였으리라

3. 그리스도 안에서 죽어야 탐욕을 가지지 않는다.

> 골 3:3 이는 너희가 죽었고 너희 생명이 그리스도와 함께 하나님 안에 감추어졌음이라

읽기자료
웨스트민스터 총회의 개최

1643년 6월 12일 웨스트민스터 총회가 의회에 의해 소집되었다. 이 총회를 연 목적은 혼란스러운 상황에서 전 잉글랜드의 전반적인 교회체제 및 신앙고백을 재정립하여 개혁신앙에 입각한 교회를 세워 나가려는 데 있었다. 주교제를 반대하며 개혁신앙을 지키고 싶어 하는 스코틀랜드 장로교와의 동맹을 위해서, 그리고 왕당파를 지지하는 주교들과 그들의 영향력을 빼앗기 위해서, 또한 무엇보다도 새로운 교회체제와 신앙의 방향을 제시하기 위해 총회는 반드시 필요했다. 이미 1640년, 스코틀랜드에서 온 위원들이 런던에서 "왕의 영토(잉글랜드와 스코틀랜드를 포함하는 브리튼 섬 전체)에 있는 모든 교회가 하나의 신앙고백과 하나의 형식의 요리문답과 공중예배를 위한 하나의 예배 모범을 가지기를 바란다."라고 진정한 바가 있었기에 총회 개최의 정당성은 보장되었다.

의회는 주교제를 정죄하며, 이를 대신하여 "하나님의 말씀에 가장 일치하고, 국내에서 교회의 평화를 이룩하고 보건하기에 가장 적합하며, 스코틀랜드 교회 및 국외의 다른 개혁교회와 가장 가깝게 일치하는" 교회의 정치제도를 수립하기로 결의하였다. 이때 의회는 같은 개혁신앙을 가진 스코틀랜드 장로교와 동맹을 맺게 되었고, 이로써 결국 웨스트민스터 총회는 브리튼 섬 전체를 위한 신앙고백을 작성하는 역할까지 맡게 되었다.

총회 시 대표들 사이에는 주교제와 개교회주의를 두고, 이견이 분명했지만 결국 후자로 결의되었는데, 이러한 정치적 이견에도 불구하고 교리적으로는 '같은 뜻'을 품었다. 그것의 비결은 바로 예배와 기도, 금식이었다. 그들은 중요한 신학적 논의를 할 때마다 집회를 가졌다. 때로는 의회와 함께 집회를 열기도 했다. 집회는 기본적으로 한 시간의 설교시간과 두 시간의 기도시간으로 이루어졌다. 또한 이들은 매일 아침 다음과 같이 서약하며 회의를 시작하였다.

당시 의회와 웨스트민스터 총회를 왕당파의 홍수 속에 떠 있는 노아의 방주에 비유한 그림 :
"Englands miraculous preservation emblematically described, erected for a perpetuall monument to posterity", John Hancock(1646)

"나는 전능하신 하나님 앞에서 분명하게 서약하고 맹세하노니,
나는 내가 대표로 참석한 이 총회에서 교리적인 문제에 관한 한
오직 하나님의 말씀에 가장 일치되는 교리만을 주장하겠으나,
권징에 관한 문제에 대해서는 가장 하나님께 영광이 되고
교회의 평화와 유익에 도움이 된다고 믿어지는 것을 주장할 것이다."

참고문헌
이형기 저, 「세계교회사(Ⅱ)」(서울 : 한국장로교출판사, 1994)
총회교육자원부 편, 「개혁교회의 신앙고백」(서울 : 한국장로교출판사, 2007)
박일민 편역, 필립 샤프 저, 「신조학」(서울 : 기독교문서선교회, 2000)

제82강
하나님의 계명을 지킴

> **문** 82. 사람이 하나님의 계명을 완전히 지킬 수 있습니까?
> **답** 인간이 타락한 이래로 이 세상에서 하나님의 계명을 완전히 지킬 수 있는 사람은 하나도 없습니다. 오히려 생각과 말과 행위에 있어서 날마다 계명들을 어깁니다.
> -전 7 : 20, 요일 1 : 8, 창 8 : 21, 약 1 : 14, 3 : 2-8, 시 19 : 1-12, 왕상 8 : 46

하나, 인간의 타락은 불순종의 결과이다.

1. 사람은 악하며 하나님은 구원 계획도 하신다.

   창 8:21 여호와께서 그 향기를 받으시고 그 중심에 이르시되 내가 다시는 사람으로 말미암아 땅을 저주하지 아니하리니 이는 사람의 마음이 계획하는 바가 어려서부터 악함이라 내가 전에 행한 것같이 모든 생물을 다시 멸하지 아니하리니

2. 백성들의 불순종은 근원적으로 죄로 말미암아 모든 사람에게 전해졌다.

   시 81:11 내 백성이 내 소리를 듣지 아니하며 이스라엘이 나를 원하지 아니하였도다

3. 인간은 완전히 타락하여 범죄하는 삶이 되었다.

   렘 14:7 여호와여 우리의 죄악이 우리에게 대하여 증언할지라도 주는 주의 이름

을 위하여 일하소서 우리의 타락함이 많으니이다 우리가 주께 범죄하였나이다
4. 한 사람 아담의 불순종으로 모든 사람이 죄인이 되었다.
   롬 5:19 한 사람이 순종하지 아니함으로 많은 사람이 죄인 된 것같이 한 사람이 순종하심으로 많은 사람이 의인이 되리라

둘, 사람은 누구나 하나님 앞에서 불완전한 죄인이다.
1. 사람은 누구나 범죄하여 하나님을 진노하게 하는 불완전한 죄인이다.
   왕상 8:46 범죄하지 아니하는 사람이 없사오니 그들이 주께 범죄함으로 주께서 그들에게 진노하사 그들을 적국에게 넘기시매 적국이 그들을 사로잡아 원근을 막론하고 적국의 땅으로 끌어간 후에
2. 사람은 누구나 죄를 지어 하나님 앞에서 불완전하다.
   롬 3:23 모든 사람이 죄를 범하였으매 하나님의 영광에 이르지 못하더니
3. 죄인인 사람은 언젠가는 하나님 앞에 드러나게 된다.
   히 4:13 지으신 것이 하나도 그 앞에 나타나지 않음이 없고 우리의 결산을 받으실 이의 눈 앞에 만물이 벌거벗은 것같이 드러나느니라
4. 사람은 누구도 하나님 앞에서 죄가 없다고 할 수 없는 죄인이다.
   요일 1:8 만일 우리가 죄가 없다고 말하면 스스로 속이고 또 진리가 우리 속에 있지 아니할 것이요

셋, 계명을 완전히 지킬 수 있는 사람은 없다.
1. 율법을 온전하게 지키는 자들은 복이 있다.
   시 119:1 행위가 온전하여 여호와의 율법을 따라 행하는 자들은 복이 있음이여
2. 세상에는 선하다고 할 수 있는 사람이 없고 죄를 범하지 않는 의인도 없다.
   전 7:20 선을 행하고 전혀 죄를 범하지 아니하는 의인은 세상에 없기 때문이로다
3. 계명을 완전히 지키고 선을 행할 수 있는 자는 하나도 없다.
   롬 3:12 다 치우쳐 함께 무익하게 되고 선을 행하는 자는 없나니 하나도 없도다

4. 사람은 자기 욕심 때문에 하나님의 계명과는 먼 삶을 산다.
　　약 1:14 오직 각 사람이 시험을 받는 것은 자기 욕심에 끌려 미혹됨이니

넷, 사람은 생각과 말과 행위에서 계명을 어기며 산다.
1. 하나님의 사람은 하나님의 말씀을 지킴으로 상을 받게 된다.
　　시 19:11 또 주의 종이 이것으로 경고를 받고 이것을 지킴으로 상이 크니이다
2. 정직한 사람은 자신이 항상 계명을 어기며 죄를 짓고 산다는 사실을 고백한다.
　　시 51:3 무릇 나는 내 죄과를 아오니 내 죄가 항상 내 앞에 있나이다
3. 인간의 죄성은 원하지 않는 악을 행하고 계명을 어기며 살게 한다.
　　롬 7:19 내가 원하는 바 선은 행하지 아니하고 도리어 원하지 아니하는 바 악을 행하는도다
4. 죄를 지은 사람은 생각과 말에 항상 독이 가득하고 죄를 짓기 마련이다.
　　약 3:8 혀는 능히 길들일 사람이 없나니 쉬지 아니하는 악이요 죽이는 독이 가득한 것이라

제83강
법을 어기는 일

> 문 83. 법을 어기는 일이 모두 하나같이 흉악합니까?
> 답 어떤 죄는 본질적으로 악하고, 또는 여러 가지 더 무서운 죄로 발전하기 때문에 하나님 보시기에 다른 것들보다 더 흉악한 것입니다.
> —히 2 : 2-3, 요 19 : 11, 시 19 : 13

하나, 죄의 본질은 악이다.

1. 죄를 지은 사람은 악한 것밖에 행하는 것이 없다.

   마 15:19 마음에서 나오는 것은 악한 생각과 살인과 간음과 음란과 도둑질과 거짓 증언과 비방이니

2. 죄는 악하므로 기회만 있으면 온갖 탐심을 일으킨다.

   롬 7:8 그러나 죄가 기회를 타서 계명으로 말미암아 내 속에서 온갖 탐심을 이루었나니 이는 율법이 없으면 죄가 죽은 것임이라

3. 죄는 악한 것이며 반드시 공정한 보응을 받는다.

   히 2:2 천사들을 통하여 하신 말씀이 견고하게 되어 모든 범죄함과 순종하지 아니함이 공정한 보응을 받았거든

4. 죄는 마귀로 말미암으며 마귀는 악한 존재이다.

> 요일 3:8 죄를 짓는 자는 마귀에게 속하나니 마귀는 처음부터 범죄함이라 하나님의 아들이 나타나신 것은 마귀의 일을 멸하려 하심이라

둘, 죄 가운데는 더 무서운 죄도 있다.

1. 죄는 용서받지 못할 만큼 무서운 것이다.

> 출 34:7 인자를 천대까지 베풀며 악과 과실과 죄를 용서하리라 그러나 벌을 면제하지는 아니하고 아버지의 악행을 자손 삼사 대까지 보응하리라

2. 죄가 무서운 것은 고의로 짓는 죄 때문이다.

> 시 19:13 또 주의 종에게 고의로 죄를 짓지 말게 하사 그 죄가 나를 주장하지 못하게 하소서 그리하면 내가 정직하여 큰 죄과에서 벗어나겠나이다

3. 죄 가운데 가장 무서운 죄는 성령을 모독하는 죄이다.

> 마 12:31 그러므로 내가 너희에게 이르노니 사람에 대한 모든 죄와 모독은 사하심을 얻되 성령을 모독하는 것은 사하심을 얻지 못하겠고

4. 구세주 예수님을 판 죄는 무서운 죄이다.

> 요 19:11 예수께서 대답하시되 위에서 주지 아니하셨더라면 나를 해할 권한이 없었으리니 그러므로 나를 네게 넘겨 준 자의 죄는 더 크다 하시니라

셋, 죄는 더 무서운 죄로 발전한다.

1. 인간의 악한 마음은 심화되어 더 크고 무서운 죄로 발전한다.

> 출 7:13 그러나 바로의 마음이 완악하여 그들의 말을 듣지 아니하니 여호와의 말씀과 같더라

2. 죄가 더 무섭게 발전하는 것은 악한 신 때문이다.

> 삼상 19:9-10 사울이 손에 단창을 가지고 그의 집에 앉았을 때에 여호와께서 부리시는 악령이 사울에게 접하였으므로 다윗이 손으로 수금을 탈 때에 사울이 단창으로 다윗을 벽에 박으려 하였으나 그는 사울의 앞을 피하고 사울의 창은 벽에 박힌지라

3. 죄가 무섭게 발전하는 것은 사람이 스스로 마음에 악을 쌓기 때문이다.

   마 12:35 선한 사람은 그 쌓은 선에서 선한 것을 내고 악한 사람은 그 쌓은 악에서 악한 것을 내느니라

4. 죄가 무섭게 발전한 결과는 그 죄로 말미암아 결국 나를 죽게 하는 것이다.

   롬 7:11 죄가 기회를 타서 계명으로 말미암아 나를 속이고 그것으로 나를 죽였는지라

넷, 더 무서운 죄로 발전한 죄는 하나님 보시기에 더 흉악하다.

1. 죄는 하나님 보시기에 흉악한 것이며 하나님 앞에서 낯을 들지 못하게 한다.

   창 4:7 네가 선을 행하면 어찌 낯을 들지 못하겠느냐 선을 행하지 아니하면 죄가 문에 엎드려 있느니라 죄가 너를 원하나 너는 죄를 다스릴지니라

2. 죄는 결국 하나님 보시기에 흉악하므로 하나님을 진노하게 한다.

   왕상 16:13 이는 바아사의 모든 죄와 그의 아들 엘라의 죄 때문이라 그들이 범죄하고 또 이스라엘에게 범죄하게 하여 그들의 헛된 것들로 이스라엘의 하나님 여호와를 노하시게 하였더라

3. 죄는 하나님을 버리고 여호와의 성소를 등지는 일이다.

   대하 29:6 우리 조상들이 범죄하여 우리 하나님 여호와 보시기에 악을 행하여 하나님을 버리고 얼굴을 돌려 여호와의 성소를 등지고

4. 죄는 하나님이 만드신 법이 아니라 불법이며 하나님께서 흉악하게 보신다.

   요일 3:4 죄를 짓는 자마다 불법을 행하나니 죄는 불법이라

제84강
모든 죄가 마땅히 받을 보응

> **문** 84. 모든 죄가 마땅히 받을 보응이 무엇입니까?
> **답** 모든 죄가 마땅히 받을 보응은 이 세상에서와 또 오는 세상에서 하나님의 진노와 저주를 받는 일입니다.
> −롬 6 : 23, 마 25 : 41, 롬 1 : 18, 신 28 : 15

하나, 죄는 반드시 보응이 있다.

1. 하나님은 죄 지은 자를 절대로 용서하지 않으시고 보응하신다.

   민 14:18 여호와는 노하기를 더디하시고 인자가 많아 죄악과 허물을 사하시나 형벌 받을 자는 결단코 사하지 아니하시고 아버지의 죄악을 자식에게 갚아 삼사대까지 이르게 하리라 하셨나이다

2. 죄의 보응은 다른 사람이 대신 받는 것이 아니라 자신에게 돌아간다.

   겔 18:20 범죄하는 그 영혼은 죽을지라 아들은 아버지의 죄악을 담당하지 아니할 것이요 아버지는 아들의 죄악을 담당하지 아니하리니 의인의 공의도 자기에게로 돌아가고 악인의 악도 자기에게로 돌아가리라

3. 하나님이 보응하시는 죄의 결과는 사망이다.

롬 6:23 죄의 삯은 사망이요 하나님의 은사는 그리스도 예수 우리 주 안에 있는 영생이니라

4. 죄를 짓는 자에 대한 보응은 멸하시는 것이다.

요일 3:8 죄를 짓는 자는 마귀에게 속하나니 마귀는 처음부터 범죄함이라 하나님의 아들이 나타나신 것은 마귀의 일을 멸하려 하심이라

둘, 죄는 이 세상에서 이미 보응을 받는다.

1. 에덴에서 추방된 인간은 보응을 받았다.

창 3:17하-18상 땅은 너로 말미암아 저주를 받고 너는 네 평생에 수고하여야 그 소산을 먹으리라 땅이 네게 가시덤불과 엉겅퀴를 낼 것이라

2. 이스라엘의 죄에 대한 보응은 전염병과 기근이다.

겔 7:15 밖에는 칼이 있고 안에는 전염병과 기근이 있어서 밭에 있는 자는 칼에 죽을 것이요 성읍에 있는 자는 기근과 전염병에 망할 것이며

3. 죄로 저주를 받은 자들은 세상에서 끊어질 것이다.

시 37:22 주의 복을 받은 자들은 땅을 차지하고 주의 저주를 받은 자들은 끊어지리로다

4. 죄는 이 세상에서 하나님의 진노를 받는다.

골 3:5-6 그러므로 땅에 있는 지체를 죽이라 곧 음란과 부정과 사욕과 악한 정욕과 탐심이니 탐심은 우상 숭배니라 이것들로 말미암아 하나님의 진노가 임하느니라

셋, 죄는 오는 세상에서 보응을 받을 것이다.

1. 하나님은 규례에 순종하지 않고 죄를 범하는 자에게 보응하시리라고 경고하신다.

신 28:15 네가 만일 네 하나님 여호와의 말씀을 순종하지 아니하여 내가 오늘 네게 명령하는 그의 모든 명령과 규례를 지켜 행하지 아니하면 이 모든 저주가 네게 임하며 네게 이를 것이니

2. 죄를 지으면 꺼지지 않는 불의 보응을 받는다.

막 9:43 만일 네 손이 너를 범죄하게 하거든 찍어 버리라 장애인으로 영생에 들어가는 것이 두 손을 가지고 지옥 곧 꺼지지 않는 불에 들어가는 것보다 나으니라

3. 죄를 짓게 하는 마귀는 보응을 받게 될 것이다.

계 20:10 또 그들을 미혹하는 마귀가 불과 유황 못에 던져지니 거기는 그 짐승과 거짓 선지자도 있어 세세토록 밤낮 괴로움을 받으리라

넷. 죄의 보응은 하나님의 진노와 저주이다.

1. 순종하지 않는 자에게는 하나님의 저주가 기다리고 있다.

신 28:19 네가 들어와도 저주를 받고 나가도 저주를 받으리라

2. 다른 신을 섬기고 하나님께 죄를 지은 자에게는 진노와 저주가 있다.

신 29:27 이러므로 여호와께서 이 땅에 진노하사 이 책에 기록된 모든 저주대로 재앙을 내리시고

3. 죄에 대한 보응은 영원한 불에 들어가는 것이다.

마 25:41 또 왼편에 있는 자들에게 이르시되 저주를 받은 자들아 나를 떠나 마귀와 그 사자들을 위하여 예비된 영원한 불에 들어가라

4. 하나님의 진노는 불의하여 죄를 지은 자들에게 내리는 보응이다.

롬 1:18 하나님의 진노가 불의로 진리를 막는 사람들의 모든 경건하지 않음과 불의에 대하여 하늘로부터 나타나나니

제85강
진노와 저주를 피하게 하시려는 하나님의 요구

> 문 85. 죄 때문에 마땅히 당할 하나님의 진노와 저주를 피하게 하시려고 하나님이 우리에게 요구하시는 것이 무엇입니까?
>
> 답 죄 때문에 마땅히 당할 하나님의 진노와 저주를 피하게 하시려고 하나님께서 우리에게 요구하시는 것은 그리스도께서 구속의 혜택을 우리에게 전달하는 데 사용하시는 모든 외형적 방법을 우리가 힘써 사용하면서 예수 그리스도를 믿고 생명에 이르는 회개를 하는 일입니다.
>
> -요 3 : 16-18, 막 1 : 15, 눅 13 : 34, 마 28 : 20

하나, 하나님은 죄로 말미암은 진노와 저주를 피하게 하신다.

1. 하나님의 말씀을 순종하면 진노를 그치시고 자비를 더하신다.

    신 13:17 너는 이 진멸할 물건을 조금도 네 손에 대지 말라 그리하면 여호와께서 그의 진노를 그치시고 너를 긍휼히 여기시고 자비를 더하사 네 조상들에게 맹세하심같이 너를 번성하게 하실 것이라

2. 명령을 어긴 자를 벌한 다음 진노는 그친다.

    수 7:26 그 위에 돌 무더기를 크게 쌓았더니 오늘까지 있더라 여호와께서 그의 맹렬한 진노를 그치시니 그러므로 그곳 이름을 오늘까지 아골 골짜기라 부르더라

3. 하나님의 인내와 관용은 진노를 피할 수 있게 한다.

    롬 9:22 만일 하나님이 그의 진노를 보이시고 그의 능력을 알게 하고자 하사 멸하

기로 준비된 진노의 그릇을 오래 참으심으로 관용하시고

4. 우리 저주를 대신해 주께서 저주를 받으셨다.

갈 3:13 그리스도께서 우리를 위하여 저주를 받은 바 되사 율법의 저주에서 우리를 속량하셨으니 기록된 바 나무에 달린 자마다 저주 아래에 있는 자라 하였음이라

둘, 그리스도께서 구속의 혜택을 우리에게 전달하셨다.

1. 그리스도께서 구속의 혜택을 전하시려고 세상에 오셨다.

요 3:17 하나님이 그 아들을 세상에 보내신 것은 세상을 심판하려 하심이 아니요 그로 말미암아 세상이 구원을 받게 하려 하심이라

2. 하나님은 예수님을 통하여 구속, 곧 마지막 날 다시 살게 하셨다.

요 6:40 내 아버지의 뜻은 아들을 보고 믿는 자마다 영생을 얻는 이것이니 마지막 날에 내가 이를 다시 살리리라 하시니라

3. 예수님은 죽으심으로 구원을 확실하게 증거하셨다.

롬 5:8 우리가 아직 죄인 되었을 때에 그리스도께서 우리를 위하여 죽으심으로 하나님께서 우리에 대한 자기의 사랑을 확증하셨느니라

4. 믿음은 영혼 구원이다.

벧전 1:8-9 예수를 너희가 보지 못하였으나 사랑하는도다 이제도 보지 못하나 믿고 말할 수 없는 영광스러운 즐거움으로 기뻐하니 믿음의 결국 곧 영혼의 구원을 받음이라

셋, 그리스도의 구속의 방법을 우리가 힘써 사용해야 한다.

1. 예수님과 구원을 힘써 전해야 한다.

마 28:20 내가 너희에게 분부한 모든 것을 가르쳐 지키게 하라 볼지어다 내가 세상 끝날까지 너희와 항상 함께 있으리라 하시니라

2. 사도들은 예수님을 믿음으로 구원 얻는 진리를 전하였다.

행 16:31 주 예수를 믿으라 그리하면 너와 네 집이 구원을 받으리라

3. 예수님을 믿는 사람들은 열심히 구원의 도를 전해야 한다.

딤후 4:2 너는 말씀을 전파하라 때를 얻든지 못 얻든지 항상 힘쓰라 범사에 오래 참음과 가르침으로 경책하며 경계하며 권하라

넷. 그리스도를 믿고 생명에 이르는 회개가 필요하다.

1. 예수님의 첫 선포는 회개를 촉구하는 말씀이었다.

막 1:15 이르시되 때가 찼고 하나님의 나라가 가까이 왔으니 회개하고 복음을 믿으라 하시더라

2. 회개하지 않는 자에게는 멸망밖에 없다.

눅 13:3 너희에게 이르노니 아니라 너희도 만일 회개하지 아니하면 다 이와 같이 망하리라

3. 복음이 전파되는 곳에 죄 사함의 회개가 있을 것이다.

눅 24:47 또 그의 이름으로 죄 사함을 받게 하는 회개가 예루살렘에서 시작하여 모든 족속에게 전파될 것이 기록되었으니

4. 회개하지 않으면 반드시 진노가 닥친다.

롬 2:5 다만 네 고집과 회개하지 아니한 마음을 따라 진노의 날 곧 하나님의 의로우신 심판이 나타나는 그날에 임할 진노를 네게 쌓는도다

제86강
예수 그리스도를 믿는 것

> 문 86. 예수 그리스도를 믿는다는 것이 무엇입니까?
> 답 예수 그리스도를 믿는다는 것은 일종의 구원의 은총입니다. 그것에 의하여 우리는 복음에서 우리에게 제시된 대로의 그분만을 받아들이고 의지하여 구원을 얻는 것입니다.
> -요 1 : 11-12, 6 : 40, 잠 3 : 5, 히 10 : 39

하나. 예수는 그리스도이시다.

1. 예수님은 그리스도라 하는 예수로 성육신하셨다.

   마 1:16 야곱은 마리아의 남편 요셉을 낳았으니 마리아에게서 그리스도라 칭하는 예수가 나시니라

2. 사도들의 증언의 내용은 예수가 그리스도라는 사실이다.

   행 9:22 사울은 힘을 더 얻어 예수를 그리스도라 증언하여 다메섹에 사는 유대인들을 당혹하게 하니라

3. 예수님의 동생 야고보도 형인 예수를 주로, 그리스도로 인정하고 믿었다.

   약 1:1 하나님과 주 예수 그리스도의 종 야고보는 흩어져 있는 열두 지파에게 문안하노라

4. 예수를 그리스도로 믿는 것은 신령한 지혜이다.

> 요일 5:1 예수께서 그리스도이심을 믿는 자마다 하나님께로부터 난 자니 또한 낳으신 이를 사랑하는 자마다 그에게서 난 자를 사랑하느니라

둘, 예수 그리스도를 믿으면 구원을 얻는다.

1. 구원자이신 예수를 그리스도로 믿으면 구원을 받는다.

> 행 16:31 이르되 주 예수를 믿으라 그리하면 너와 네 집이 구원을 받으리라 하고

2. 사람이 구원에 이르는 것은 예수를 마음으로 믿는 믿음 때문이다.

> 롬 10:10 사람이 마음으로 믿어 의에 이르고 입으로 시인하여 구원에 이르느니라

3. 구원은 율법의 행위가 아니라 믿음 때문이다.

> 갈 2:16 사람이 의롭게 되는 것은 율법의 행위로 말미암음이 아니요 오직 예수 그리스도를 믿음으로 말미암는 줄 알므로 우리도 예수를 믿나니

4. 예수 그리스도를 주로 믿어 영생을 얻는 구원에 이르게 된다.

> 딤전 1:16 그러나 내가 긍휼을 입은 까닭은 예수 그리스도께서 내게 먼저 일체 오래 참으심을 보이사 후에 주를 믿어 영생 얻는 자들에게 본이 되게 하려 하심이라

셋, 예수가 그리스도이신 것이 우리에게 제시되었다.

1. 예수님의 탄생은 이미 구약에 예언되었다.

> 사 7:14 그러므로 주께서 친히 징조를 너희에게 주실 것이라 보라 처녀가 잉태하여 아들을 낳을 것이요 그의 이름을 임마누엘이라 하리라

2. 하나님이 사람이 되어 아기로 탄생하실 것이 이미 성경에 제시되었다.

> 사 9:6 이는 한 아기가 우리에게 났고 한 아들을 우리에게 주신 바 되었는데 그의 어깨에는 정사를 메었고 그의 이름은 기묘자라, 모사라, 전능하신 하나님이라, 영존하시는 아버지라, 평강의 왕이라 할 것임이라

3. 예수가 그리스도로 오실 인간으로서의 계보가 구체적으로 제시되었다.

> 사 11:1 이새의 줄기에서 한 싹이 나며 그 뿌리에서 한 가지가 나서 결실할 것이요

4. 그리스도가 예수라는 이름으로 오실 것을 이미 제시하셨다.
   마1:21 아들을 낳으리니 이름을 예수라 하라 이는 그가 자기 백성을 그들의 죄에서 구원할 자이심이라 하니라

넷, 예수 그리스도를 받아들이고 의지하여 구원을 얻는다.
1. 주님을 신뢰하는 것은 맡기는 것이며 신앙이며 구원을 얻는 길이다.
   잠3:5 너는 마음을 다하여 여호와를 신뢰하고 네 명철을 의지하지 말라
2. 예수의 이름을 믿는 자들에게는 구원을 얻게 하여 하나님의 자녀가 되게 하신다.
   요1:12 영접하는 자 곧 그 이름을 믿는 자들에게는 하나님의 자녀가 되는 권세를 주셨으니
3. 하나님은 그의 아들 예수를 믿어 영생을 얻게 하고 구원을 얻게 하신다.
   요6:40 내 아버지의 뜻은 아들을 보고 믿는 자마다 영생을 얻는 이것이니 마지막 날에 내가 이를 다시 살리리라 하시니라
4. 예수를 믿는 사람이 모든 염려를 다 주님께 맡기는 것은 믿음의 증거이다.
   벧전5:7 너희 염려를 다 주께 맡기라 이는 그가 너희를 돌보심이라

제87강
생명에 이르는 회개

> 문 87. 생명에 이르는 회개란 무엇입니까?
> 답 생명에 이르는 회개는 일종의 구원의 은총입니다. 그것에 의하여 죄인이 자기의 죄에 대한 참된 의식을 가지고 그리스도 안에서 베푸신 하나님의 자비를 이해하는 가운데 자기 죄를 슬퍼하고 미워하며 그의 죄에서 돌이켜 하나님을 향하고 새로운 복종을 최고의 목적으로 삼고 또 그것을 위하여 노력하는 것입니다.
> —딤전 2 : 15, 행 2 : 37, 11 : 18, 26 : 18, 눅 18 : 13, 렘 14 : 7, 삼상 7 : 2, 고후 7 : 11

하나, 죄인은 자기의 죄에 대한 참된 인식을 한다.

1. 죄는 인식과 고백이 필요하다.

    렘 14:7 여호와여 우리의 죄악이 우리에게 대하여 증언할지라도 주는 주의 이름을 위하여 일하소서 우리의 타락함이 많으니이다 우리가 주께 범죄하였나이다

2. 좋은 자녀는 죄를 짓지 않는 자가 아니라 뉘우치는 자이다.

    마 21 : 30 둘째 아들에게 가서 또 그와 같이 말하니 대답하여 이르되 싫소이다 하였다가 그 후에 뉘우치고 갔으니

3. 세리의 회복은 죄인이라는 고백 때문이다.

    눅 18:13 세리는 멀리 서서 감히 눈을 들어 하늘을 쳐다보지도 못하고 다만 가슴을 치며 이르되 하나님이여 불쌍히 여기소서 나는 죄인이로소이다 하였느니라

4. 자기가 죄인이라는 인식이 회개하게 한다.

> 행 2:37 그들이 이 말을 듣고 마음에 찔려 베드로와 다른 사도들에게 물어 이르되 형제들아 우리가 어찌할꼬 하거늘

둘, 죄인은 하나님의 자비를 이해해야 한다.

1. 악한 길에서 돌이키면 하나님은 용서하신다.

> 렘 36:3 유다 가문이 내가 그들에게 내리려 한 모든 재난을 듣고 각기 악한 길에서 돌이키니 그리하면 내가 그 악과 죄를 용서하리라 하시니라

2. 하나님의 자비는 돌아온 죄인에게 노하지 않으시고 돌이켜 재앙을 거두신다.

> 욜 2:13 너희는 옷을 찢지 말고 마음을 찢고 너희 하나님 여호와께로 돌아올지어다 그는 은혜로우시며 자비로우시며 노하기를 더디하시며 인애가 크시사 뜻을 돌이켜 재앙을 내리지 아니하시나니

3. 돌아온 자는 누구나 죄 사함을 얻는다.

> 행 26:18 그 눈을 뜨게 하여 어둠에서 빛으로, 사탄의 권세에서 하나님께로 돌아오게 하고 죄 사함과 나를 믿어 거룩하게 된 무리 가운데서 기업을 얻게 하리라 하더이다

셋, 죄는 미워하고 돌이켜 하나님을 향해야 한다.

1. 언약궤가 들어간 날부터 이스라엘은 돌이켜 하나님을 향하였다.

> 삼상 7:2 궤가 기럇여아림에 들어간 날부터 이십 년 동안 오래 있은지라 이스라엘 온 족속이 여호와를 사모하니라

2. 돌이켜 돌아오는 자는 용서하신다.

> 사 55:7 악인은 그의 길을, 불의한 자는 그의 생각을 버리고 여호와께로 돌아오라 그리하면 그가 긍휼히 여기시리라 우리 하나님께로 돌아오라 그가 너그럽게 용서하시리라

3. 죄에서 돌이켜 돌아오면 하나님은 용서하시고 받아 주신다.

   눅 15:17 이에 스스로 돌이켜 이르되 내 아버지에게는 양식이 풍족한 품꾼이 얼마나 많은가 나는 여기서 주려 죽는구나

4. 죄인이라도 하나님 앞에서 거룩하게 살면 구원을 얻는다.

   딤전 2:15 그러나 여자들이 만일 정숙함으로써 믿음과 사랑과 거룩함에 거하면 그의 해산함으로 구원을 얻으리라

넷. 죄에서 돌이킨 자는 새로운 복종을 목적으로 삼아야 한다.

1. 돌이킨 자는 다시 죄의 종노릇하지 않는다.

   롬 6:6 우리가 알거니와 우리의 옛 사람이 예수와 함께 십자가에 못 박힌 것은 죄의 몸이 죽어 다시는 우리가 죄에게 종노릇하지 아니하려 함이니

2. 알지 못하고 행했던 죄에서 완전히 돌아서야 한다.

   딤전 1:13 내가 전에는 비방자요 박해자요 폭행자였으나 도리어 긍휼을 입은 것은 내가 믿지 아니할 때에 알지 못하고 행하였음이라

3. 새로운 삶을 사는 사람은 하나님께 복종해야 한다.

   약 4:7 그런즉 너희는 하나님께 복종할지어다 마귀를 대적하라 그리하면 너희를 피하리라

읽기자료
웨스터민스터 총회의 귀중한 산물 ① : 웨스터민스터 신앙고백서

웨스트민스터 총회는 영국교회의 개혁을 위해 1643년 7월 1일부터 1649년 2월 22일까지 약 5년 6개월에 걸쳐 1163회 이상의 정규모임을 가졌다. 회의는 토요일과 주일을 제외한 매일 오전 9시부터 오후 1~2시까지 열렸다. 그 이후에는 위원회별로 회합을 가졌다고 한다. 총회에서는 무엇보다 우선 「신앙고백서」의 작성이 이루어졌다.

총회에는 151명의 대표 중 평균 60명의 회원들이 매일 참석하였고, 11명이 실질적인 신앙고백서의 작성에 몰두하였다. 총회의 핵심을 이루는 신앙고백서 제정위원회는 1644년 8월 20일에 소집되었다. 수많은 회의 끝에 1645년 5월 12일 제434차 회의에서 기초자료가 제출되었다. 그리고 1645년 7월 16일 제470차 회의에서 신앙고백서의 초안이 제출되어 토론이 진행되었다. 총회는 각 장별로 낭독하고 토론을 거친 후 승인하였다. 때로는 한 단어, 한 단어를 놓고 토론을 한 끝에 승인하기도 했다. 이렇게 2년 3개월의 집중적이고 치열한 작업 끝에 1646년 12월 4일 제752차 회의에서 신앙고백서가 완성되어 의회의 상·하원에 보내졌다. 그러나 하원에서 성경적 증거 첨부라는 중요한 문제를 지적했기 때문에 이를 보완한 뒤, 1647년 5월 다시 인쇄하였다. 그리고 의회 내에서 또 한 번의 치열한 심의를 거친 끝에 1648년 6월, "의회의 권위로 웨스트민스터에 참석한 성직자들의 총회에서 나온 조언을 받아들이고 의회 양원에서 승인받고 통과된 기독교 신앙조항들"이라는 정식 명칭을 가진 「웨스트민스터 신앙고백서」는 일반 대중들에게 출판되었다. 이 신앙고백서는 총 33장으로 구성되었다. 그 내용은 다음과 같다.

구분	장	내용
첫 번째 부분	제1장	모든 진리를 끌어내는 원천인 성경
	제2~5장	하나님의 주권
두 번째 부분	제6장	죄를 지은 인간
	제7~10장	인간을 구원하시려는 하나님의 언약 언약의 성취이신 예수 그리스도 인간의 자유의지와 효과적인 부르심

웨스트민스터 총회의 모습 : "Assertion of Liberty of Conscience by the Independents of the Westminster Assembly of Divines", John Rogers Herbert(1847)

세 번째 부분	제11~20장	그리스도께서 이루신 구원의 길과 신앙인에게 나타나는 구원의 효과
네 번째 부분	제21~26장	기독교적 윤리에 대한 내용 (율법, 양심의 자유, 교회와 국가, 결혼과 이혼)
다섯 번째 부분	제27~33장	교회와 성례전, 종말

이 신앙고백서는 당시 개혁자들의 신학을 총집약한 것이었다. 그러나 신앙고백의 2/3 정도가 개인적·사회적 차원의 기독교적인 삶에 관련되었다는 것은 그만큼 이 문서가 실천적인 신앙을 지향하고 있다는 것을 알려 준다.

참고문헌
총회교육자원부 편, 「개혁교회의 신앙고백」(서울 : 한국장로교출판사, 2007)
박일만 편역, 필립 샤프 저, 「신조학」(서울 : 기독교문서선교회, 2000)
차종순 역, 잭 로저스 저, 「장로교 신조」(서울 : 기독교문사, 1995)

제88강
구속의 혜택을 전달하시는 외형적 방법

> **문** 88. 그리스도께서 구속의 혜택을 우리에게 전달하시는 데 쓰시는 외형적인 방법들은 무엇입니까?
>
> **답** 그리스도께서 구속의 혜택을 우리에게 전달하시는 데 쓰시는 외형적인 통상적 방편은 그의 법령들, 특히 말씀과 성례와 기도이며, 이것들은 모두 택함을 받은 자들을 구원에 이르게 하는 데 효력이 있습니다.
> -딤후 3 : 16-17, 요 6 : 53-57, 마 28 : 19-20

하나, 그리스도의 법령들은 구속의 혜택을 전달하시는 외형적인 방편이다.

1. 그리스도의 말을 듣고 행하는 것이 구속의 혜택을 얻는 가장 큰 지혜이다.

    마 7:24 그러므로 누구든지 나의 이 말을 듣고 행하는 자는 그 집을 반석 위에 지은 지혜로운 사람 같으리니

2. 그리스도의 말을 지키면 죽음을 보지 않고 영원한 생명을 얻는다.

    요 8:51 진실로 진실로 너희에게 이르노니 사람이 내 말을 지키면 영원히 죽음을 보지 아니하리라

3. 그리스도의 법령을 받지 않으면 마지막 날에 심판을 받는다.

    요 12:48 나를 저버리고 내 말을 받지 아니하는 자를 심판할 이가 있으니 곧 내가 한 그 말이 마지막 날에 그를 심판하리라

둘, 말씀은 구속의 혜택을 전달하시는 외형적 방편이다.

1. 성경은 구속의 혜택을 전달하는 말씀이다.

   눅 16:31 이르되 모세와 선지자들에게 듣지 아니하면 비록 죽은 자 가운데서 살아나는 자가 있을지라도 권함을 받지 아니하리라 하였다 하시니라

2. 말씀을 듣는 것이 영생을 얻는 길이다.

   요 5:24 내가 진실로 진실로 너희에게 이르노니 내 말을 듣고 또 나 보내신 이를 믿는 자는 영생을 얻었고 심판에 이르지 아니하나니 사망에서 생명으로 옮겼느니라

3. 성경말씀은 내세의 영원한 생명뿐만 아니라 현세의 바른 삶을 살게 한다.

   딤후 3:16-17 모든 성경은 하나님의 감동으로 된 것으로 교훈과 책망과 바르게 함과 의로 교육하기에 유익하니 이는 하나님의 사람으로 온전하게 하며 모든 선한 일을 행할 능력을 갖추게 하려 함이라

4. 말씀은 사람을 거듭나게 하고 살아 있다.

   벧전 1:23 너희가 거듭난 것은 썩어질 씨로 된 것이 아니요 썩지 아니할 씨로 된 것이니 살아 있고 항상 있는 하나님의 말씀으로 되었느니라

셋, 성례는 구속의 혜택을 전달하시는 외형적 방편이다.

1. 구속의 혜택을 전하기 위하여 믿는 자에게 세례를 주어야 한다.

   마 28:19 그러므로 너희는 가서 모든 민족을 제자로 삼아 아버지와 아들과 성령의 이름으로 세례를 베풀고

2. 세례는 구속을 얻게 하는 외형적 표이다.

   벧전 3:21 물은 예수 그리스도께서 부활하심으로 말미암아 이제 너희를 구원하는 표니 곧 세례라 이는 육체의 더러운 것을 제하여 버림이 아니요 하나님을 향한 선한 양심의 간구니라

3. 성찬은 죄 사함을 통하여 우리를 구속하시려고 그리스도께서 행하신 방편이다.

   마 26:28 이것은 죄 사함을 얻게 하려고 많은 사람을 위하여 흘리는 바 나의 피

곧 언약의 피니라

4. 성찬은 영생을 얻고 구속받을 자에게 주시는 그리스도의 은혜이다.
   요 6:54 내 살을 먹고 내 피를 마시는 자는 영생을 가졌고 마지막 날에 내가 그를 다시 살리리니

넷, 기도는 구속의 혜택을 전달하시는 외형적 방편이다.
1. 진정성 있는 기도는 구속을 얻게 하는 방편이다.
   눅 18:13 세리는 멀리 서서 감히 눈을 들어 하늘을 쳐다보지도 못하고 다만 가슴을 치며 이르되 하나님이여 불쌍히 여기소서 나는 죄인이로소이다 하였느니라
2. 사람의 행위가 아니라 예수를 그리스도로 믿는 기도가 구속하시는 능력이다.
   눅 23:42 이르되 예수여 당신의 나라에 임하실 때에 나를 기억하소서 하니
3. 예수님도 영혼을 아버지께 부탁하시는 기도를 하셨다.
   눅 23:46 예수께서 큰 소리로 불러 이르시되 아버지 내 영혼을 아버지 손에 부탁하나이다 하고 이 말씀을 하신 후 숨지시니라
4. 기도는 영혼의 구속뿐만 아니라 육체의 병을 낫게 하는 능력이 있다.
   약 5:16 그러므로 너희 죄를 서로 고백하며 병이 낫기를 위하여 서로 기도하라 의인의 간구는 역사하는 힘이 큼이니라

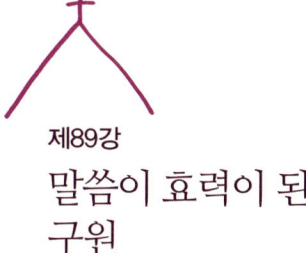

제89강
말씀이 효력이 된 구원

> 문 89. 말씀이 어떻게 효력이 되어 구원을 얻게 합니까?
> 답 하나님의 영께서 말씀의 낭독, 특히 말씀의 설교를 하나의 효과적 방편으로 삼으셔서 죄인들에게 죄를 깨닫게 하시고 회개케 하시며, 또 거룩함과 위안으로써 그들을 튼튼하게 하십니다. 이것은 믿음을 통하여 이루어지며 마침내 구원에 이르게 하는 것입니다.
> - 요 5 : 39, 17 : 3, 행 2 : 37, 약 2 : 23, 요 4 : 22, 시 19 : 7, 119 : 130, 살전 1 : 6

하나. 말씀의 낭독과 설교는 하나님의 영께서 하시는 일이다.

1. 말씀의 빛이 사람을 깨우치는 것은 하나님의 영께서 하시는 일이기 때문이다.

   시 119:130 주의 말씀을 열면 빛이 비치어 우둔한 사람들을 깨닫게 하나이다

2. 주의 영은 복음을 전하여 복음으로 자유하게 한다.

   눅 4:18 주의 성령이 내게 임하셨으니 이는 가난한 자에게 복음을 전하게 하시려고 내게 기름을 부으시고 나를 보내사 포로 된 자에게 자유를, 눈 먼 자에게 다시 보게 함을 전파하며 눌린 자를 자유롭게 하고

3. 하나님의 영이 하시는 말씀의 설교는 성령이 내려오시게 한다.

   행 10:44 베드로가 이 말을 할 때에 성령이 말씀 듣는 모든 사람에게 내려오시니

4. 말씀과 더불어 신비한 은사도 하나님의 영으로 하는 일이다.

   고전 14:2 방언을 말하는 자는 사람에게 하지 아니하고 하나님께 하나니 이는 알아 듣는 자가 없고 영으로 비밀을 말함이라

둘, 말씀의 설교는 죄인들에게 죄를 깨닫고 회개케 한다.

1. 하나님의 말씀은 영혼을 소성시키어 죄를 깨닫는 지혜가 있게 한다.

   시 19:7 여호와의 율법은 완전하여 영혼을 소성시키며 여호와의 증거는 확실하여 우둔한 자를 지혜롭게 하며

2. 말씀으로 회개의 세례를 전파하므로 사람들이 회개하고 세례를 받았다.

   막 1:4-5 세례 요한이 광야에 이르러 죄 사함을 받게 하는 회개의 세례를 전파하니 온 유대 지방과 예루살렘 사람이 다 나아가 자기 죄를 자복하고 요단 강에서 그에게 세례를 받더라

3. 말씀의 설교는 죄인들이 자신의 죄를 깨닫고 회개하게 한다.

   행 2:37 그들이 이 말을 듣고 마음에 찔려 베드로와 다른 사도들에게 물어 이르되 형제들아 우리가 어찌할꼬 하거늘

셋, 말씀의 설교는 거룩함과 위안으로써 튼튼하게 한다.

1. 말씀은 거룩하게 하며 그리스도의 마음으로 살게 한다.

   마 5:39 나는 너희에게 이르노니 악한 자를 대적하지 말라 누구든지 네 오른편 뺨을 치거든 왼편도 돌려 대며

2. 은혜의 말씀은 삶을 든든히 세운다.

   행 20:32 지금 내가 여러분을 주와 및 그 은혜의 말씀에 부탁하노니 그 말씀이 여러분을 능히 든든히 세우사 거룩하게 하심을 입은 모든 자 가운데 기업이 있게 하시리라

3. 하나님의 말씀은 뿌리를 든든하게 하고 굳게 서게 한다.

   골 2:7 그 안에 뿌리를 박으며 세움을 받아 교훈을 받은 대로 믿음에 굳게 서서 감사함을 넘치게 하라

4. 말씀은 주님을 본받는 자가 되어 거룩한 삶을 살게 한다.

살전 1:6 또 너희는 많은 환난 가운데서 성령의 기쁨으로 말씀을 받아 우리와 주를 본받은 자가 되었으니

넷, 말씀의 설교는 믿음을 통하여 이루어지며 구원에 이르게 한다.

1. 형식이 아닌 말씀이 살아 있는 예배는 구원에 이르게 한다.

요 4:22 너희는 알지 못하는 것을 예배하고 우리는 아는 것을 예배하노니 이는 구원이 유대인에게서 남이라

2. 하나님의 말씀을 통하여 그리스도를 아는 것은 영생 곧 구원을 얻는 길이다.

요 17:3 영생은 곧 유일하신 참 하나님과 그가 보내신 자 예수 그리스도를 아는 것이니이다

3. 말씀은 구원하는 능력이다.

행 11:20-21 그중에 구브로와 구레네 몇 사람이 안디옥에 이르러 헬라인에게도 말하여 주 예수를 전파하니 주의 손이 그들과 함께하시매 수많은 사람들이 믿고 주께 돌아오더라

4. 말씀을 믿으면 의로 여기심을 받아 구원받는다.

약 2:23 이에 성경에 이른 바 아브라함이 하나님을 믿으니 이것을 의로 여기셨다는 말씀이 이루어졌고 그는 하나님의 벗이라 칭함을 받았나니

제90강
말씀이 구원에 이르게 하는 효과

> 문 90. 말씀이 우리를 구원에 이르게 하는 효과 있는 것이 되게 하려면 우리가 말씀을 어떻게 읽고 들어야 합니까?
> 답 말씀이 우리를 구원에 이르게 하는 효과 있는 것이 되게 하려면 우리가 부지런함과 준비와 기도로써 거기에 열중하고 믿음과 사랑으로 받아들이고 우리 마음에 간직하며 우리 생활에서 그것을 실천해야 합니다.
> -(잠 8:34, 눅 8:18, 벧전 2:1-2, 히 4:2)
> -딤전 4:13, 시 119:18, 91, 사 66:2, 약 1:21-22

하나, 말씀이 구원에 이르는 효과가 있게 하려면 부지런하게 배워야 한다.

1. 말씀에 항상 눈이 열려 있어 부지런히 말씀을 사모해야 한다.

   시 119:18 내 눈을 열어서 주의 율법에서 놀라운 것을 보게 하소서

2. 자녀에게 말씀을 부지런히 가르쳐야 한다.

   신 6:7 네 자녀에게 부지런히 가르치며 집에 앉았을 때에든지 길을 갈 때에든지 누워 있을 때에든지 일어날 때에든지 이 말씀을 강론할 것이며

3. 말씀을 듣는 데 부지런해야 한다.

   눅 8:18 그러므로 너희가 어떻게 들을까 스스로 삼가라 누구든지 있는 자는 받겠고 없는 자는 그 있는 줄로 아는 것까지도 빼앗기리라 하시니라

둘, 말씀이 구원에 이르는 효과가 있게 하려면 준비와 기도로 열중해야 한다.

1. 말씀에 대한 갈증은 구원에 이른다.

    암 8:11 주 여호와의 말씀이니라 보라 날이 이를지라 내가 기근을 땅에 보내리니 양식이 없어 주림이 아니며 물이 없어 갈함이 아니요 여호와의 말씀을 듣지 못한 기갈이라

2. 말씀을 들을 마음의 준비를 하고 열중하는 자가 구원을 얻는 지혜를 가진다.

    마 7:24 그러므로 누구든지 나의 이 말을 듣고 행하는 자는 그 집을 반석 위에 지은 지혜로운 사람 같으리니

3. 말씀은 기도와 함께 하고 기도는 말씀과 함께 해야 한다.

    딤전 4:4-5 하나님께서 지으신 모든 것이 선하매 감사함으로 받으면 버릴 것이 없나니 하나님의 말씀과 기도로 거룩하여짐이라

4. 말씀을 읽고 가르치는 것에 전념해야 구원에 이르는 효과가 있다.

    딤전 4:13 내가 이를 때까지 읽는 것과 권하는 것과 가르치는 것에 전념하라

셋, 말씀이 구원에 이르는 효과가 있게 하려면 믿음과 사랑으로 받아들여야 한다.

1. 하나님께서 만드신 만물은 하나님의 말씀을 듣고 받아들이고 있다.

    시 119:91 천지가 주의 규례들대로 오늘까지 있음은 만물이 주의 종이 된 까닭이니이다

2. 하나님의 말씀은 두려운 마음으로 받아야 한다.

    사 66:2 나 여호와가 말하노라 내 손이 이 모든 것을 지었으므로 그들이 생겼느니라 무릇 마음이 가난하고 심령에 통회하며 내 말을 듣고 떠는 자 그 사람은 내가 돌보려니와

3. 말씀은 간절한 마음으로 받고 항상 묵상해야 한다.

    행 17:11 베뢰아에 있는 사람들은 데살로니가에 있는 사람들보다 더 너그러워서

간절한 마음으로 말씀을 받고 이것이 그러한가 하여 날마다 성경을 상고하므로
4. 순수한 마음으로 말씀을 사모하면 구원에 이르도록 자란다.

> 벧전 2:2 갓난아기들같이 순전하고 신령한 젖을 사모하라 이는 그로 말미암아 너희로 구원에 이르도록 자라게 하려 함이라

넷, 말씀이 구원에 이르는 효과가 있게 하려면 마음에 간직하고 실천해야 한다.

1. 말씀은 마음에 간직하고 가까이 있게 해야 한다.

> 신 11:18 이러므로 너희는 나의 이 말을 너희의 마음과 뜻에 두고 또 그것을 너희의 손목에 매어 기호를 삼고 너희 미간에 붙여 표를 삼으며

2. 말씀은 배우고 실천해야 구원에 이르게 하는 가치가 있다.

> 빌 4:9 너희는 내게 배우고 받고 듣고 본 바를 행하라 그리하면 평강의 하나님이 너희와 함께 계시리라

3. 말씀은 온유함으로 받아야 하며 실천하지 않으면 자기를 속이는 자가 된다.

> 약 1:21-22 그러므로 모든 더러운 것과 넘치는 악을 내버리고 너희 영혼을 능히 구원할 바 마음에 심어진 말씀을 온유함으로 받으라 너희는 말씀을 행하는 자가 되고 듣기만 하여 자신을 속이는 자가 되지 말라

제91강
성례의 구원의 효과적 방편

> 문 91. 성례가 어떻게 구원의 효과적 방편이 됩니까?
> 답 성례가 구원의 효과적 방편이 되는 것은 성례 자체가 가지는 어떤 효능이나 그것들을 집례하는 사람이 가진 어떤 덕에서 오는 것이 아니라, 그리스도의 축복과 또 성례를 믿음으로 받아들이는 사람들 속에서 활동하시는 그의 성령의 사역에 의한 것입니다.
> – 고전 3 : 7, 6 : 11, 12 : 13, 벧전 3 : 21, 행 8 : 13, 23

하나. 성례가 구원의 효과적 방편이 되는 것은 성례 자체가 가지는 효능 때문이 아니다.

1. 성찬에 참여하는 것은 그 자체가 기쁨이 있는 일이다.

   행 2:46 날마다 마음을 같이하여 성전에 모이기를 힘쓰고 집에서 떡을 떼며 기쁨과 순전한 마음으로 음식을 먹고

2. 떡을 떼는 것은 그리스도의 몸에 참여하는 효과가 있다.

   고전 10:16 우리가 축복하는 바 축복의 잔은 그리스도의 피에 참여함이 아니며 우리가 떼는 떡은 그리스도의 몸에 참여함이 아니냐

3. 세례는 그리스도와 합하여 그리스도로 옷 입는 삶을 살게 한다.

   갈 3:27 누구든지 그리스도와 합하기 위하여 세례를 받은 자는 그리스도로 옷 입

었느니라

4. 세례는 그리스도의 부활하심으로 우리를 구원하는 표가 되었다.

벧전 3:21 물은 예수 그리스도께서 부활하심으로 말미암아 이제 너희를 구원하는 표니 곧 세례라 이는 육체의 더러운 것을 제하여 버림이 아니요 하나님을 향한 선한 양심의 간구니라

둘. 성례가 구원의 효과적 방편이 되는 것은 집례자가 가진 덕에서 오는 것이 아니다.

1. 사람이 세례를 베풀었어도 사람의 표적과 능력 때문이 아니다.

행 8:13 시몬도 믿고 세례를 받은 후에 전심으로 빌립을 따라다니며 그 나타나는 표적과 큰 능력을 보고 놀라니라

2. 사람이 세례를 베풀어도 세례를 베푼 사람의 이름이 드러나지 말아야 한다.

고전 1:15 이는 아무도 나의 이름으로 세례를 받았다 말하지 못하게 하려 함이라

3. 사람이 성례나 복음의 중심이 되어서는 안 된다.

고전 3:5 그런즉 아볼로는 무엇이며 바울은 무엇이냐 그들은 주께서 각각 주신 대로 너희로 하여금 믿게 한 사역자들이니라

4. 성례는 사람에게서 난 것이 아니라 오직 예수 그리스도에게서 난 것이다.

갈 1:12 이는 내가 사람에게서 받은 것도 아니요 배운 것도 아니요 오직 예수 그리스도의 계시로 말미암은 것이라

셋. 성례는 그리스도의 축복과 성례를 믿음으로 받아들이는 사람들 속에 있다.

1. 성례는 받을 사람의 속에 있는 믿음에 있다.

행 10:47 이에 베드로가 이르되 이 사람들이 우리와 같이 성령을 받았으니 누가 능히 물로 세례 베풂을 금하리요 하고

2. 축복과 성례는 오직 믿음으로 주어진다.

　고전 6:11 너희 중에 이와 같은 자들이 있더니 주 예수 그리스도의 이름과 우리 하나님의 성령 안에서 씻음과 거룩함과 의롭다 하심을 받았느니라

3. 믿음으로 받는 축복과 성례는 차별이 없다.

　고전 12:13 우리가 유대인이나 헬라인이나 종이나 자유인이나 다 한 성령으로 세례를 받아 한 몸이 되었고 또 다 한 성령을 마시게 하셨느니라

4. 축복과 성례는 감사함으로 받는 사람들 속에서 은혜가 된다.

　딤전 4:4 하나님께서 지으신 모든 것이 선하매 감사함으로 받으면 버릴 것이 없나니

넷, 성례는 사람들 속에서 활동하시는 성령의 사역에 의한 것이다.

1. 성례는 성령의 사역에 의한 것이다.

　마 3:16 예수께서 세례를 받으시고 곧 물에서 올라오실새 하늘이 열리고 하나님의 성령이 비둘기같이 내려 자기 위에 임하심을 보시더니

2. 성례는 영으로 난 영적 사역이다.

　요 3:6 육으로 난 것은 육이요 영으로 난 것은 영이니

3. 성례는 어떤 사람에게서 난 것이 아니라 하나님께로부터 난 것이다.

　고전 3:7 그런즉 심는 이나 물 주는 이는 아무것도 아니로되 오직 자라게 하시는 이는 하나님뿐이니라

4. 축복과 성례는 사람의 의로운 행위가 아니라 하나님께로부터 난 것이다.

　딛 3:5 우리를 구원하시되 우리가 행한 바 의로운 행위로 말미암지 아니하고 오직 그의 긍휼하심을 따라 중생의 씻음과 성령의 새롭게 하심으로 하셨나니

제92강
성례가 무엇인가

> **문** 92. 성례가 무엇입니까?
> **답** 성례는 그리스도께서 세우신 거룩한 예식입니다. 이 예식에 있어서 사람이 지각할 수 있는 표적들에 의하여 그리스도와 또 새 언약의 혜택들이 신자들에게 표시되고 보증되고 적용되는 것입니다.
> — 마 28 : 19, 26 : 26-28, 눅 22 : 20, 롬 4 : 11

하나, 성례는 그리스도께서 세우신 거룩한 예식이다.

1. 성만찬은 주님이 직접 제정하신 성례이다.

   마 26:26 그들이 먹을 때에 예수께서 떡을 가지사 축복하시고 떼어 제자들에게 주시며 이르시되 받아서 먹으라 이것은 내 몸이니라 하시고

2. 성만찬은 주님께서 우리를 위하여 제정하신 성례이다.

   눅 22:20 저녁 먹은 후에 잔도 그와 같이 하여 이르시되 이 잔은 내 피로 세우는 새 언약이니 곧 너희를 위하여 붓는 것이라

3. 성례는 그리스도께서 우리에게 반드시 하라고 제정하신 명령이다.

   마 28:19 그러므로 너희는 가서 모든 민족을 제자로 삼아 아버지와 아들과 성령의 이름으로 세례를 베풀고

4. 성례는 사람이 아니라 주께서 직접 세우신 것을 계속 전하는 것이다.

고전 11:23 내가 너희에게 전한 것은 주께 받은 것이니 곧 주 예수께서 잡히시던 밤에 떡을 가지사

둘, 성례는 사람이 지각할 수 있는 표적들이 있다.
1. 교회는 성만찬을 통하여 능력 있는 공동체가 되는 표적이 나타났다.

행 2:42 그들이 사도의 가르침을 받아 서로 교제하고 떡을 떼며 오로지 기도하기를 힘쓰니라

2. 그리스도에 대한 확신이 있으면 세례를 받고 거듭나는 표적이 있게 된다.

행 8:36 길 가다가 물 있는 곳에 이르러 그 내시가 말하되 보라 물이 있으니 내가 세례를 받음에 무슨 거리낌이 있느냐

3. 말씀을 듣고 성령을 받으면 세례의 은총을 누리게 된다.

행 10:47 이에 베드로가 이르되 이 사람들이 우리와 같이 성령을 받았으니 누가 능히 물로 세례 베풂을 금하리요 하고

4. 성례는 주님이 오실 때까지 사람들이 전해야 하는 은혜의 표적이다.

고전 11:26 너희가 이 떡을 먹으며 이 잔을 마실 때마다 주의 죽으심을 그가 오실 때까지 전하는 것이니라

셋, 성례를 통하여 그리스도와 또 새 언약의 혜택들이 있다.
1. 하나님은 하나님의 백성들과 새 언약을 맺으신다.

렘 31:31 여호와의 말씀이니라 보라 날이 이르리니 내가 이스라엘 집과 유다 집에 새 언약을 맺으리라

2. 그리스도의 십자가의 피는 그리스도와 우리의 언약의 혜택이다.

마 26:28 이것은 죄 사함을 얻게 하려고 많은 사람을 위하여 흘리는 바 나의 피 곧 언약의 피니라

3. 성례는 낡은 언약을 폐하고 그리스도를 통한 새 언약이 이루어지는 것

이다.

> 히 8:13 새 언약이라 말씀하셨으매 첫 것은 낡아지게 하신 것이니 낡아지고 쇠하는 것은 없어져 가는 것이니라

4. 성례는 그리스도가 새 언약의 중보자로 우리에게 주시는 은혜의 표이다.

> 히 9:15 이로 말미암아 그는 새 언약의 중보자시니 이는 첫 언약 때에 범한 죄에서 속량하려고 죽으사 부르심을 입은 자로 하여금 영원한 기업의 약속을 얻게 하려 하심이라

넷, 새 언약의 혜택은 신자들에게 표시되고 보증되고 적용된다.

1. 구약에서는 포피를 베는 것이 하나님의 백성이 되는 언약의 표시였다.

> 창 17:11 너희는 포피를 베어라 이것이 나와 너희 사이의 언약의 표징이니라

2. 할례는 하나님과의 언약의 표시이며 의로 여김을 받는 표였지만 신약에서는 그리스도의 피가 언약의 표시이고 보증이다.

> 롬 4:11 그가 할례의 표를 받은 것은 무할례시에 믿음으로 된 의를 인친 것이니 이는 무할례자로서 믿는 모든 자의 조상이 되어 그들도 의로 여기심을 얻게 하려 하심이라

3. 예수님은 구약의 언약의 표시보다 더 좋은 언약의 보증이 되셨다.

> 히 7:22 이와 같이 예수는 더 좋은 언약의 보증이 되셨느니라

제93강
신약성경이 말하는 성례

> 문 93. 신약성경이 말하는 성례는 어느 것들입니까?
> 답 신약성경이 말하는 성례는 세례와 성찬입니다.
> - 마 28 : 19-20, 막 14 : 25, 고전 11 : 23

하나. 성경은 주님이 세례를 제정하심을 가르친다.

1. 주님이 친히 세례를 제정하시고 베풀라고 하셨다.

   마 28:19 그러므로 너희는 가서 모든 민족을 제자로 삼아 아버지와 아들과 성령의 이름으로 세례를 베풀고

2. 세례는 예수님도 친히 먼저 받으시고 우리에게 받게 하셨다.

   눅 3:21 백성이 다 세례를 받을새 예수도 세례를 받으시고 기도하실 때에 하늘이 열리며

3. 세례의 참 뜻은 물세례가 아니라 성령세례이며 성령의 세례도 주님이 약속하신 것이다.

   행 1:5 요한은 물로 세례를 베풀었으나 너희는 몇 날이 못 되어 성령으로 세례를

받으리라 하셨느니라

둘, 성경은 세례를 기념하고 행하라고 명한다.
1. 베드로는 예수님께서 가르치신 세례를 전수하여 베풀라고 하였다.
   행 10:48 명하여 예수 그리스도의 이름으로 세례를 베풀라 하니라 그들이 베드로에게 며칠 더 머물기를 청하니라
2. 초대교회는 예수님께서 지키라고 하신 세례를 베풀고 실천하였다.
   행 22:16 이제는 왜 주저하느냐 일어나 주의 이름을 불러 세례를 받고 너의 죄를 씻으라 하더라
3. 세례는 성부, 성자, 성령의 이름으로 받는 것이지 사람의 이름으로 받는 것이 아니다.
   고전 1:15 이는 아무도 나의 이름으로 세례를 받았다 말하지 못하게 하려 함이라
4. 세례를 받을 수 있는 조건은 복음을 듣고 구원을 받은 사람이다.
   행 19:5 그들이 듣고 주 예수의 이름으로 세례를 받으니

셋, 성경은 주님이 성찬을 제정하셨음을 가르친다.
1. 예수님께서 떡을 가지시고 성찬을 제정하셨다.
   막 14:22 그들이 먹을 때에 예수께서 떡을 가지사 축복하시고 떼어 제자들에게 주시며 이르시되 받으라 이것은 내 몸이니라 하시고
2. 예수님께서 잔을 가지시고 성찬을 제정하셨다.
   마 26:27 또 잔을 가지사 감사 기도 하시고 그들에게 주시며 이르시되 너희가 다 이것을 마시라
3. 예수님은 성찬을 하나님의 나라에 갈 때까지 하라고 하셨다.
   막 14:25 진실로 너희에게 이르노니 내가 포도나무에서 난 것을 하나님 나라에서 새 것으로 마시는 날까지 다시 마시지 아니하리라 하시니라
4. 예수님이 제정하신 성찬의 참 뜻은 영원히 사는 것이다.

요 6:58 이것은 하늘에서 내려온 떡이니 조상들이 먹고도 죽은 그것과 같지 아니하여 이 떡을 먹는 자는 영원히 살리라

넷, 성경은 주님께 받은 성찬을 행하라고 명한다.
1. 초대교회는 주님께서 제정하신 성찬을 성실히 행하였다.
   행 2:42 그들이 사도의 가르침을 받아 서로 교제하고 떡을 떼며 오로지 기도하기를 힘쓰니라
2. 초대교회에서 첫날인 주일은 성찬을 행하는 날이었다.
   행 20:7 그 주간의 첫날에 우리가 떡을 떼려 하여 모였더니 바울이 이튿날 떠나고자 하여 그들에게 강론할새 말을 밤중까지 계속하매
3. 바울이 전승한 성찬은 주님께 받은 것이었다.
   고전 11:23 내가 너희에게 전한 것은 주께 받은 것이니 곧 주 예수께서 잡히시던 밤에 떡을 가지사

제94강

세례란 무엇인가

> **문** 94. 세례가 무엇입니까?
> **답** 세례는 성례의 하나로서 성부와 성자와 성령의 이름으로 물을 가지고 씻는 예식입니다. 그것은 우리가 그리스도께 접붙임을 받음과 은혜의 언약의 혜택들에 참여함과 우리가 주님의 것이 된다는 약속을 표시하고 확증하는 것입니다.
> -마 28 : 19, 롬 6 : 3, 계 1 : 5, 갈 3 : 26-27

하나, 세례는 성례이다.

1. 세례는 그리스도께서 제정하여 시행하라고 하신 성례이다.

   마 28:19 그러므로 너희는 가서 모든 민족을 제자로 삼아 아버지와 아들과 성령의 이름으로 세례를 베풀고

2. 초대교회에서 세례를 받는 것은 성도가 된다는 것이다.

   행 2:41 그 말을 받은 사람들은 세례를 받으매 이날에 신도의 수가 삼천이나 더하더라

3. 세례는 하나의 성례이다.

   엡 4:5 주도 한 분이시요 믿음도 하나요 세례도 하나요

4. 세례는 다시 논의할 필요가 없는 확실한 성례이다.

히 6:2 세례들과 안수와 죽은 자의 부활과 영원한 심판에 관한 교훈의 터를 다시 닦지 말고 완전한 데로 나아갈지니라

둘, 세례는 성부와 성자와 성령의 이름으로 물을 가지고 씻는 예식이다.
1. 세례는 죄를 씻어 깨끗하고 거룩하게 하는 상징의 예식이다.
    엡 5:26 이는 곧 물로 씻어 말씀으로 깨끗하게 하사 거룩하게 하시고
2. 물로 씻는 예식인 세례는 우리를 구원하는 표이다.
    벧전 3:21 물은 예수 그리스도께서 부활하심으로 말미암아 이제 너희를 구원하는 표니 곧 세례라 이는 육체의 더러운 것을 제하여 버림이 아니요 하나님을 향한 선한 양심의 간구니라
3. 우리는 물로 씻는 세례로 하나님께 나아간다.
    히 10:22 우리가 마음에 뿌림을 받아 악한 양심으로부터 벗어나고 몸은 맑은 물로 씻음을 받았으니 참 마음과 온전한 믿음으로 하나님께 나아가자
4. 세례는 우리를 씻고 새롭게 한다.
    딛 3:5 우리를 구원하시되 우리가 행한 바 의로운 행위로 말미암지 아니하고 오직 그의 긍휼하심을 따라 중생의 씻음과 성령의 새롭게 하심으로 하셨나니

셋, 세례는 그리스도께 접붙임을 받은 증거이다.
1. 세례는 그리스도와 합하여 그리스도로 옷 입는 것이다.
    갈 3:27 누구든지 그리스도와 합하기 위하여 세례를 받은 자는 그리스도로 옷 입었느니라
2. 성도가 된다는 것은 그리스도께 접붙임 받는 것이다.
    롬 11:17 또한 가지 얼마가 꺾이었는데 돌감람나무인 네가 그들 중에 접붙임이 되어 참감람나무 뿌리의 진액을 함께 받는 자가 되었은즉
3. 세례를 통하여 그리스도와 함께 살게 하신다.
    엡 2:5 허물로 죽은 우리를 그리스도와 함께 살리셨고 (너희는 은혜로 구원을 받

은 것이라)
4. 성도는 그리스도와 함께 살리심을 받은 사람이다.

골 3:1 그러므로 너희가 그리스도와 함께 다시 살리심을 받았으면 위의 것을 찾으라 거기는 그리스도께서 하나님 우편에 앉아 계시느니라

넷, 세례는 우리가 주님의 것이 된다는 약속이다.
1. 세례는 주님의 죽으심과 함께 주님의 것이 되는 것이다.

롬 6:3 무릇 그리스도 예수와 합하여 세례를 받은 우리는 그의 죽으심과 합하여 세례를 받은 줄을 알지 못하느냐

2. 세례는 주님과 함께 죽고 주님과 함께 다시 사는 것이다.

골 2:12 너희가 세례로 그리스도와 함께 장사되고 또 죽은 자들 가운데서 그를 일으키신 하나님의 역사를 믿음으로 말미암아 그 안에서 함께 일으키심을 받았느니라

3. 주의 것이 된 성도는 버림받지 않고 썩음을 당하지 않는다.

행 2:27 이는 내 영혼을 음부에 버리지 아니하시며 주의 거룩한 자로 썩음을 당하지 않게 하실 것임이로다

4. 세례로 성도가 된 자는 사나 죽으나 주의 것이다.

롬 14:8 우리가 살아도 주를 위하여 살고 죽어도 주를 위하여 죽나니 그러므로 사나 죽으나 우리가 주의 것이로다

제95강
세례를 받을 자격

> 문 95. 세례는 누구에게 베풀 수 있습니까?
> 답 세례를 보이는 교회 밖에 있는 사람에게 베풀어서는 안 됩니다. 그들이 그리스도께 대한 자기의 믿음과 복종을 고백한 이후이어야 세례를 받을 수 있습니다. 그러나 보이는 교회의 회원과 같은 사람들의 아기들은 세례를 받을 수 있습니다.
> -행 2 : 41, 2 : 38-39, 고전 7 : 14, 갈 3 : 27-28

하나, 보이는 교회는 교회의 중요한 의미를 가지고 있다.

1. 보이는 교회는 주님이 세우신 주님의 교회이다.

   마 16:18 또 내가 네게 이르노니 너는 베드로라 내가 이 반석 위에 내 교회를 세우리니 음부의 권세가 이기지 못하리라

2. 보이는 교회의 원형은 광야 교회이다.

   행 7:38 시내산에서 말하던 그 천사와 우리 조상들과 함께 광야 교회에 있었고 또 살아 있는 말씀을 받아 우리에게 주던 자가 이 사람이라

3. 보이는 유형적 교회는 초대교회 시대에 이미 번성하였다.

   롬 16:16 너희가 거룩하게 입맞춤으로 서로 문안하라 그리스도의 모든 교회가 다 너희에게 문안하느니라

4. 안식일 아닌 주일에 이미 보이는 교회에서 예배 드렸다.
>행 20:7 그 주간의 첫날에 우리가 떡을 떼러 하려 모였더니 바울이 이튿날 떠나고자 하여 그들에게 강론할새 말을 밤중까지 계속하매

둘, 세례는 보이는 교회 안에 있는 사람에게 베푸는 것이다.

1. 제자로 삼는 것은 성도가 되어 보이는 교회를 세운다는 의미이다.
>마 28:19 그러므로 너희는 가서 모든 민족을 제자로 삼아 아버지와 아들과 성령의 이름으로 세례를 베풀고

2. 예수님의 승천 후에 이미 교회가 조직되었고 교회에서 세례를 베풀었다.
>행 2:41 그 말을 받은 사람들은 세례를 받으매 이날에 신도의 수가 삼천이나 더하더라

3. 초대교회 공동체인 가정에서 세례를 베풀었다.
>행 10:48 명하여 예수 그리스도의 이름으로 세례를 베풀라 하니라 그들이 베드로에게 며칠 더 머물기를 청하니라

4. 루디아의 집이 빌립보 교회였다.
>행 16:15 그와 그 집이 다 세례를 받고 우리에게 청하여 이르되 만일 나를 주 믿는 자로 알거든 내 집에 들어와 유하라 하고 강권하여 머물게 하니라

셋, 세례는 그리스도께 대한 믿음과 복종을 고백한 후에 받을 수 있다.

1. 세례를 받는 조건은 믿음이며 믿지 않는 사람은 세례를 받을 자격이 없다.
>막 16:16 믿고 세례를 받는 사람은 구원을 얻을 것이요 믿지 않는 사람은 정죄를 받으리라

2. 요한의 세례를 받은 사람도 믿음과 하나님이 의로우신 분임을 고백해야 한다.
>눅 7:29 모든 백성과 세리들은 이미 요한의 세례를 받은지라 이 말씀을 듣고 하나님을 의롭다 하되

3. 세례는 회개하고 죄 사함을 받은 자가 받는다.

    행 2:38 베드로가 이르되 너희가 회개하여 각각 예수 그리스도의 이름으로 세례를 받고 죄 사함을 받으라 그리하면 성령의 선물을 받으리니

4. 주님께 대한 믿음을 가진 사람이 세례를 받을 자격이 있다.

    행 18:8 또 회당장 그리스보가 온 집안과 더불어 주를 믿으며 수많은 고린도 사람도 듣고 믿어 세례를 받더라

넷, 보이는 교회의 회원의 아기들은 세례를 받을 수 있다.

1. 유아세례는 난 지 팔 일 만에 아기에게 할례를 베푼 구약의 말씀에 근거한다.

    창 21:4 그 아들 이삭이 난 지 팔 일 만에 그가 하나님이 명령하신 대로 할례를 행하였더라

2. 온 가족이 다 세례를 받았다는 것은 아기들도 받았다는 뜻이다.

    행 16:33 그 밤 그 시각에 간수가 그들을 데려다가 그 맞은 자리를 씻어 주고 자기와 그 온 가족이 다 세례를 받은 후

3. 부모가 다 믿으면 자녀도 깨끗하게 되어 부모의 믿음으로 아기가 세례를 받는다.

    고전 7:14 믿지 아니하는 남편이 아내로 말미암아 거룩하게 되고 믿지 아니하는 아내가 남편으로 말미암아 거룩하게 되나니 그렇지 아니하면 너희 자녀도 깨끗하지 못하니라 그러나 이제 거룩하니라

4. 세례를 받음에는 인종이나 성별이나 나이의 차이가 없다.

    갈 3:28 너희는 유대인이나 헬라인이나 종이나 자유인이나 남자나 여자나 다 그리스도 예수 안에서 하나이니라

제96강
주의 성찬

> 문 96. 성찬이 무엇입니까?
> 답 성찬은 성례의 하나로서 그리스도께서 정하신 대로 떡과 포도주를 주고 받음으로써 그리스도의 죽으심을 나타내 보이는 예식입니다. 그것은 합당하게 받는 자들은 육체적이고 육욕적인 방식을 따르는 자가 아니라 믿음에 의한 자로서, 그리스도의 몸과 피에 참여하는 자가 되며 그의 모든 혜택을 받고 은혜 가운데서 영적인 양육과 성장을 얻게 되는 것입니다.
> -눅 22 : 15, 고전 11 : 26-28, 10 : 16, 요 6 : 55-56, 마 26 : 26-27, 엡 3 : 17

하나, 그리스도가 정하신 떡과 포도주를 주고받는 성례이다.

1. 성찬은 그리스도께서 제자들과 유월절 만찬을 행하시며 제정하신 것이다.

    눅 22:15 내가 고난을 받기 전에 너희와 함께 이 유월절 먹기를 원하고 원하였노라

2. 성찬은 그리스도께서 친히 제정하신 성례이다.

    마 26:26 그들이 먹을 때에 예수께서 떡을 가지사 축복하시고 떼어 제자들에게 주시며 이르시되 받아서 먹으라 이것은 내 몸이니라 하시고

3. 성찬은 살과 피를 주신 예식이다.

    요 6:55 내 살은 참된 양식이요 내 피는 참된 음료로다

4. 그리스도께서 친히 제정하신 성찬을 바울은 교회를 통하여 전승하였다.

고전 11:26 너희가 이 떡을 먹으며 이 잔을 마실 때마다 주의 죽으심을 그가 오실 때까지 전하는 것이니라

둘, 성찬을 받는 자는 육체와 육욕을 따라 하지 않는다.
1. 성찬은 받는 자는 주의 몸과 피에 합당하게 받아야 한다.
   고전 11:27 그러므로 누구든지 주의 떡이나 잔을 합당하지 않게 먹고 마시는 자는 주의 몸과 피에 대하여 죄를 짓는 것이니라
2. 성찬을 받는 그리스도의 사람은 육체의 욕심을 십자가에 못 박아야 한다.
   갈 5:24 그리스도 예수의 사람들은 육체와 함께 그 정욕과 탐심을 십자가에 못 박았느니라
3. 육체의 욕심은 진노의 자녀를 만든다.
   엡 2:3 전에는 우리도 다 그 가운데서 우리 육체의 욕심을 따라 지내며 육체와 마음의 원하는 것을 하여 다른 이들과 같이 본질상 진노의 자녀이었더니
4. 그리스도의 사람은 정욕으로 살지 않고 하나님의 뜻을 따라 산다.
   벧전 4:2 그 후로는 다시 사람의 정욕을 따르지 않고 하나님의 뜻을 따라 육체의 남은 때를 살게 하려 함이라

셋, 믿음으로 받으면 그의 몸과 피에 참여하는 것이다.
1. 성찬에 참여하여 살과 피를 먹고 마시면 그리스도 안에 거하는 자가 된다.
   요 6:56 내 살을 먹고 내 피를 마시는 자는 내 안에 거하고 나도 그의 안에 거하나니
2. 성찬을 통하여 그리스도의 몸과 피에 참여하게 된다.
   고전 10:16 우리가 축복하는 바 축복의 잔은 그리스도의 피에 참여함이 아니며 우리가 떼는 떡은 그리스도의 몸에 참여함이 아니냐
3. 초대 그리스도인들은 모일 때마다 그리스도의 몸과 피에 참여하였다.
   행 2:46 날마다 마음을 같이하여 성전에 모이기를 힘쓰고 집에서 떡을 떼며 기쁨

과 순전한 마음으로 음식을 먹고
4. 그리스도의 몸과 피에 참여하면 귀신의 잔과 식탁에 참여하지 않는다.
   고전 10:21 너희가 주의 잔과 귀신의 잔을 겸하여 마시지 못하고 주의 식탁과 귀신의 식탁에 겸하여 참여하지 못하리라

넷. 믿음으로 받으면 영적인 양육과 성장을 얻게 된다.
1. 그리스도의 성찬에 참여한 초대교회는 성장하고 부흥하였다.
   행 2:47 하나님을 찬미하며 또 온 백성에게 칭송을 받으니 주께서 구원받는 사람을 날마다 더하게 하시니라
2. 믿음으로 성찬의 삶을 살면 뿌리가 박히고 터가 굳어진다.
   엡 3:17 믿음으로 말미암아 그리스도께서 너희 마음에 계시게 하시옵고 너희가 사랑 가운데서 뿌리가 박히고 터가 굳어져서
3. 믿음으로 그리스도를 믿고 성찬에 참여하면 그리스도에게까지 성장한다.
   엡 4:15 오직 사랑 안에서 참된 것을 하여 범사에 그에게까지 자랄지라 그는 머리니 곧 그리스도라
4. 예수를 그리스도로 받은 사람은 세움을 받아 성장하게 된다.
   골 2:7 그 안에 뿌리를 박으며 세움을 받아 교훈을 받은 대로 믿음에 굳게 서서 감사함을 넘치게 하라

제97강
성찬에 합당한 삶

> 문 97. 성찬을 합당하게 받으려면 무엇을 필요로 합니까?
> 답 성찬에 합당하게 참여하고자 하는 자들에게 요구되는 것은 주님의 몸을 분간하는 지식에 대해서, 그리스도를 먹고 마시는 그들의 믿음에 대해서, 그리고 그들의 회개와 사랑과 새 복종에 대해서 스스로를 살피는 것입니다. 성찬 때 합당치 않게 참여하다가 결국 자신에게 임하는 심판을 먹고 마셔서는 안 되겠습니다.
> -고전 11 : 27 - 29, 요 6 : 55 - 56, 롬 6 : 4

하나, 성찬은 합당하게 참여해야 한다.

1. 성찬 시 주의 떡이나 잔을 합당하게 먹고 마셔야 한다.

    고전 11:27 그러므로 누구든지 주의 떡이나 잔을 합당하지 않게 먹고 마시는 자는 주의 몸과 피에 대하여 죄를 짓는 것이니라

2. 성찬은 주의 몸과 피를 상징하는 십자가를 묵상해야 합당한 것이다.

    마 10:38 또 자기 십자가를 지고 나를 따르지 않는 자도 내게 합당하지 아니하니라

3. 주님의 잔치에 참여하는 자는 합당한 예복이 있어야 한다.

    마 22:12 이르되 친구여 어찌하여 예복을 입지 않고 여기 들어왔느냐 하니 그가 아무 말도 못하거늘

4. 하나님의 나라에서 먹고 마시는 잔치는 세마포 옷을 입은 신부들만 참여한다.

계 19:9 천사가 내게 말하기를 기록하라 어린 양의 혼인 잔치에 청함을 받은 자들은 복이 있도다

둘, 성찬은 지식과 믿음을 살피고 받아야 한다.
1. 예수님의 살과 피를 믿음으로 받아야 다시 사는 은총이 있다.

요 6:54 내 살을 먹고 내 피를 마시는 자는 영생을 가졌고 마지막 날에 내가 그를 다시 살리리니

2. 떡이 예수님의 몸인 것을 알고 믿는 것이 성찬의 의미다.

막 14:22 그들이 먹을 때에 예수께서 떡을 가지사 축복하시고 떼어 제자들에게 주시며 이르시되 받으라 이것은 내 몸이니라 하시고

3. 그들은 파선당한 배에서 구출된 다음에 새 믿음으로 떡을 떼어 먹었다.

행 27:35 떡을 가져다가 모든 사람 앞에서 하나님께 축사하고 떼어 먹기를 시작하매

4. 지식과 믿음을 살핀 다음에 받아야 바른 성찬이다.

고전 11:28 사람이 자기를 살피고 그 후에야 이 떡을 먹고 이 잔을 마실지니

셋, 성찬은 회개와 사랑과 복종을 살피고 받아야 한다.
1. 성찬에 참여하는 자는 주님 안에서의 삶이 전제되어야 한다.

요 6:56 내 살을 먹고 내 피를 마시는 자는 내 안에 거하고 나도 그의 안에 거하나니

2. 복음 전파는 회개에 합당한 일을 하게 한다.

행 26:20 먼저 다메섹과 예루살렘에 있는 사람과 유대 온 땅과 이방인에게까지 회개하고 하나님께로 돌아와서 회개에 합당한 일을 하라 전하므로

3. 복음의 삶이란 그리스도의 죽으심과 살리심의 회개와 복종의 삶이다.

롬 6:4 그러므로 우리가 그의 죽으심과 합하여 세례를 받음으로 그와 함께 장사되었나니 이는 아버지의 영광으로 말미암아 그리스도를 죽은 자 가운데서 살리심과 같이 우리로 또한 새 생명 가운데서 행하게 하려 함이라

넷, 자신에게 임하는 심판을 먹고 마셔서는 안 된다.
1. 성찬에 합당하지 않게 먹고 마시면 자기 스스로 심판을 받는 것이다.
   고전 11:29 주의 몸을 분별하지 못하고 먹고 마시는 자는 자기의 죄를 먹고 마시는 것이니라
2. 유다는 주님이 주는 떡을 먹음으로 심판을 받았다.
   요 13:26 예수께서 대답하시되 내가 떡 한 조각을 적셔다 주는 자가 그니라 하시고 곧 한 조각을 적셔서 가룟 시몬의 아들 유다에게 주시니
3. 인간은 먹고 마시는 문제로 시험당하여 심판을 받았다.
   고전 10:9 그들 가운데 어떤 사람들이 주를 시험하다가 뱀에게 멸망하였나니 우리는 그들과 같이 시험하지 말자
4. 먹고 마시는 모든 것은 주님의 영광을 위한 일이며 심판이어서는 안 된다.
   고전 10:31 그런즉 너희가 먹든지 마시든지 무엇을 하든지 다 하나님의 영광을 위하여 하라

읽기자료
웨스트민스터 총회의 귀중한 산물 ② : 대/소요리문답

총회는 신앙고백서를 제정하였고, 대/소요리문답의 신앙고백서가 작성되는 동시에 대요리문답이 함께 작성되었다. 신앙고백서가 교리의 지침서로 작성되었다면, 대요리문답은 신앙고백서의 주석 및 보충이자, 장차 작성될 소요리문답의 기초로서 작성되었고, 설교자들을 위한 교리 설교 지침서로서 작성된 것이기도 하였다. 사실 총회는 신앙고백서보다 대요리문답을 작성하는 데 더 심혈을 기울였다. 대요리문답이 완성된 뒤, 1648년에 소요리문답이 작성되기 시작하였다. 소요리문답은 대요리문답 안에 포함된 내용을 토대로 하여 젊은이들을 가르치기 위한 간단한 요약으로서 만들어졌다. 이미 신앙고백서와 대요리문답을 만드는 과정에서 신학적인 내용과 성경적인 근거에 대한 검토가 장시간에 걸쳐서 이루어진 관계로 소요리문답을 완성하는 데에는 그리 오랜 시간이 걸리지 않았고, 곧 총회의 승인을 받게 되었다.

대요리문답은 총 196개 문답으로 이루어져 있다. 제1~5문에서는 성경이 실제적으로 가르치는 것이 무엇인지, 제6~90문까지는 기독교인들이 무엇을 믿어야 하는지에 대해서 다루고 있다. 그리고 마지막 제91~196문까지는 기독교적 삶의 실천에 대해서 다룬다.

한편 소요리문답은 총 107문으로 이루어져 있으며, 제1~3문에서는 성경이 실제적으로 가르치는 것이 무엇인지 다루며, 제4~38문에서는 기독교인이 무엇을 믿어야 하는지 가르치며, 제39~107문까지는 십계명과 주기도문을 해설하면서 기독교적 삶의 실천에 대해 다루고 있다. 이렇게 체계를 갖춘 대/소요리문답은 모두 종래의 요리문답의 전통을 탈피하고, 대신 논리적 구조와 분명하고 명확한 용어 선택이라는 강점을 가지고 교회 현장에서 사용되기 시작했다. 웨스트민스터 대/소요리문답에 나타난 신학적 특징과 강점은 다음과 같다.

1. 하나님의 주권을 강조한다.
이 주권은 독재적인 주권이 아니라 우리에게 위로와 확신을 주는 주권이다. 문답의 전반부(대요리문답 : 제6-90문, 소요리문답 : 제4-38문)에는 죄악된 인간과 우

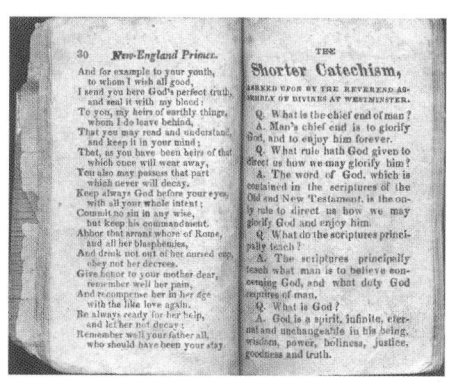

19세기에 발간된 「웨스트민스터 소요리문답」: New England Primer(1822)

리를 구원하시려는 하나님의 언약과 구속사역이 분명하게 드러나고 있다.

2. 하나님께 순종하는 삶을 강조한다.
제1문("사람의 제일 되는 목적은 무엇입니까?")에서부터 바로 우리가 '따라가야 할' 삶의 목적에 대해 질문하는 것 자체가 이를 잘 보여 준다.

중세 가톨릭 신학자였던 토마스 아퀴나스는 "사람의 궁극적인 행복은 하나님에 대해 관조(觀照)하는 것"이라고 말했었다. 하지만, "오직 하나님께 영광"을 모토로 하는 칼뱅을 따라 대/소요리문답에서는 "사람의 첫째 되는 목적은 하나님을 영화롭게 하는 것이며, 영원토록 즐거워하는 것"이라고 선언한다. 단순한 관조만으로는 진정한 행복을 누릴 수 없다. 하나님께 순종함을 통해서만 진정한 하나님의 기쁨에 동참할 수 있는 것이다. 1648년, 총회의 대표들은 이 요리문답서들을 통해 이 땅의 신앙인들을 이러한 순종의 삶으로 초대하였던 것이다.

참고문헌
박일만 편역, 필립 샤프 저, 「신조학」(서울 : 기독교문서선교회, 2000)
차종순 역, 잭 로저스 저, 「장로교 신조」(서울 : 한국장로교출판사, 1995)

제98강
기도란?

> **문** 98. 기도가 무엇입니까?
> **답** 기도는 우리의 소원을 하나님께 아뢰는 일입니다. 우리의 죄를 고백하며 그리스도의 자비를 감사한 마음으로 인정하면서 하나님의 뜻에 맞는 것들을 그리스도의 이름으로 아뢰는 것입니다.
> -요 6 : 38, 14 : 13-14, 16 : 23-24, 마 26 : 39-42, 요일 5 : 14, 눅 18 : 13, 빌 4 : 6, 마 21 : 22

하나, 기도란 소원을 하나님께 아뢰는 일이다.

1. 하나님은 우리에게 소원을 주시고 하나님께 아뢰게 하신다.

    빌 2:13 너희 안에서 행하시는 이는 하나님이시니 자기의 기쁘신 뜻을 위하여 너희에게 소원을 두고 행하게 하시나니

2. 기도는 예수님께서 가르치신 대로 하나님께 구하는 것이다.

    마 7:7 구하라 그리하면 너희에게 주실 것이요 찾으라 그리하면 찾아낼 것이요 문을 두드리라 그리하면 너희에게 열릴 것이니

3. 기도는 주실 것을 믿고 구하는 것이다.

    마 21:22 너희가 기도할 때에 무엇이든지 믿고 구하는 것은 다 받으리라 하시니라

4. 기도는 소원을 하나님께 아뢰고 얻는 것이다.
    요일 5:15 우리가 무엇이든지 구하는 바를 들으시는 줄을 안즉 우리가 그에게 구한 그것을 얻은 줄을 또한 아느니라

둘, 기도란 우리의 죄를 고백하는 것이다.
1. 예수님을 만나면 누구나 죄를 고백하고 기도하게 된다.
    눅 5:8 시몬 베드로가 이를 보고 예수의 무릎 아래에 엎드려 이르되 주여 나를 떠나소서 나는 죄인이로소이다 하니
2. 참 기도는 죄인이라는 고백이다.
    눅 18:13 세리는 멀리 서서 감히 눈을 들어 하늘을 쳐다보지도 못하고 다만 가슴을 치며 이르되 하나님이여 불쌍히 여기소서 나는 죄인이로소이다 하였느니라
3. 서로 죄를 고백하는 것은 치유 기도의 전제이다.
    약 5:16 그러므로 너희 죄를 서로 고백하며 병이 낫기를 위하여 서로 기도하라 의인의 간구는 역사하는 힘이 큼이니라
4. 죄를 고백하는 기도는 용서를 얻게 한다.
    요일 1:9 만일 우리가 우리 죄를 자백하면 그는 미쁘시고 의로우사 우리 죄를 사하시며 우리를 모든 불의에서 깨끗하게 하실 것이요

셋, 기도란 그리스도의 자비를 감사한 마음으로 인정하는 것이다.
1. 예수님은 기도가 곧 감사인 것을 친히 보여 주셨다.
    요 11:41 돌을 옮겨 놓으니 예수께서 눈을 들어 우러러보시고 이르시되 아버지여 내 말을 들으신 것을 감사하나이다
2. 기도는 은사로 인해 감사하게 한다.
    고후 1:11 너희도 우리를 위하여 간구함으로 도우라 이는 우리가 많은 사람의 기도로 얻은 은사로 말미암아 많은 사람이 우리를 위하여 감사하게 하려 함이라
3. 기도의 중요한 요소는 염려하지 않는 것과 감사하는 것이다.

빌 4:6 아무것도 염려하지 말고 다만 모든 일에 기도와 간구로, 너희 구할 것을 감사함으로 하나님께 아뢰라

4. 기도는 계속하고 감사하는 것이다.

골 4:2 기도를 계속하고 기도에 감사함으로 깨어 있으라

넷, 기도란 하나님의 뜻에 맞는 것들을 그리스도의 이름으로 아뢰는 것이다.

1. 예수님의 기도는 아버지의 뜻을 찾고 뜻대로 되기를 원하는 기도였다.

마 26:42 다시 두 번째 나아가 기도하여 이르시되 내 아버지여 만일 내가 마시지 않고는 이 잔이 내게서 지나갈 수 없거든 아버지의 원대로 되기를 원하나이다 하시고

2. 하나님의 뜻대로 하는 기도를 하나님은 들어주신다.

요일 5:14 그를 향하여 우리가 가진 바 담대함이 이것이니 그의 뜻대로 무엇을 구하면 들으심이라

3. 그리스도의 이름으로 기도해야 이루어진다.

요 14:13 너희가 내 이름으로 무엇을 구하든지 내가 행하리니 이는 아버지로 하여금 아들로 말미암아 영광을 받으시게 하려 함이라

4. 그리스도의 이름으로 구하면 반드시 기쁨으로 받을 것이다.

요 16:24 지금까지는 너희가 내 이름으로 아무것도 구하지 아니하였으나 구하라 그리하면 받으리니 너희 기쁨이 충만하리라

제99강
기도의 지침이 되는 법칙

> 문 99. 하나님께서 우리의 기도의 지침이 되게 하시려고 주신 법칙이 무엇입니까?
> 답 하나님의 말씀 전체가 우리의 기도의 지침이 됩니다. 그러나 그리스도께서 그의 제자들에게 가르치신 기도의 형식, 곧 보통으로 "주님의 기도"라고 부르는 그 형식이 기도의 특수한 지침입니다.
> —마 6 : 9 – 12, 요일 5 : 14, 딤후 3 : 16 – 17

하나, 하나님의 말씀은 기도의 지침이다.

1. 하나님의 말씀은 능하시므로 그 말씀은 기도의 지침이 될 수 있다.

    눅 1:37 대저 하나님의 모든 말씀은 능하지 못하심이 없느니라

2. 말씀을 잘 듣는 자는 기도의 시작인 회개를 하게 된다.

    행 2:37 그들이 이 말을 듣고 마음에 찔려 베드로와 다른 사도들에게 물어 이르되 형제들아 우리가 어찌할꼬 하거늘

3. 기도하는 일과 말씀 사역은 언제나 함께 하게 된다.

    행 6:4 우리는 오로지 기도하는 일과 말씀 사역에 힘쓰리라 하니

4. 하나님의 말씀은 기도와 함께 거룩하게 하는 힘이 있다.

    딤전 4:4-5 하나님께서 지으신 모든 것이 선하매 감사함으로 받으면 버릴 것이

없나니 하나님의 말씀과 기도로 거룩하여짐이라

둘, 그리스도께서 제자들에게 기도를 가르치셨다.

1. 예수님의 제자들은 다른 아무것도 가르쳐 달라고 하지 않았지만 기도는 가르쳐 달라고 하였다.

   눅 11:1 예수께서 한곳에서 기도하시고 마치시매 제자 중 하나가 여짜오되 주여 요한이 자기 제자들에게 기도를 가르친 것과 같이 우리에게도 가르쳐 주옵소서

2. 예수님은 제자들에게 기도를 가르쳐 주셨다.

   마 6:9 그러므로 너희는 이렇게 기도하라

3. 예수님은 '주님의 기도' 외에도 제자들에게 기도를 여러 번 가르쳐 주셨다.

   마 6:33 그런즉 너희는 먼저 그의 나라와 그의 의를 구하라 그리하면 이 모든 것을 너희에게 더하시리라

4. 예수님은 시험을 이기는 방법은 기도라고 가르치셨다.

   눅 22:46 이르시되 어찌하여 자느냐 시험에 들지 않게 일어나 기도하라 하시니라

셋, 그리스도는 기도하셨고 기도의 형식을 가르쳐 주셨다.

1. 예수님은 이른 아침에 한적한 곳에 가서 기도하시는 형식을 모범으로 보이셨다.

   막 1:35 새벽 아직도 밝기 전에 예수께서 일어나 나가 한적한 곳으로 가사 거기서 기도하시더니

2. 예수님은 골방 기도의 형식도 가르쳐 주셨다.

   마 6:6 너는 기도할 때에 네 골방에 들어가 문을 닫고 은밀한 중에 계신 네 아버지께 기도하라 은밀한 중에 보시는 네 아버지께서 갚으시리라

3. 예수님은 대제사장으로서의 기도를 하심으로 인간 구원과 사랑을 보이셨다.

   요 17:1 예수께서 이 말씀을 하시고 눈을 들어 하늘을 우러러 이르시되 아버지여 때가 이르렀사오니 아들을 영화롭게 하사 아들로 아버지를 영화롭게 하게

하옵소서

4. 예수님께 배운 기도는 구하면 들으신다는 믿음의 담대함이다.

요일 5:14 그를 향하여 우리가 가진 바 담대함이 이것이니 그의 뜻대로 무엇을 구하면 들으심이라

넷, 그리스도는 '주님의 기도'라는 특수한 지침을 주셨다.

1. '주님의 기도'는 가장 완벽한 기도이며 그리스도께서 직접 주신 기도의 지침이다.

마 6:9 그러므로 너희는 이렇게 기도하라 하늘에 계신 우리 아버지여 이름이 거룩히 여김을 받으시오며

2. '주님의 기도'는 복음서가 기록하고 있는 기도의 지침이다.

눅 11:2 예수께서 이르시되 너희는 기도할 때에 이렇게 하라 아버지여 이름이 거룩히 여김을 받으시오며 나라가 임하시오며

제100강
주님의 기도의 머리말

> 문 100. 주님의 기도의 머리말이 우리에게 가르치는 것이 무엇입니까?
> 답 주님의 기도의 머리말, 곧 "하늘에 계신 우리 아버지"가 우리에게 가르치는 것은 자식들이 아버지에게 하는 것처럼 우리를 도울 수 있고, 또 언제나 도울 뜻을 가지고 계시는 하나님께 거룩한 존경심과 확신을 가지고 가까이 가라는 것이며, 또 우리는 남들과 함께, 그리고 남을 위해서 기도를 해야 한다는 것입니다.
> －사 57 : 15, 눅 11 : 13, 15 : 20, 10 : 12, 사 43 : 1, 64 : 9, 말 1 : 6, 슥 8 : 21, 엡 6 : 18, 롬 8 : 15

하나, 하나님은 아버지로서 자식인 우리를 도우신다.

1. 세상의 부모는 나를 버려도 하나님은 나를 버리지 않으시고 도우신다.

    시 27 : 10 내 부모는 나를 버렸으나 여호와는 나를 영접하시리이다

2. 여호와는 우리에게 도움이시다.

    시 121 : 2 나의 도움은 천지를 지으신 여호와에게서로다

3. 하나님은 자식인 우리에게 좋은 것을 주신다.

    눅 11 : 13 너희가 악할지라도 좋은 것을 자식에게 줄 줄 알거든 하물며 너희 하늘 아버지께서 구하는 자에게 성령을 주시지 않겠느냐 하시니라

4. 하나님은 잃은 자식을 찾고 도우시는 아버지이시다.

    눅 15 : 20 이에 일어나서 아버지께로 돌아가니라 아직도 거리가 먼데 아버지가 그

를 보고 측은히 여겨 달려가 목을 안고 입을 맞추니

둘, 우리는 아버지이신 하나님께 존경심과 확신을 가져야 한다.
1. 하나님은 존귀하며 거룩하신 아버지이시다.

   사 57:15 지극히 존귀하며 영원히 거하시며 거룩하다 이름하는 이가 이와 같이 말씀하시되 내가 높고 거룩한 곳에 있으며 또한 통회하고 마음이 겸손한 자와 함께 있나니 이는 겸손한 자의 영을 소생시키며 통회하는 자의 마음을 소생시키려 함이라

2. 하나님은 공경하고 두려워해야 할 우리의 아버지이시다.

   말 1:6 내 이름을 멸시하는 제사장들아 나 만군의 여호와가 너희에게 이르기를 아들은 그 아버지를, 종은 그 주인을 공경하나니 내가 아버지일진대 나를 공경함이 어디 있느냐 내가 주인일진대 나를 두려워함이 어디 있느냐 하나 너희는 이르기를 우리가 어떻게 주의 이름을 멸시하였나이까 하는도다

3. 우리는 존경과 확신으로 하나님을 아빠 아버지라 부른다.

   롬 8:15 너희는 다시 무서워하는 종의 영을 받지 아니하고 양자의 영을 받았으므로 우리가 아빠 아버지라고 부르짖느니라

셋, 우리는 기도 가운데 아버지이신 하나님께 가까이 나아간다.
1. 하나님께 가까이하며 하나님이 가까이 계심이 우리에게 복이다.

   시 73:28 하나님께 가까이함이 내게 복이라 내가 주 여호와를 나의 피난처로 삼아 주의 모든 행적을 전파하리이다

2. 하나님은 우리가 어디에 가든지 거기 계시며, 가까이 계시는 하나님이시다.

   시 139:8 내가 하늘에 올라갈지라도 거기 계시며 스올에 내 자리를 펼지라도 거기 계시니이다

3. 예수님은 우리 가까이에 계셔서 간구해 주신다.

   히 7:25 그러므로 자기를 힘입어 하나님께 나아가는 자들을 온전히 구원하실 수 있으니 이는 그가 항상 살아 계셔서 그들을 위하여 간구하심이라

넷. 하나님은 우리의 아버지시기에 남들과 함께, 남들을 위하여 기도해야 한다.

1. 하나님이 모든 사람을 구속하셨으므로 우리는 남들을 위하여 기도해야 한다.

    사 43:1 야곱아 너를 창조하신 여호와께서 지금 말씀하시느니라 이스라엘아 너를 지으신 이가 말씀하시느니라 너는 두려워하지 말라 내가 너를 구속하였고 내가 너를 지명하여 불렀나니 너는 내 것이라

2. 우리는 나만이 아니라 여러 성도를 위해 기도해야 한다.

    엡 6:18 모든 기도와 간구를 하되 항상 성령 안에서 기도하고 이를 위하여 깨어 구하기를 항상 힘쓰며 여러 성도를 위하여 구하라

3. 하나님은 모두를 지으셨으므로 모두를 위해 기도해야 한다.

    사 64:9 여호와여, 너무 분노하지 마시오며 죄악을 영원히 기억하지 마시옵소서 구하오니 보시옵소서 보시옵소서 우리는 다 주의 백성이니이다

4. 모든 성읍 백성들이 하나님을 찾고 기도한다.

    슥 8:21 이 성읍 주민이 저 성읍에 가서 이르기를 우리가 속히 가서 만군의 여호와를 찾고 여호와께 은혜를 구하자 하면 나도 가겠노라 하겠으며

제101강
주님의 기도의 첫째 간구

> 문 101. 첫째 간구에서 우리가 기도하는 것이 무엇입니까?
> 답 "아버지의 이름을 거룩하게 하시며"라는 첫 간구에서 우리가 기도하는 것은 하나님께서 자기를 알게 하시는 데 방편으로 쓰시는 모든 일에 있어서 우리와 또 남들에게 그를 영화롭게 할 수 있도록 하게 하시며, 또 모든 일을 그 자신의 영광을 위하여 처리하시라는 것입니다.
> -롬 11 : 36, 마 5 : 16, 빌 2 : 11-20, 롬 11 : 33, 고후 3 : 5, 사 64 : 1-2, 시 67 : 1-3, 145장

하나, 하나님은 이름을 가지신 하나님이시다.

1. 하나님의 이름은 '스스로 있는 자'이시다.

    출 3:14 하나님이 모세에게 이르시되 나는 스스로 있는 자이니라 또 이르시되 너는 이스라엘 자손에게 이같이 이르기를 스스로 있는 자가 나를 너희에게 보내셨다 하라

2. 하나님의 이름은 경솔하게 부르지 말아야 한다.

    출 20:7 너는 네 하나님 여호와의 이름을 망령되게 부르지 말라 여호와는 그의 이름을 망령되게 부르는 자를 죄 없다 하지 아니하리라

3. 하나님의 이름은 모든 피조물에게 찬송을 받으실 이름이다.

    시 135:1 할렐루야 여호와의 이름을 찬송하라 여호와의 종들아 찬송하라

4. 주의 이름은 주님 자신이기에 이름 자체에 권위가 있다.
   > 마 7:22 그날에 많은 사람이 나더러 이르되 주여 주여 우리가 주의 이름으로 선지자 노릇 하며 주의 이름으로 귀신을 쫓아내며 주의 이름으로 많은 권능을 행하지 아니하였나이까 하리니

둘, 하나님은 자기를 알게 하신다.
1. 하나님은 이름으로 자신을 알게 하신다.
   > 사 64:2 불이 섶을 사르며 불이 물을 끓임 같게 하사 주의 원수들이 주의 이름을 알게 하시며 이방 나라들로 주 앞에서 떨게 하옵소서
2. 하나님을 아는 것은 인간의 자랑거리이다.
   > 렘 9:24 자랑하는 자는 이것으로 자랑할지니 곧 명철하여 나를 아는 것과 나 여호와는 사랑과 정의와 공의를 땅에 행하는 자인 줄 깨닫는 것이라 나는 이 일을 기뻐하노라 여호와의 말씀이니라
3. 하나님은 세상에 오신 예수님을 통하여 자신을 세상에 알리셨다.
   > 요 12:45 나를 보는 자는 나를 보내신 이를 보는 것이니라

셋, 하나님은 자신을 영화롭게 할 수 있게 하신다.
1. 하나님은 자신을 찬송하게 하시며, 영화롭게 하게 하신다.
   > 시 67:3 하나님이여 민족들이 주를 찬송하게 하시며 모든 민족들이 주를 찬송하게 하소서
2. 하나님을 영화롭게 하는 것은 인간의 중요한 의무이다.
   > 요 17:1 예수께서 이 말씀을 하시고 눈을 들어 하늘을 우러러 이르시되 아버지여 때가 이르렀사오니 아들을 영화롭게 하사 아들로 아버지를 영화롭게 하게 하옵소서
3. 하나님은 영화로운 분이며 영광을 세세에 받으실 분이다.
   > 롬 11:36 이는 만물이 주에게서 나오고 주로 말미암고 주에게로 돌아감이라 그에게 영광이 세세에 있을지어다 아멘

4. 하나님께만 만족이 있고 영광이 있다.

　고후 3:5 우리가 무슨 일이든지 우리에게서 난 것같이 스스로 만족할 것이 아니니 우리의 만족은 오직 하나님으로부터 나느니라

넷. 모든 것이 하나님의 영광을 위하여 존재한다.

1. 모든 피조물은 하나님께 영광 돌리기 위하여 존재한다.

　시 19:1 하늘이 하나님의 영광을 선포하고 궁창이 그의 손으로 하신 일을 나타내는도다

2. 우리의 빛 된 삶과 착한 행실이 하나님께 영광이 된다.

　마 5:16 이같이 너희 빛이 사람 앞에 비치게 하여 그들로 너희 착한 행실을 보고 하늘에 계신 너희 아버지께 영광을 돌리게 하라

3. 하나님은 자신의 영광을 위하여 사람을 지으셨다.

　사 43:7 내 이름으로 불려지는 모든 자 곧 내가 내 영광을 위하여 창조한 자를 오게 하라 그를 내가 지었고 그를 내가 만들었느니라

제102강
주님의 기도의 둘째 간구

> 문 102. 둘째 간구에서 우리가 기도하는 것이 무엇입니까?
> 답 "아버지의 나라가 오게 하시며"라는 둘째 간구에서 우리가 기도하는 것은 사단의 왕국이 파괴되는 것과 은혜의 왕국이 발전되어 우리들과 또 남들이 그리로 인도되어 그 안에 있게 되는 것과 영광의 왕국이 하루속히 임하는 것입니다.
> -시 68 : 1-2, 마 6 : 33, 슥 14 : 20, 계 22 : 20

하나, 사탄은 존재하고 그의 왕국도 있다.

1. 사탄은 존재하며 이 땅에 두루 다니며 유혹한다.

    욥 1:7 여호와께서 사탄에게 이르시되 네가 어디서 왔느냐 사탄이 여호와께 대답하여 이르되 땅을 두루 돌아 여기저기 다녀왔나이다

2. 사탄은 존재하며 서로 투쟁하고 분쟁을 일으키는 일을 한다.

    마 12:26 만일 사탄이 사탄을 쫓아내면 스스로 분쟁하는 것이니 그리하고야 어떻게 그의 나라가 서겠느냐

3. 공중은 사탄의 거처이며 왕국이다.

    엡 2:2 그때에 너희는 그 가운데서 행하여 이 세상 풍조를 따르고 공중의 권세 잡은 자를 따랐으니 곧 지금 불순종의 아들들 가운데서 역사하는 영이라

4. 그리스도는 사탄의 왕국을 알고 계시며 마지막 날에 멸망하게 하실 것이다.

   계 2:13 네가 어디에 사는지를 내가 아노니 거기는 사탄의 권좌가 있는 데라

둘, 사탄의 왕국이 파괴되고 은혜의 왕국이 발전한다.

1. 하나님은 가만히 보고 계시는 것 같지만 원수인 사탄을 흩으시고 파괴하신다.

   시 68:1 하나님이 일어나시니 원수들은 흩어지며 주를 미워하는 자들은 주 앞에서 도망하리이다

2. 그리스도가 이 땅에 오신 것은 사탄을 파괴하기 위함이다.

   마 4:10 이에 예수께서 말씀하시되 사탄아 물러가라 기록되었으되 주 너의 하나님께 경배하고 다만 그를 섬기라 하였느니라

3. 그리스도가 멸하실 것을 사탄도 알고 있다.

   막 1:24 나사렛 예수여 우리가 당신과 무슨 상관이 있나이까 우리를 멸하러 왔나이까 나는 당신이 누구인 줄 아노니 하나님의 거룩한 자니이다

4. 하나님은 사탄을 우리의 발아래서 멸하게 하신다.

   롬 16:20 평강의 하나님께서 속히 사탄을 너희 발아래에서 상하게 하시리라 우리 주 예수의 은혜가 너희에게 있을지어다

셋, 하나님의 나라에 우리와 남들이 인도되어 있게 된다.

1. 마지막 날에 우리가 성결하게 되어 천국에 들어간다.

   슥 14:20 그날에는 말 방울에까지 여호와께 성결이라 기록될 것이라 여호와의 전에 있는 모든 솥이 제단 앞 주발과 다름이 없을 것이니

2. 하나님의 나라를 먼저 구하면 모든 것을 얻게 될 것이다.

   마 6:33 그런즉 너희는 먼저 그의 나라와 그의 의를 구하라 그리하면 이 모든 것을 너희에게 더하시리라

3. 그리스도를 믿는 자는 그리스도와 함께 하나님의 나라에 있게 된다.

눅 23:43 예수께서 이르시되 내가 진실로 네게 이르노니 오늘 네가 나와 함께 낙원에 있으리라 하시니라

4. 하나님의 나라는 환난을 통하여 인도된다.

행 14:22 제자들의 마음을 굳게 하여 이 믿음에 머물러 있으라 권하고 또 우리가 하나님의 나라에 들어가려면 많은 환난을 겪어야 할 것이라 하고

넷. 영광의 왕국이 속히 임하게 된다.

1. 인자가 영광 가운데 오시면 영광의 왕국이 임하게 된다.

마 25:31 인자가 자기 영광으로 모든 천사와 함께 올 때에 자기 영광의 보좌에 앉으리니

2. 예수님이 오시면 왕국이 임한다.

행 1:11 이르되 갈릴리 사람들아 어찌하여 서서 하늘을 쳐다보느냐 너희 가운데서 하늘로 올려지신 이 예수는 하늘로 가심을 본 그대로 오시리라 하였느니라

3. 예수님이 다시 오시면 영광의 왕국이 임하므로 왕국을 빼앗기지 말아야 한다.

계 3:11 내가 속히 오리니 네가 가진 것을 굳게 잡아 아무도 네 면류관을 빼앗지 못하게 하라

4. 예수님은 속히 오시고 영광의 왕국도 속히 임하게 된다.

계 22:20 이것들을 증언하신 이가 이르시되 내가 진실로 속히 오리라 하시거늘 아멘 주 예수여 오시옵소서

제103강
주님의 기도의 셋째 간구

> 문 103. 셋째 간구에서 우리가 기도하는 것이 무엇입니까?
> 답 "아버지의 뜻이 하늘에서와 같이 땅에서도 이루어지게 하소서"라는 셋째 간구에서 우리가 기도하는 것은 하나님께서 그의 은혜로써 우리에게 능력과 기쁜 마음을 주셔서 천사들이 하늘에서 하는 것처럼 모든 일에 있어서 하나님의 뜻을 알고 그것에 복종하도록 하여 달라는 것입니다.
> -히 12 : 28, 시 119 : 35, 103 : 20-23, 단 7 : 10

하나. 우리가 기도하는 것은 하나님의 은혜이다.

1. 기도는 하나님의 은혜이다.

   욥 33:26 그는 하나님께 기도하므로 하나님이 은혜를 베푸사 그로 말미암아 기뻐 외치며 하나님의 얼굴을 보게 하시고 사람에게 그의 공의를 회복시키시느니라

2. 하나님이 은혜를 베푸셔야 우리가 기도할 수 있다.

   시 4:1 내 의의 하나님이여 내가 부를 때에 응답하소서 곤란 중에 나를 너그럽게 하셨사오니 내게 은혜를 베푸사 나의 기도를 들으소서

3. 부르짖으면 들으시는 것은 하나님의 은혜이다.

   렘 29:12 너희가 내게 부르짖으며 내게 와서 기도하면 내가 너희들의 기도를 들을 것이요

둘, 우리가 기도하는 것은 능력과 기쁜 마음을 주셨기 때문이다.

1. 기도는 간구할 마음을 주셔야 한다.

   대상 17:25 나의 하나님이여 주께서 종을 위하여 왕조를 세우실 것을 이미 듣게 하셨으므로 주의 종이 주 앞에서 이 기도로 간구할 마음이 생겼나이다

2. 하나님은 기뻐할 때 기도하게 하시고 응답하신다.

   느 1:11 주여 구하오니 귀를 기울이사 종의 기도와 주의 이름을 경외하기를 기뻐하는 종들의 기도를 들으시고 오늘 종이 형통하여 이 사람 앞에서 은혜를 입게 하옵소서 하였나니 그때에 내가 왕의 술 관원이 되었느니라

3. 기도에는 기쁨이 있다.

   빌 1:4 간구할 때마다 너희 무리를 위하여 기쁨으로 항상 간구함은

4. 기도는 믿음의 역사를 능력으로 이루게 한다.

   살후 1:11 이러므로 우리도 항상 너희를 위하여 기도함은 우리 하나님이 너희를 그 부르심에 합당한 자로 여기시고 모든 선을 기뻐함과 믿음의 역사를 능력으로 이루게 하시고

셋, 천사들은 하늘에서 하나님의 뜻에 따라 일한다.

1. 천사들은 하나님의 뜻에 따라 오르락내리락한다.

   창 28:12 꿈에 본즉 사다리가 땅 위에 서 있는데 그 꼭대기가 하늘에 닿았고 또 본즉 하나님의 사자들이 그 위에서 오르락내리락하고

2. 천사는 하나님의 뜻에 따라 일하며 그 뜻을 인간에게 전달하는 역할을 한다.

   슥 6:4 내가 내게 말하는 천사에게 물어 이르되 내 주여 이것들이 무엇이니이까 하니

3. 천사는 하나님의 뜻인 기쁨의 좋은 소식을 사람에게 전한다.

   눅 2:10 천사가 이르되 무서워하지 말라 보라 내가 온 백성에게 미칠 큰 기쁨의 좋은 소식을 너희에게 전하노라

4. 천사는 하늘에서 하나님의 뜻을 받들어 일한다.

   계 8:2 내가 보매 하나님 앞에 일곱 천사가 서 있어 일곱 나팔을 받았더라

넷, 기도란 하나님의 뜻을 알고 그것에 복종하는 것이다.

1. 기도란 하나님의 뜻에 즐겁게 복종하고 행하는 것이다.

   시 119:35 나로 하여금 주의 계명들의 길로 행하게 하소서 내가 이를 즐거워함이니이다

2. 예수님의 기도는 하나님의 뜻에 대한 순종이다.

   눅 22:42 이르시되 아버지여 만일 아버지의 뜻이거든 이 잔을 내게서 옮기시옵소서 그러나 내 원대로 마시옵고 아버지의 원대로 되기를 원하나이다

3. 기도는 하나님의 뜻을 찾아 그 뜻을 이루는 것이다.

   행 21:14 그가 권함을 받지 아니하므로 우리가 주의 뜻대로 이루어지이다 하고 그쳤노라

4. 주의 뜻을 알고 이해하는 것이 지혜로운 일이고 좋은 기도의 자세이다.

   엡 5:17 그러므로 어리석은 자가 되지 말고 오직 주의 뜻이 무엇인가 이해하라

제104강
주님의 기도의 넷째 간구

> 문 104. 넷째 간구에서 우리가 기도하는 것이 무엇입니까?
> 답 "오늘 우리에게 일용할 양식을 주시고" 하는 넷째 간구에서 우리가 기도하는 것은 하나님께서 거저 주시는 선물 가운데서 우리가 이 세상에서 좋은 것들을 충분히 받고 그것들과 아울러 하나님의 축복을 즐기는 것입니다.
> -잠 30 : 8-9, 10 : 22, 창 28 : 20-21, 딤전 4 : 4-5

하나, 하나님은 우리에게 선물을 주시는 분이다.

1. 하나님은 선물 주기를 기뻐하시는 선물의 하나님이시다.

   신 33:14-16 태양이 결실하게 하는 선물과 태음이 자라게 하는 선물과 옛 산의 좋은 산물과 영원한 작은 언덕의 선물과 땅의 선물과 거기 충만한 것과 가시떨기나무 가운데 계시던 이의 은혜로 말미암아 복이 요셉의 머리에, 그의 형제 중 구별한 자의 정수리에 임할지로다

2. 우리가 세상에서 낙을 누리는 것은 하나님의 선물 때문이다.

   전 3:13 사람마다 먹고 마시는 것과 수고함으로 낙을 누리는 그것이 하나님의 선물인 줄도 또한 알았도다

3. 우리에게 가장 귀한 구원은 하나님이 주신 선물이다.

엡 2:8 너희는 그 은혜에 의하여 믿음으로 말미암아 구원을 받았으니 이것은 너희에게서 난 것이 아니요 하나님의 선물이라

둘, 하나님은 선물을 주시되 좋은 것으로 주신다.
1. 하나님의 선물인 복은 인간에게 좋은 것이다.
   잠 10:22 여호와께서 주시는 복은 사람을 부하게 하고 근심을 겸하여 주지 아니하시느니라
2. 하나님은 아끼지 않고 선물을 주신다.
   롬 8:32 자기 아들을 아끼지 아니하시고 우리 모든 사람을 위하여 내주신 이가 어찌 그 아들과 함께 모든 것을 우리에게 주시지 아니하겠느냐
3. 말로 표현할 수 없는 은혜의 선물은 그리스도인의 감사의 조건이다.
   고후 9:15 말할 수 없는 그의 은사로 말미암아 하나님께 감사하노라
4. 하나님의 선물은 좋고 온전한 것이며 위로부터 오는 것이다.
   약 1:17 온갖 좋은 은사와 온전한 선물이 다 위로부터 빛들의 아버지께로부터 내려오나니

셋, 하나님은 좋은 것을 주시되 충분히 주신다.
1. 하나님은 각자에게 가장 적절하게 주신다.
   창 28:20 야곱이 서원하여 이르되 하나님 나와 함께 계셔서 내가 가는 이 길에서 나를 지키시고 먹을 떡과 입을 옷을 주시어
2. 적당한 양식은 은혜이고 충분한 것이다.
   잠 30:8 곧 헛된 것과 거짓말을 내게서 멀리하옵시며 나를 가난하게도 마옵시고 부하게도 마옵시고 오직 필요한 양식으로 나를 먹이시옵소서
3. 하나님이 주시는 것은 많게도 적게도 하지 않고 모든 사람에게 충분하게 주시는 일용할 양식이다.
   출 16:18 오멜로 되어 본즉 많이 거둔 자도 남음이 없고 적게 거둔 자도 부족함이

없이 각 사람은 먹을 만큼만 거두었더라
4. 하나님은 우리에게 하나님의 충만으로 충만하게 하신다.
> 엡 3:19 그 너비와 길이와 높이와 깊이가 어떠함을 깨달아 하나님의 모든 충만하신 것으로 너희에게 충만하게 하시기를 구하노라

넷. 하나님이 주시는 축복을 즐기고 살아야 한다.
1. 하나님은 우리에게 복을 주시고 기쁘고 즐겁게 살게 하신다.
> 시 21:6 그가 영원토록 지극한 복을 받게 하시며 주 앞에서 기쁘고 즐겁게 하시나이다
2. 하나님의 선물을 받은 의인은 즐거워하며 살아야 한다.
> 시 32:11 너희 의인들아 여호와를 기뻐하며 즐거워할지어다 마음이 정직한 너희들아 다 즐거이 외칠지어다
3. 우리 재물은 하나님의 선물이므로 즐겁게 받아야 하며 주의 도를 즐거워해야 한다.
> 시 119:14 내가 모든 재물을 즐거워함같이 주의 증거들의 도를 즐거워하였나이다
4. 가장 큰 선물인 천국에서 즐거워하고 기뻐할 것이다.
> 계 19:7 우리가 즐거워하고 크게 기뻐하며 그에게 영광을 돌리세 어린 양의 혼인 기약이 이르렀고 그의 아내가 자신을 준비하였으므로

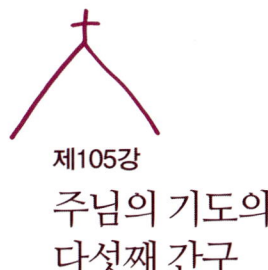

제105강
주님의 기도의 다섯째 간구

> 문 105. 다섯째 간구에서 우리가 기도하는 것이 무엇입니까?
> 답 "우리가 우리에게 잘못한 사람을 용서하여 준 것같이 우리 죄를 용서하여 주시고"라는 다섯째 간구에서 기도하는 것은 하나님께서 그리스도를 보시고 우리의 모든 죄를 거저 용서해 주옵소서 하는 것입니다. 그의 은혜에 의해서 우리가 진심으로 남들을 용서할 수 있게 되었기에 우리가 격려를 받아 이런 간구를 하게 된 것입니다.
> -눅 11:4, 마 18:35, 행 7:60, 롬 3:24-25

하나, 하나님께서 그리스도를 보시고 우리를 용서하신다.

1. 예수님의 용서의 기도는 지금도 계속되는 기도이다.

   눅 23:34 이에 예수께서 이르시되 아버지 저들을 사하여 주옵소서 자기들이 하는 것을 알지 못함이니이다 하시더라

2. 하나님은 우리를 위한 그리스도의 기도를 들으신다.

   요 11:41 돌을 옮겨 놓으니 예수께서 눈을 들어 우러러보시고 이르시되 아버지여 내 말을 들으신 것을 감사하나이다

3. 그리스도께서 죽으심으로 우리의 용서를 이루셨다.

   롬 5:8 우리가 아직 죄인 되었을 때에 그리스도께서 우리를 위하여 죽으심으로 하나님께서 우리에 대한 자기의 사랑을 확증하셨느니라

둘, 하나님은 우리의 모든 죄를 용서하신다.

1. 모든 죄를 용서하는 것은 하나님의 약속이다.

    출 34:7 인자를 천대까지 베풀며 악과 과실과 죄를 용서하리라 그러나 벌을 면제하지는 아니하고 아버지의 악행을 자손 삼사 대까지 보응하리라

2. 하나님은 모든 죄를 용서해 달라고 기도하라고 하신다.

    눅 11:4 우리가 우리에게 죄지은 모든 사람을 용서하오니 우리 죄도 사하여 주시옵고 우리를 시험에 들게 하지 마시옵소서 하라

3. 하나님이 우리의 죄를 용서하시는 것은 죄를 못 보신 척 간과하는 것이다.

    롬 3:25 이 예수를 하나님이 그의 피로써 믿음으로 말미암는 화목제물로 세우셨으니 이는 하나님께서 길이 참으시는 중에 전에 지은 죄를 간과하심으로 자기의 의로우심을 나타내려 하심이니

4. 하나님은 용서하신 죄를 기억하지 않으신다.

    히 8:12 내가 그들의 불의를 긍휼히 여기고 그들의 죄를 다시 기억하지 아니하리라 하셨느니라

셋, 우리는 은혜로 남들을 용서할 수 있다.

1. 우리는 용서받은 은혜로 남들을 용서해야 한다.

    마 6:14 너희가 사람의 잘못을 용서하면 너희 하늘 아버지께서도 너희 잘못을 용서하시려니와

2. 은혜로 용서받은 사람은 무한대의 용서를 해야 한다.

    마 18:22 예수께서 이르시되 네게 이르노니 일곱 번뿐 아니라 일곱 번을 일흔 번까지라도 할지니라

3. 자신을 죽이려는 자를 용서하는 것은 가장 위대한 용서이다.

    행 7:60 무릎을 꿇고 크게 불러 이르되 주여 이 죄를 그들에게 돌리지 마옵소서 이 말을 하고 자니라

4. 용서는 그리스도께서 보이신 모범이며 명령이다.

엡 4:32 서로 친절하게 하며 불쌍히 여기며 서로 용서하기를 하나님이 그리스도 안에서 너희를 용서하심과 같이 하라

넷, 우리는 남을 용서할 수 있다는 격려를 받았다.
1. 남을 용서하라는 주님의 뜻을 헤아리고 새겨야 한다.
   마 18:21 그때에 베드로가 나아와 이르되 주여 형제가 내게 죄를 범하면 몇 번이나 용서하여 주리이까 일곱 번까지 하오리이까
2. 그리스도는 형제가 회개하면 용서하라고 권하신다.
   눅 17:3 너희는 스스로 조심하라 만일 네 형제가 죄를 범하거든 경고하고 회개하거든 용서하라
3. 우리는 마음으로부터 우리에게 잘못한 자를 용서해야 한다.
   마 18:35 너희가 각각 마음으로부터 형제를 용서하지 아니하면 나의 하늘 아버지께서도 너희에게 이와 같이 하시리라
4. 우리는 그리스도 안에서 용서받은 것처럼 서로 용서해야 한다.
   엡 4:32 서로 친절하게 하며 불쌍히 여기며 서로 용서하기를 하나님이 그리스도 안에서 너희를 용서하심과 같이 하라

제106강
주님의 기도의 여섯째 간구

> 문 106. 여섯째 간구에서 우리가 기도하는 것이 무엇입니까?
> 답 "우리를 시험에 빠지지 않게 하시고 악에서 구하소서"라는 여섯째 간구에서 우리가 기도하는 것은 우리가 유혹을 당하려고 할 때 하나님께서 우리를 막아 죄를 짓지 않도록 하시거나, 우리가 이미 유혹을 당할 때에는 우리를 붙들어 구출해 주옵소서 하는 것입니다.
> - 마 26 : 41, 시 51 : 10 - 12, 살전 5 : 23, 고전 10 : 13

하나, 우리에게 유혹과 시험이 항상 있다.

1. 예수님께 시험이 있었던 것처럼 우리에게도 시험은 항상 있다.

    막 1:13 광야에서 사십 일을 계시면서 사탄에게 시험을 받으시며 들짐승과 함께 계시니 천사들이 수종들더라

2. 인간은 육신이 약하기 때문에 시험을 피할 수 없다.

    마 26:41 시험에 들지 않게 깨어 기도하라 마음에는 원이로되 육신이 약하도다 하시고

3. 우리가 시험을 당하는 것은 시험하는 자가 있기 때문이다.

    살전 3:5 이러므로 나도 참다 못하여 너희 믿음을 알기 위하여 그를 보내었노니 이는 혹 시험하는 자가 너희를 시험하여 우리 수고를 헛되게 할까 함이니

4. 시험하는 자는 우리를 다양하게 시험한다.

벧전 1:6 그러므로 너희가 이제 여러 가지 시험으로 말미암아 잠깐 근심하게 되지 않을 수 없으나 오히려 크게 기뻐하는도다

둘, 하나님은 우리를 유혹에서 막아 주신다.

1. 하나님은 우리를 유혹에서 막아 견고하게 하신다.

시 40:2 나를 기가 막힐 웅덩이와 수렁에서 끌어올리시고 내 발을 반석 위에 두사 내 걸음을 견고하게 하셨도다

2. 우리는 시험을 당하지만 감당하여 이길 만한 시험을 당한다.

고전 10:13 사람이 감당할 시험밖에는 너희가 당한 것이 없나니 오직 하나님은 미쁘사 너희가 감당하지 못할 시험당함을 허락하지 아니하시고 시험당할 즈음에 또한 피할 길을 내사 너희로 능히 감당하게 하시느니라

3. 하나님은 시험하지 않으신다.

약 1:13 사람이 시험을 받을 때에 내가 하나님께 시험을 받는다 하지 말지니 하나님은 악에게 시험을 받지도 아니하시고 친히 아무도 시험하지 아니하시느니라

4. 하나님은 구원받아 경건한 자를 시험에서 건지신다.

벧후 2:9 주께서 경건한 자는 시험에서 건지실 줄 아시고 불의한 자는 형벌 아래에 두어 심판 날까지 지키시며

셋, 하나님은 우리가 죄를 짓지 않게 해 주신다.

1. 우리를 죄에서 건지시는 것은 우리의 간구를 통한 하나님의 은총이다.

시 39:8 나를 모든 죄에서 건지시며 우매한 자에게서 욕을 당하지 아니하게 하소서

2. 예수님은 우리를 죄에서 건지시기 위하여 이 땅에 오셨다.

마 1:21 아들을 낳으리니 이름을 예수라 하라 이는 그가 자기 백성을 그들의 죄에서 구원할 자이심이라 하니라

3. 하나님은 우리의 죄를 멀리 옮기셔서 죄를 짓지 않게 하시고 지은 죄를 기억하시지 않으신다.

   시 103:12 동이 서에서 먼 것같이 우리의 죄과를 우리에게서 멀리 옮기셨으며

4. 하나님께로부터 나면 죄짓지 않는다.

   요일 3:9 하나님께로부터 난 자마다 죄를 짓지 아니하나니 이는 하나님의 씨가 그의 속에 거함이요 그도 범죄하지 못하는 것은 하나님께로부터 났음이라

넷, 하나님은 우리가 유혹을 당할 때 구출해 주신다.

1. 하나님은 우리를 영접하여 시험과 유혹을 당하지 않게 하신다.

   시 49:15 그러나 하나님은 나를 영접하시리니 이러므로 내 영혼을 스올의 권세에서 건져내시리로다

2. 신앙이 성숙하면 유혹에 빠지지 않는다.

   엡 4:14 이는 우리가 이제부터 어린아이가 되지 아니하여 사람의 속임수와 간사한 유혹에 빠져 온갖 교훈의 풍조에 밀려 요동하지 않게 하려 함이라

3. 하나님은 우리를 유혹에서 구출하여 온전하게 구원받게 하신다.

   살전 5:23 평강의 하나님이 친히 너희를 온전히 거룩하게 하시고 또 너희의 온 영과 혼과 몸이 우리 주 예수 그리스도께서 강림하실 때에 흠 없게 보전되기를 원하노라

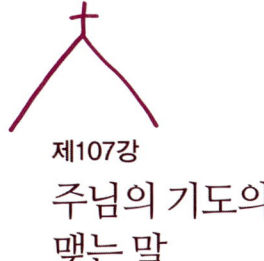

제107강
주님의 기도의 맺는 말

> **문** 107. 주님의 기도의 맺는 말이 우리에게 가르치는 것은 무엇입니까?
> **답** 주님의 기도의 맺는 말, 곧 "나라와 권능과 영광이 영원히 아버지의 것입니다. 아멘"이 우리에게 가르치는 것은 우리가 오직 하나님께로부터만 기도의 용기를 얻을 것과 우리의 기도에 있어서 왕국과 능력과 영광을 하나님께 돌리며 그를 찬양해야 한다는 것입니다. 우리의 소원을 아뢰며 그것을 하나님께서 들어주시리라고 확신하면서 우리가 "아멘" 하고 말하는 것입니다.
> ―신 32 : 43, 시 104 : 24, 대상 29 : 10-13, 롬 11 : 36, 고전 14 : 16, 계 22 : 20-21

하나, 우리는 하나님께로부터 기도할 용기를 얻는다.

1. 하나님의 약속에 근거하여 기도할 용기를 얻는다.

   삼하 7:27 만군의 여호와 이스라엘의 하나님이여 주의 종의 귀를 여시고 이르시기를 내가 너를 위하여 집을 세우리라 하셨으므로 주의 종이 이 기도로 주께 간구할 마음이 생겼나이다

2. 하나님은 구하는 것을 주실 것이니 구하라고 하신다.

   대하 1:7 그날 밤에 하나님이 솔로몬에게 나타나 그에게 이르시되 내가 네게 무엇을 주랴 너는 구하라 하시니

3. 구하면 이루어 주신다는 약속이 기도할 용기를 준다.

   요 15:7 너희가 내 안에 거하고 내 말이 너희 안에 거하면 무엇이든지 원하는 대

로 구하라 그리하면 이루리라

4. 감사함으로 기도하면 이루어 주시므로 기도할 용기를 얻는다.

빌 4:6 아무것도 염려하지 말고 다만 모든 일에 기도와 간구로, 너희 구할 것을 감사함으로 하나님께 아뢰라

둘, 왕국과 능력과 영광을 하나님께 돌려야 한다.

1. 하나님은 백성들을 속죄하시고 왕국을 세우시므로 영광을 돌려야 한다.

신 32:43 너희 민족들아 주의 백성과 즐거워하라 주께서 그 종들의 피를 갚으사 그 대적들에게 복수하시고 자기 땅과 자기 백성을 위하여 속죄하시리로다

2. 하나님은 영원하신 분으로 영광을 받으시기에 합당하시다.

시 90:2 산이 생기기 전, 땅과 세계도 주께서 조성하시기 전 곧 영원부터 영원까지 주는 하나님이시니이다

3. 하나님은 시작과 마침이시므로 영광을 받으신다.

롬 11:36 이는 만물이 주에게서 나오고 주로 말미암고 주에게로 돌아감이라 그에게 영광이 세세에 있을지어다 아멘

셋, 우리는 기도를 통하여 하나님을 찬양해야 한다.

1. 기도와 찬양은 함께 해야 하며 하나님께 대한 우리의 자세이다.

왕상 8:35 만일 그들이 주께 범죄함으로 말미암아 하늘이 닫히고 비가 없어서 주께 벌을 받을 때에 이곳을 향하여 기도하며 주의 이름을 찬양하고 그들의 죄에서 떠나거든

2. 하나님 찬양은 진정한 기도이다.

대상 29:10 다윗이 온 회중 앞에서 여호와를 송축하여 이르되 우리 조상 이스라엘의 하나님 여호와여 주는 영원부터 영원까지 송축을 받으시옵소서

3. 찬양으로 기도하는 것은 좋은 일이다.

시 104:24 여호와여 주께서 하신 일이 어찌 그리 많은지요 주께서 지혜로 그들을

다 지으셨으니 주께서 지으신 것들이 땅에 가득하니이다
4. 기도는 영으로 하는 것이며 이것이 곧 찬양이다.

고전 14:15 그러면 어떻게 할까 내가 영으로 기도하고 또 마음으로 기도하며 내가 영으로 찬송하고 또 마음으로 찬송하리라

넷, 우리의 소원을 하나님께서 들어주시리라는 확신으로 '아멘' 한다.
1. 아멘은 곧 응답이다.

느 8:6 에스라가 위대하신 하나님 여호와를 송축하매 모든 백성이 손을 들고 아멘 아멘 하고 응답하고 몸을 굽혀 얼굴을 땅에 대고 여호와께 경배하니라

2. 아멘은 확신에서 나온다.

고전 14:16 그렇지 아니하면 네가 영으로 축복할 때에 알지 못하는 처지에 있는 자가 네가 무슨 말을 하는지 알지 못하고 네 감사에 어찌 아멘 하리요

3. 하나님의 모든 말씀은 아멘으로 응답하여야 한다.

계 22:20 이것들을 증언하신 이가 이르시되 내가 진실로 속히 오리라 하시거늘 아멘 주 예수여 오시옵소서

읽기자료
바른 앎이 만든 굳건한 신앙 : 웨스트민스터 총회 그 이후

안타깝게도 웨스터민스터 대/소요리문답은 잉글랜드 교회 전체에서 전면적으로 활용되지는 못했다. 이는 그 이후 정치적 흐름 때문이었다. 총회가 열리는 와중에 왕당파는 패배하였고, 내전을 일으켰다는 죄목으로 왕은 참수되고 말았다(1649년). 혼란스러운 정국은 회중교회주의자이자 전쟁 영웅인 올리버 크롬웰이 공화국을 수립하면서 정리되었다. 그는 경건한 청교도로서 주일성수와 같은 생활풍습에 있어서는 엄격한 청교도적인 개혁을 추구했지만, 교리적인 면에서는 자유를 중시하는 회중교회주의자로서 장로교 체제를 국교로 만드는 것을 거부하였고, 따라서 총회의 결의는 잉글랜드 교회 내에서 전면적으로 실행되지 못했다.
크롬웰의 개인적인 카리스마로 유지되던 공화국은 크롬웰이 죽자(1658년), 곧 무너졌다. 혼란에 염증이 난 의회와 국민들의 지지로 찰스 1세의 아들 찰스 2세(1630-1685년, 재위 1660-1685년)가 다시 즉위하고 잉글랜드는 왕정국가로 돌아갔다(1660년). 이와 함께 그동안의 모든 개혁은 무위로 돌아갔다. 1662년 "통일령"이 반포되어 주교제와 공동기도서에 따르지 않는 다른 형태의 신앙생활은 허락되지 않았다. 많은 비국교회 목회자들과 신자들이 이로 인해 고난을 당하였다. 찰스 2세의 뒤를 이어 즉위한 그의 동생 제임스 2세(1633-1701년, 재위 1685-1688년)는 한걸음 더 나아가 잉글랜드를 다시금 가톨릭 국가로 만들려는 움직임을 보였다. 그러나 그의 반동정치에 참다못한 의회는 다시금 혁명의 기치를 들었고, 결국 제임스 2세는 프랑스로 쫓겨났다(1689년, 명예혁명). 그 후 장로교 목회자들은 30년 만에 다시 복직되었고, 장로교 체제는 합법화되었다. 하지만 웨스트민스터 총회의 결과를 전 잉글랜드 교회에 실현하려고 했던 총회의 꿈은 더 이상 실현될 수 없었다.
그럼에도 불구하고 웨스트민스터 대/소요리문답은 교회사에 빼놓을 수 없는 유산이 되었다. 요리문답이 발간된 직후인 1648년, 이미 대/소요리문답은 스코틀랜드 교회의 요리문답서로 승인되어 널리 사용되었다. 그리고 리처드 백스터와 같은 몇몇 장로교 목회자들에 의해 신앙교육에 효과적으로 사용되었다. 리처드 백스터는 「웨스트민스터 소요리문답」을 기본교재로 사용하여, 성도들을 교육했다. 매주 교

감옥에서도 신앙을 지킨 대표적인 청교도, 존 번연 :
"John Bunyan In Bedford Jail-1667", The Complete Works Of John Bunyan(1874)

육이 끝날 때마다 그의 말처럼 "거의 모든 사람들은 죄에 대한 수치를 느끼고, 뚜렷한 목적의식을 깨우친 뒤, 거룩한 삶을 약속하고 집으로 돌아갔다". 그는 훗날 자신이 가르쳤던 성도들에 대해 이렇게 회상했다.

"내가 거의 6년 동안 교구를 비운 사이 그들은 온갖 비난과 중상과 위협과 투옥, 유혹의 말과 미혹하는 논리에 공격당했지만 여전히 굳건하게 순결한 믿음을 지켜 냈다. 그들 가운데에는 죽어 하나님께로 돌아간 사람들이 많고, 비국교도라는 이유로 쫓겨난 사람들과 옥에 갇힌 사람들도 더러 있다. 물론 대다수의 사람들은 아직도 살던 집에 그대로 살고 있다. 하지만 내가 듣기로 그들 가운데 다시 타락했거나 올바른 삶을 포기했다는 사람은 아무도 없었다."

참된 신앙에 대한 관심이 사라진 이 시대에 백스터의 고백은 다시금 우리가 왜 요리문답을 공부해야 하는지에 대해 생각하게 해 준다. 참된 신앙은 바른 앎에서 시작된다.

참고문헌
이형기 저, 「세계교회사(Ⅱ)」(서울 : 한국장로교출판사, 1994)
조계광 역, 제임스 패커 & 게리 패럿 저, 「복음에 뿌리를 내려라」(서울 : 생명의 말씀사, 2010)

평신도를 위한
소요리문답

초판발행 2014년 12월 23일
4쇄발행 2020년 2월 20일

지은이 이성희
펴낸이 채형욱
펴낸곳 한국장로교출판사
주 소 03129 / 서울시 종로구 대학로 19, 409호(연지동, 한국기독교회관)
전 화 (02) 741-4381 / 팩스 741-7886
영업국 (031) 944-4340 / 팩스 944-2623
등 록 No. 1-84(1951. 8. 3.)

ISBN 978-89-398-4076-8 / Printed in Korea
값 15,000원

편 집 장 정현선
교정·교열 이슬기, 김효진   **표지디자인** 최종혜   **본문 편집** 최종혜, 남충우
업무국 부국장 박호애   **영업국 부국장** 박창원

※ 이 출판물은 저작권법에 의해 보호를 받는 저작물이므로 무단전재와 무단복제를 할 수 없습니다.